EL LIBRO DE LA ALQUIMIA

EL LIBRO DE LA ALQUIMIA

100 DÍAS DE CREATIVIDAD PARA TRANSFORMAR TU VIDA

SULEIKA JAOUAD

AGUILAR

El papel utilizado para la impresión de este libro ha sido fabricado a partir de madera procedente de bosques y plantaciones gestionadas con los más altos estándares ambientales, garantizando una explotación de los recursos sostenible con el medio ambiente y beneficiosa para las personas.

El libro de la alquimia
100 días de creatividad para transformar tu vida

Título original: *The Book of Alchemy: A Creative Practice for an Inspired Life*

Primera edición: septiembre, 2025

penguinlibros.com

ISBN: 978-607-386-329-2

Impreso en México – *Printed in Mexico*

Para Jon,
que infunde creatividad en
cada rincón de la vida

Vive ahora las preguntas. Quizá entonces, algún día lejano en el futuro, poco a poco y sin darte cuenta, vivirás tu camino hacia la respuesta.

Rainer Maria Rilke

Índice

Introducción: La forma de entrar

Llevo un diario desde hace mucho tiempo, más de lo que puedo recordar. Es el guardián de mis recuerdos y anhelos. Lo uso para marcar los mayores umbrales, para surfear las olas más grandes, para atravesar el espacio liminal entre el "ya no" y el "todavía no". Cuando era adolescente, escribía en el diario durante las rupturas sentimentales, los dolores de crecimiento y en los días previos a grandes transiciones que me provocaban ansiedad, como ir a la universidad y encontrar mi camino después de graduarme. El hilo conductor de todas esas entradas era una orientación hacia el futuro, jugando con la pregunta: "¿Qué voy a hacer con mi vida?". Llené páginas con infinitas permutaciones y posibilidades, un ejercicio de puertas que se abrían para mostrar cómo podrían ser todas mis vidas alternativas: junto a quién me despertaría, si sería abogada o novelista, si criaría hijos humanos o caninos, y más.

Escribir un diario pasó de ser mi pasatiempo favorito a ser mi salvavidas cuando, a los veintidós años, me diagnosticaron leucemia. Aunque sabía que el diagnóstico era grave (los médicos dijeron que solo tenía 35 por ciento de posibilidades de sobrevivir a largo plazo), afronté el tratamiento con una ingenuidad juvenil. Esperaba una breve estancia en el reino de los enfermos: unas semanas de quimioterapia en el hospital, seguidas de un trasplante de médula ósea y, luego, volver a la vida tal y como la conocía. Llevé agujas de tejer y estambre al área de oncología, con el objetivo de convertirme en una experta tejedora de bufandas para cuando me dieran el alta. Quizá lo más iluso fue empacar una gruesa pila de tomos como *Guerra y paz* y decirles con alegría a mis padres que pensaba aprovechar mi estancia ahí para leer todo el canon occidental. Siempre fui ambiciosa y pensé que podría mantener mi nivel de productividad anterior al diagnóstico.

Pero el tiempo y la desgracia disipan nuestras ilusiones y, para finales del verano, las mías habían desaparecido. Tras semanas aislada en una habitación de hospital, pinchada y llena de agujas e infinitas preguntas, sufriendo los brutales efectos secundarios de la quimioterapia, me enteré de que el tratamiento estándar no estaba funcionando. Lejos de erradicarse, los blastos leucémicos de mi torrente sanguíneo se habían duplicado. Estaba entrando en insuficiencia medular y la única opción era un ensayo clínico de fase II. Ese ensayo experimental, que aún no había demostrado ser seguro o efectivo, significaba una incertidumbre aterradora en un momento en el que deseaba con todo mi corazón la confianza de una cura. Durante los siguientes meses, los nuevos fármacos de la quimioterapia funcionaron y destruyeron la leucemia de forma lenta y eficaz, allanando el camino para el trasplante, pero todo eso me costó mucho más de lo que jamás hubiera imaginado.

Para entonces, había pasado casi un año entrando y saliendo del hospital, tanto por el tratamiento como por algunas complicaciones peligrosas, desde fiebres neutropénicas hasta septicemia. Como mi sistema inmunitario era inexistente, no podía ir a restaurantes, cines ni otros lugares públicos concurridos. Cada vez que salía a la calle debía llevar guantes y cubrebocas. Los médicos me advirtieron que algo tan simple como un resfriado sería letal. Estar confinada en una cama de hospital, sin poder hacer nada sin ayuda (incluso cosas tan básicas como bañarme), me sumió en una profunda depresión. Mi principal preocupación ya no era *¿Qué voy a hacer con mi vida?*, sino *¿quién soy y qué es importante para mí?* Sentía que no me reconocía, y la idea de tejer una bufanda o leer algo, mucho menos *Guerra y paz*, me parecía no solo ingenua, sino tonta. Sentía que mi vida había terminado antes de empezar.

Lo que me sacó de esa desesperación fue un proyecto de 100 días, una iniciativa del diseñador y profesor de Yale Michael Bierut, en la que se realiza un acto creativo diario durante 100 días: un boceto, un poema, una fotografía, lo que tú quieras o te atraiga. El objetivo del proyecto es usar la disciplina como vehículo de inspiración creativa. Como dice Bierut: “Es fácil sentirse lleno de energía cuando se tiene una gran idea. Pero ¿qué haces cuando no tienes nada con qué trabajar? ¿Quedarte en la cama?”.

En mi estado de derrota, abandonada a mí, quizá la respuesta sería *sí, quedarme en la cama*. El proyecto de 100 días llegó por sugerencia de una amiga de la universidad que propuso que lo hiciéramos juntas para mantenernos conectadas en esos momentos difíciles. Mis padres deseaban encontrar algo para anclar nuestros días, algo en qué pensar aparte de las inminentes malas noticias y, de inmediato, se unieron al proyecto. Todos los días, mi padre escribió un recuerdo de la infancia en Túnez (por cierto, en un guiño a *Las mil y una noches*, insistió en escribir 101). Mi madre pintó una baldosa de cerámica cada día y, cuando acabó, las ensambló formando un escudo y las puso a la cabeza de mi cama como una especie de talismán protector. Su entusiasmo era contagioso, así que, a pesar de mis reticencias, acepté participar. Y para mi acto creativo, elegí lo que siempre me había reconfortado en tiempos de agitación: escribir un diario.

Con frecuencia, me costaba trabajo escribir, pero el proyecto de 100 días me ofrecía una estructura muy necesaria, responsabilidad y, lo más importante: un contenedor para mi mente inquieta. Empecé a usar el diario como bloc de notas, registrando fragmentos de conversaciones que escuchaba de las enfermeras o cosas que veía a través de la ventana del hospital: gente vestida de traje, apresurada para ir a trabajar; adolescentes besándose en las bancas; los árboles del parque con un tono dorado intenso, luego sin hojas, después con carámbanos. Escribí entradas llenas de rabia, donde me desahogaba contra mi situación, contra mi cuerpo y sus traiciones, contra las bienintencionadas exhortaciones de los demás a “ser positiva” y a “seguir buscando el lado bueno de las cosas”. Anoté mis sueños febriles. Hice garabatos. Elaboré listas. Exploré cosas que no podía decir en voz alta, que no era capaz de admitir ante los demás, incluso ante mí. A veces, lo que escribía se sentía demasiado incómodo, pero después siempre sentía alivio, como si me hubiera quitado un peso de encima. Y noté que por cada momento triste que contaba, al mismo tiempo, se desarrollaban momentos hermosos, incluso divertidos.

Escribir un diario sobre la enfermedad me dio una forma productiva de enfrentar mi nueva realidad. En lugar de encerrarme en mí o rendirme a la desesperanza, pude trazar los contornos de lo que pensaba y sentía, y adquirir una sensación de poder sobre eso. Y una vez que supe cómo enfrentar mis circunstancias en la página, pude relacionarme con las personas que me rodeaban y decir la verdad de cómo era yo en realidad. A su vez, las personas empezaron a hacer lo mismo y, juntas, alcanzamos nuevos niveles de intimidad y amor. Escribir un diario me enseñó que, si hablas contigo, puedes hablar con el mundo. Eso se convirtió en algo literal, casi un año después del diagnóstico, cuando convertí esas anotaciones en material para mi primer trabajo como escritora: una columna semanal en el *New York Times* donde relataba la experiencia de ser una joven adulta con cáncer. Se llamaba "Life, Interrupted" [La vida, interrumpida].

Pero lo que me pasó no fue una interrupción (cosa que aprendí mucho más tarde). La palabra *interrupción* sugiere una breve pausa antes de continuar con lo que estás haciendo. Mi enfermedad no fue breve, y no podría retomar y seguir la vida de siempre. Pasé cuatro años angustiosos en tratamiento antes de que me declararan libre de cáncer y abandonara la implacable fluorescencia del hospital. Después de soñar tanto tiempo con ese día, esperaba volver a mi vida anterior al cáncer de forma rápida y feliz. En vez de eso, tenía el cuerpo maltrecho, el corazón roto en mil pedazos y la brecha entre expectativa y realidad era inaceptable. Estaba perdida en la transición, atrapada entre un pasado atormentado y un futuro que aún no podía imaginar.

• • •

En ese año perdido después de terminar el tratamiento, dejé de escribir. Sentía que no tenía nada que decir y, al mismo tiempo, demasiado que decir. Los acontecimientos de la vida me habían enseñado a no confiar en que las cosas salían según lo planeado, así que cada vez que intentaba escribir sobre mi estancamiento y soñar con los siguientes pasos, aparecían las voces de la duda y el miedo: *¿Y si no eres suficientemente buena? ¿Y si algún peligro conocido o desco-*

nocido arruina el plan? ¿Para qué reconstruir algo si seguro volverá a derrumbarse?

Sí, quizá por la enfermedad bailo este tipo de tango con el miedo más seguido que la mayoría de la gente, pero todos bailamos una versión de eso. Vives una mala ruptura y renuncias al romance porque sientes que no sobrevivirás ese dolor otra vez. Recibes una carta de rechazo y la punzada es tan terrible que juras no volver a exponerte. Quieres probar algo nuevo, pero te preocupa hacerlo mal o sentirte humillado y por eso nunca empiezas. Pero yo sabía que una vida impulsada por el miedo era una vida en la que nunca hacía planes, donde me impedía soñar con ambición. Significaba vivir a salvo y en pequeño, siempre protegiéndome contra el peor de los escenarios. En cambio, yo quería vivir con audacia. Quería mantener en primer plano el mejor de los escenarios y que eso guiara mis decisiones y acciones.

Así que hice el plan más descabellado que se me ocurrió: un nuevo proyecto de 100 días en forma de un viaje en solitario por carretera de veinticinco mil kilómetros a través del país, en el que visité a desconocidos que me escribieron cuando estaba en el hospital, personas que me ofrecieron historias de sus reflexiones, sabiduría y perspicacia. Aquel viaje me puso en movimiento, tal cual, pero también me proporcionó un nuevo material para la página. Mi *modus operandi* se convirtió en esto: confiar y encontrar formas de deleitarse en el misterio de cómo se desarrollan las cosas, incluso si no lo habías planeado, incluso si está lejos de ser ideal, y creer que enfrentarte a lo que temes te trae justo lo que necesitas. En mi diario escribí: "Es posible alterar el curso de mi devenir".

Cuando volví a casa, en Nueva York, me di cuenta de que necesitaba un cambio. Tras meses viviendo en la carretera, en comunión con sus vastos paisajes y personas desconocidas convertidas en ángeles de la autopista, mi antigua vida ya no encajaba. La ciudad alteraba mi sistema nervioso. El pequeño departamento, con sus viejos demonios acechando en los rincones, empezó a oscurecer mi nueva perspectiva. Además, se me había concedido un milagro: un contrato para escribir un libro, el primero. Conjurar en palabras todo lo que viví y observé requeriría espacio y concentración. Así que, cinco años después de mi diagnóstico inicial, a punto de cumplir veintiocho años, recogí mis cosas, puse en renta el departamento y me mudé a una cabaña de madera en Vermont para escribir.

Era verano cuando llegué. La vista era una ladera bordeada de bosques, con un follaje de un verde imposiblemente vivo. Cerca del pie de la colina había dos manzanos y, de vez en cuando, los ciervos salían a mordisquear la fruta caída o un oso negro cruzaba el prado. Estaba sola. Bueno, mi desaliñado terrier, Óscar, estaba conmigo. Mi soledad solo se interrumpía cuando hablaba por teléfono con amigos como Max Ritvo, un brillante poeta que atravesaba un tratamiento experimental para sarcoma de Ewing. La mayor parte del tiempo, solo tenía el parloteo de mi mente como compañía, y sin nada que distrajera o dirigiera los pensamientos, mi cabeza era una cacofonía de confusión y duda.

Ahí, en la tranquilidad de la cabaña, me asaltaba todo tipo de grandes preguntas de vida (la más apremiante: cómo escribir unas memorias y lo que podrían revelar, o cómo empezar una empresa tan épica), pero no tenía ni idea de por dónde empezar. Me comprometí con un objetivo diario de palabras y me puse a trabajar duro. Me levantaba a las cinco de la mañana, preparaba café, encendía la estufa de leña y me sentaba a escribir en la mesa de la cocina. Pero no hay nada como crear un nuevo documento de Word titulado "Libro", teclear las palabras "Capítulo 1" y mirar de forma fija el parpadeo despiadado de un cursor para resumir todos los miedos a quedar expuesta como una escritorzuela, todas las inseguridades a la hora de llevar a cabo un esfuerzo creativo, todos los gemidos internos de *¿a quién le importa lo que tengo que decir?*

Así que volví al diario. Empecé a escribir "páginas matutinas", una práctica popularizada por Julia Cameron en *El camino del artista*. El concepto es el siguiente: al despertar, antes de lavarte los dientes o tomar café, antes de que despierte tu crítico interior, escribe tres páginas a mano de puro flujo de conciencia. En mis páginas matutinas escribí sobre todo. Sobre árboles, ciervos, secretos de infancia, soledad, sueños; sobre las cosas que había visto y hecho en el viaje por carretera; sobre el síndrome del impostor que había desencadenado el contrato del libro y sobre el terror de escribir mi historia solo para ser malinterpretada o criticada o, quizá lo peor: ignorada. Escribí mucho sobre las ruinas que deja el cáncer y cómo la metástasis alcanzó y destruyó la relación con mi ex, sobre el dolor y el arrepentimiento que sentía por el final de esa relación. Escribí sobre el dolor agravado por la pérdida de tantos pacientes y amigos a causa de esta brutal enfermedad, incluido Max, que murió pocas semanas después de que yo llegara a la cabaña. Escribí sobre mi duelo; sobre sus poemas. Escribí sobre el músico con el que había empezado a salir y sobre el miedo a abrirme a un nuevo amor. Escribí sobre la persona en la que quería convertirme y la distancia que me separaba de ella.

En vez de despertar ansiosa o asustada, empecé a sentir un claro (y humilde) sentido de propósito: solo debía escribir mis tres páginas. El objetivo de escribir tres páginas parecía un reto, pero uno que podía cumplir. Se convirtió en la meditación matutina que barría el desorden de mi mente. Me liberaba de las ataduras del perfeccionismo y me dejaba soltarme y prepararme antes de sumergirme en el trabajo del resto del día.

Pero con el paso de las semanas, aprendí que necesitaba algo más que páginas matutinas para conseguirlo. Sí, la verdad mejoré en transcribir el caótico revoltijo de mi mente, pero cuando estás atascada en tu vida, también puedes quedar atrapada en una cámara solipsista de tus pensamientos. Así estaba yo. No rompía los mismos patrones gastados. Me quedé atrapada en bucles repetitivos. Empecé a dejar la pluma cuando la energía decaía, cuando me encontraba repitiendo las mismas quejas o cuando me agotaba con otro soliloquio incoherente sobre mi ex. Oficialmente me aburría el sonido de mi voz.

En busca de una nueva forma de entrar, investigué las voces de otras escritoras de diarios famosos, como Sylvia Plath, Susan Sontag e Isabelle Eberhardt. Antes de abrir mi diario cada mañana, leía una página, incluso un párrafo, a menudo elegido al azar, para incitarme a ir *más allá* de mí.

La experiencia fue caleidoscópica. Una frase, una idea o una anécdota podía voltear el cilindro, refractando y reencuadrando mi perspectiva. Por lo general, la gente se enfoca en la historia de dolor de

Plath, pero en sus diarios era divertida, ágil, y me hizo querer escribir de forma más lúdica. Sontag era inquisitiva y rigurosa, y me descubrí cavando más hondo, buscando significados bajo la superficie de mis historias. Los diarios de viaje de Eberhardt estaban llenos de escapadas salvajes (sobre los amantes que tuvo, las drogas que experimentó, los roles de género que desobedeció) que me dieron permiso para escribir sobre partes de mí que antes consideraba prohibidas.

Llevo mucho tiempo creyendo que escribir un diario te permite transformar el aislamiento en soledad creativa. Resulta que la lectura también provoca ese cambio. En vez de sentirte atrapada y sola con tus pensamientos, estás en una conversación. Tienes compañía. Ese verano, me sumergí en el caudaloso torrente de libros de no ficción de Annie Dillard. Su amorosa atención al mundo natural me mostró que no estaba sola en los bosques de Vermont: en mis paseos diarios, los troncos caídos, los hongos y los helechos se convirtieron en amigos. Para comprender mejor mis limitaciones corporales después del cáncer, leí *Estar enfermo* de Virginia Woolf, *Los diarios del cáncer* de Audre Lorde y los diarios de arte de Frida Kahlo. Muchas veces, lo más difícil de vivir en un punto intermedio es sentirse sola, como si fueras la única persona que ha luchado o se ha sentido perdida de esa forma. De pronto, estaba dialogando con esas mujeres, compartiendo nuestras experiencias con el cuerpo físico: sus deseos y sufrimientos. Sus palabras lanzaron chispas, generaron nuevas preguntas y me llevaron en direcciones sorprendentes. Movían el cilindro y la luz caía de otra manera. Contemplé nuevas visiones.

No estaba acostumbrada a trabajar así. Cuando empecé a escribir de forma profesional, nunca había estudiado escritura de manera formal, y si me hubieran obligado a escribir sobre un tema, habría dicho: "Jamás". Incluso ahora, escribir sobre un tema específico me parece un deber, como una obligación. Por ejemplo, si me dicen: "Escribe sobre un momento en que cambiaste de opinión", me quedo en blanco. El poeta Craig Morgan Teicher describió ese tipo de instrucciones como el equivalente a meter el dedo en un estanque de peces: todos los peces se dispersan por los rincones oscuros.

Pero leer las palabras de otra persona antes de escribir siempre despierta algo nuevo en mí. Es una forma muy natural de llevar un diario. A veces, respondo a una idea, una imagen, una frase. Otras veces, es el hecho de que la experiencia de la persona me resulte tan familiar. En ocasiones, la perspectiva de la escritora es tan distinta a la mía que me desconcierta por completo y escribo desde ese desconcierto. Las palabras de otra persona me despiertan un tren de pensamiento diferente, una energía nueva. Encienden una sinapsis que, momentos antes, estaba dormida.

Los años posteriores a mi estancia en Vermont estuvieron llenos de cambios. Regresé a Nueva York y realicé una serie de mudanzas y movimientos grandes en mi vida. Tras sentirme en el limbo durante tanto tiempo, empecé el camino hacia delante. Me comprometí por completo con mi nueva relación; mi novio, Jon, y yo nos fuimos a vivir juntos. Estudié un posgrado y empecé a enseñar no ficción creativa. Aprendí a aceptar mi cuerpo y sus limitaciones, y celebré mi cumpleaños número treinta corriendo un medio maratón. Y después de muchas pausas e inicios y tardes sombrías en el suelo de mi oficina en posición fetal, por fin convertí el sueño de años de escribir un libro, un manuscrito terminado de mis memorias, *Entre dos reinos*. Tardé años, pero por fin sentí que volvía a unirme.

Con el tiempo, creí que había superado mis turbulentos años veinte. Pensé que por fin había llegado a un lugar estable y que, a partir de entonces, todo iría bastante bien. Por supuesto, la vida no funciona así. Apenas estaban por llegar las tormentas más feroces, como la pandemia y la noticia de que la leucemia había vuelto. Cuando el techo colapsó, supe de dónde agarrarme: de mi diario.

Pero esta vez, invité a desconocidos de todo el mundo a unirse a mí.

• • •

En 2020, cuando la pandemia golpeó y el mundo se encerró, todos nos sentimos en lo que, para mí, era un lugar familiar y conocido de forma inquietante: cancelar planes, hacer cuarentena en casa, comprar cubrebocas por mayoreo, sentirme hipervigilante sobre cada abrazo o apretón de manos, preocuparme por encontrar el patógeno equivocado en el momento equivocado, cualquier cosa podría ser el fin.

En internet, vi gente que se preguntaba lo mismo: *¿Qué hacemos? ¿Cómo lo superamos? ¿Cómo seguimos conectados? ¿Cómo mantenemos la esperanza y los pies en la tierra ante tanta incertidumbre y miedo?*

Yo no tenía la misma sensación de desorientación. De hecho, me sentía preparada de manera especial para ese tipo de aislamiento apocalíptico, un talento que nadie querría, pero que yo había perfeccionado a lo largo de gran parte de mi vida adulta. Durante el tratamiento, viví una versión de lo que ahora experimentábamos a escala mundial, y se me ocurrió que las herramientas creativas que había desarrollado para navegar por los trastornos de la vida podrían ser útiles para otros, quizá (o incluso) en forma de un proyecto de 100 días

A finales de marzo, estaba en la casa de mi infancia, en el norte de Nueva York, con mi equipo de cuarentena: mi hermano Adam, mi pareja Jon y mi amiga Carmen. Un día, mientras Carmen y yo hacíamos un poco de yoga, estirándonos en posturas paralelas de perro boca abajo, dije sin pensar: "Tengo una idea". Entonces empecé a soñar en voz alta con un proyecto de diario, distribuido en forma de boletín, que podría ayudar a la gente a sobrellevar el miedo, la soledad y la incertidumbre del encierro. Carmen respondió: "Escríbelo ahora, antes de que se te olvide".

No era un buen momento para empezar algo nuevo. Además de desinfectar los pomos de las puertas, la compra y aprender a convivir con nuevos compañeros de departamento, a finales de mes debía entregar el borrador final de *Entre dos reinos.* Tengo un amigo que describe la llegada inoportuna de una idea creativa y nueva como una amante bailando la danza de los siete velos. No podía quitármela de la cabeza. Mi experiencia tan particular ya no era individual y sentí la obligación de compartir lo que había aprendido con los demás.

Así que lancé un proyecto que combinaba todos los elementos que me habían ayudado: una práctica diaria de escribir un diario, hecha en comunidad, con un breve ensayo como inspiración y un tema o sugerencia para empezar. Me puse en contacto con las personas más notables que conocía y les pedí que participaran con un ensayo y un tema para escribir. El 1 de abril de 2020 empecé a publicar un boletín y envié el primer mensaje invitando a los lectores a llevar un diario durante 100 días y, si querían, a compartir sus escritos. Los llamé *Isolation Journals* [Diarios en el aislamiento].

La respuesta fue asombrosa. Al final del primer mes, éramos más de ochenta mil (cifra que creció hasta cientos de miles) de todas las edades y condiciones sociales, escribiendo, buscando y dando sentido a nuestras vidas juntos. Lo que empezó como un pequeño proyecto paralelo de corta duración se convirtió en un fenómeno y, al final de la cuarentena, Carmen había dejado su trabajo para ayudarme a dirigir esta comunidad creativa. Fue una llamada-y-respuesta, reverberaciones engendrando reverberaciones. A través de esos ensayos y temas de escritura, que se interpretaban de muchas maneras, más allá de la típica anotación en un diario de papel y lápiz (desde sonetos diarios hasta canciones y dibujos), las propiedades alquímicas de llevar un diario nos mostraron cómo convertir el aislamiento en soledad creativa, el confinamiento en conexión y la confusión en claridad y calma.

Este libro nació de ese proyecto. Diseñado para acompañarte en las transiciones y los momentos difíciles de la vida, *El libro de la alquimia* explora el arte de llevar un diario y todo lo que puede contener. Aunque escribo sobre el proceso creativo, no es un libro de manualidades. Aunque se hace hincapié en el diario, no se trata de un diario guiado. Más bien, comparto todo lo que he aprendido sobre cómo esta práctica, que altera vidas (incluso las salva) puede ayudarnos a aprovechar ese rasgo místico que existe en todos los seres humanos: la creatividad. Se trata de una recopilación de sabiduría adquirida con esfuerzo: 100 ensayos y sus respectivas sugerencias que sirven como piedras angulares en las que podemos encontrar un destello de reconocimiento. En esas historias, escuchamos ecos de las nuestras.

Sobre mi escritorio tengo un Post-it con una cita atribuida a Viktor Frankl, psiquiatra austriaco y superviviente del Holocausto: "Entre el estímulo y la respuesta hay un espacio. En ese espacio está nuestro poder de elegir la respuesta. En la respuesta está nuestro crecimiento y libertad". *El libro de la alquimia* está pensado para ampliar ese espacio, para darnos ideas e inspiraciones sobre cómo elegir nuestra respuesta. Ofrece herramientas para enfrentar la incomodidad, para pelar las capas, para descubrir nuestro yo más verdadero y desnudo y, al hacerlo, destilar perlas de sabiduría, soñar con audacia, aprender a sostener los hechos de la vida, crueles y hermosos, con la mano abierta.

Lo que sigue es simple. Piensa en este libro como tu proyecto de 100 días: lee un ensayo y una sugerencia cada día, luego siéntate a plasmar algo en tu diario. Escucharás voces muy diversas: desde autores queridos, deportistas olímpicos y músicos icónicos hasta un hombre que se reincorpora al mundo tras una larga sentencia en prisión y una joven madre a punto de ser viuda. Esas historias son una forma de dialogar con otros buscadores que meditan sobre las cuestiones centrales de la vida. También pueden ser un espejo que te muestre cosas sobre ti: a qué te aferras, a qué te resistes, qué anhelas, en quién quieres convertirte.

Y con eso, vamos a empezar.

EL LIBRO DE LA ALQUIMIA

Capítulo 1

SOBRE LOS INICIOS

Hace poco, me invitaron a un congreso que reunía a cincuenta de los pensadores más innovadores del mundo. Todos los días había ponencias de científicos de primera fila, directores ejecutivos de empresas tecnológicas, artistas pioneros, actores y exploradores del Ártico. Después, nos reuníamos en grupos para discutir y debatir las implicaciones de sus ideas. En esos grupos más pequeños, la gente solía empezar la conversación identificando su campo y preguntando: "¿Y *tú* a qué te dedicas?".

Como escritora, esa necesidad tan humana de categorizar y de clasificar por tipos, ha logrado que tema responder esa pregunta. Sé que lo siguiente será: "¿Qué tipo de escritura?". Gran parte de mi trabajo se desarrolla en el ámbito de las memorias, las cuales se califican (de manera injusta, creo yo) como egocéntricas y sin rigor, sobre todo cuando la autora es una mujer joven. Con ciertas personas, me siento tentada a que parezcan más "serias". En vez de decir: "Escribía una columna sobre ser una joven con cáncer" descubro que quiero responder: "Solía escribir para la sección de ciencia del *New York Times*".

Así que, imagina mi pánico interior cuando, en medio de ese grupo de intelectuales, empresarios y científicos galardonados con el Nobel, me preguntaron: "Escritora, ¿eh? ¿En qué estás trabajando ahora?".

Estaba trabajando en este libro, la destilación de una práctica que me salvó la vida. "Un libro sobre llevar un diario", respondí. Vi cómo la respuesta caía en terreno estéril, tal como lo temía. De manera instintiva, sentí que necesitaba justificarlo. Explicar que, aunque escribir un diario a veces se considera un pasatiempo infantil que se hace en un bonito cuaderno con un pequeño candado, estudio tras estudio han elogiado sus beneficios físicos y mentales: desde la reducción de los síntomas de la depresión y la ansiedad hasta la mejora de la memoria de trabajo y el fortalecimiento del sistema inmunitario. Quería gritarles: “Es algo de lo que todo el mundo podría beneficiarse, ¡en especial ustedes!”.

Pero no lo dije. En vez de eso, cambié de tema y volví a esas personas y sus actividades. Siempre he pensado que llevar un diario es algo serio (ha tenido aplicaciones muy serias en mi vida), pero nunca he sido buena para argumentarlo en una sola frase. Si pudiera volver atrás y explicar por qué me siento llamada a compartir mi estrategia de escribir un diario, diría lo siguiente: *Hago este trabajo porque sé que funciona y es necesario*. Los estudios pueden ser útiles para convencer a los escépticos, pero solo confirman lo que yo ya sé a nivel del alma.

Y no solo aplica en mi vida. He oído a más personas de las que puedo contar dar testimonio de lo transformadora que ha sido esta práctica. Una mujer de cincuenta años, atrapada en un trabajo corporativo que le consumía el alma, utilizó estas herramientas para hacer realidad su sueño de toda la vida de convertirse en escritora: las anotaciones de su diario se convirtieron en ensayos premiados; escribió unas memorias, consiguió un agente y dejó su trabajo. Una madre destruida por la pérdida de su hija empezó a crear arte a partir de estas consignas y temas de escritura, lo cual le permitió sentirse conectada a su hija y comenzó a procesar su duelo. Un oncólogo observó los beneficios para la salud de la estrategia de llevar un diario y, literal, lo ha recetado a más de cien pacientes. Podría llenar páginas y páginas con historias como esas.

Llevar un diario es un proceso totalmente alquímico, con aplicaciones prácticas en todos los ámbitos de la vida y el trabajo. El diario es como una crisálida: el contenedor de tu yo más inmaduro. En esta era de personajes hiperactualizados, es un espacio poco común donde puedes compartir los pensamientos más íntimos y ordenar la materia prima de la vida. Día a día, página a página, descubres las respuestas que ya están dentro de ti y empiezas a transformarte. Además, al mismo tiempo que ofrece trascendencia, no hay nada más humilde que el diario. Desde que existe la escritura, la gente ha recurrido a él para catalogar lo cotidiano, algo que deja claro la etimología de la palabra. Esta proviene de la palabra en francés antiguo *jurnal*, que a su vez tiene sus raíces en la palabra en latín *diurnalis*, que significa "de un día". Si investigas el origen de la palabra *diary* (diario, en inglés), ocurre lo mismo. Los diarios más antiguos que conocemos servían para llevar registros, como el *Diario de Merer*, el antiguo papiro egipcio que registraba el transporte de piedra caliza a Giza, donde se utilizaba como revestimiento de las pirámides.

Con el paso de los años, el formato evolucionó desde la simple catalogación hasta incluir mucho más: desde las *Meditaciones* de Marco Aurelio, convertidas en guía para la vida, hasta los "libros de almohada" de las mujeres de la corte japonesa alrededor del 1000 d. C. (llamados así porque los escondían bajo la almohada) que detallaban las vidas públicas, las fantasías y los relatos de ficción; hasta los cuadernos científicos de Leonardo da Vinci y Charles Darwin.

En el siglo XX, tenemos los pensamientos más íntimos de Anaïs Nin sobre su despertar sexual y político y los diarios de Virginia Woolf sobre su vida como lectora y escritora. Tenemos los diarios de personas en el contexto de regímenes represivos, como Alice Dunbar-Nelson, que nos ofrece una mirada sin adulterar a la vida de una mujer de color a principios del siglo XX en Estados Unidos, y Ana Frank, que documentó su experiencia como joven judía escondida bajo la persecución nazi.

Los diarios se han convertido en importantes artefactos históricos que nos permiten echar un vistazo al pasado y comprender lo que vivieron nuestros semejantes, ya fuera una enfermedad, una guerra o cualquier otra crisis, y cómo se las arreglaron para sobrevivir. Como escribió Anaïs Nin: "Cuando profundizamos en lo personal, vamos más allá de lo personal. Logramos algo colectivo".

El diario tiene una gran capacidad. Puede ser una ayuda para la memoria, un relicario de los principales acontecimientos de la vida, un lugar para desahogarse, hacer listas de lo que debes hacer y lo que no, apuntar sueños, conjurar algo hermoso, disparatado e inesperado. Acudimos a él para eliminar el ruido, para hacer un balance y descubrir significados, para dejar que el subconsciente y la intuición fluyan de manera libre. El diario es el lugar donde buscamos y encontramos nuestro yo más elevado, más liberado y creativo.

Pero tanto si llevas mucho tiempo escribiendo en tu diario como si eres nuevo en esta práctica, es probable que hayas experimentado ese momento en el que contemplas la página en blanco y te asalta la duda: *¿Cómo empiezo?*

Para mí, empieza por el objeto en sí, por el diario. No importa si es una libreta clásica de papelería o una preciosidad encuadernada en cuero, siempre lo personalizo de alguna manera. Adorno la cubierta, escribo un contrato creativo en la hoja de guarda o meto una vieja foto favorita en las páginas abiertas... cualquier cosa que amplifique su atractivo y me anime a volver. También tengo cerca mis plumas favoritas.

La naturaleza física y táctil de escribir un diario a mano es importante para mí. Me encanta la interacción entre el papel y la palma de la mano, cómo la pluma se desliza por la página, cómo las letras emergen como imágenes: se elevan, retroceden, avanzan. "Hay un estado mental al que no se puede acceder pensando", escribe Lynda Barry en su libro de ejercicios creativos y memorias gráficas, *What It Is* [¿Qué es?]. "Parece requerir una participación con algo, algo físico que movemos, como una pluma, como un lápiz, algo que está en movimiento, movimiento ordinario, como escribir el alfabeto". Virginia Woolf también ensalza el placer de escribir a mano; después de pasar varios meses revisando un manuscrito en su máquina de escribir, volvió a la pluma y al papel, y en su diario escribió: "¡Cómo me gusta... volver a escribir una frase! Qué delicia sentir cómo se forma y curva bajo mis dedos".

Si te resistes a la idea de escribir a mano, te diré lo siguiente: a mí me resulta útil, tanto porque me gusta el despliegue de tinta sobre la página como porque es menos probable que me autoedite. Pero todos tenemos necesidades diferentes y debes sentirte libre de escribir tu diario de la manera que te resulte más cómoda, ya sea en una computadora, en tu teléfono o en un bloc de notas con un lápiz.

Muchas veces, cuando llego a la página, me asaltan varios pensamientos autosaboteadores: *No tengo nada que decir, no me siento inspirada para escribir una palabra, y mucho menos para llenar tres páginas*, y *nunca voy a ser capaz de hacerlo con constancia, así que, ¿para qué?* He inventado varios trucos para sacar mi mente de esos atolladeros, pero uno de mis favoritos lo compartió conmigo la poetisa Marie Howe: "Cuando no puedo practicar, tomo un cuaderno y escribo tres páginas al día, pero lo hago con la mano no dominante, así que me sale un gran garabato", dice. "O escribo: 'No quiero escribir sobre…' y luego escribo sobre eso, para liberarme".

Pero a veces la resistencia es más profunda. Una vez, en un taller en el que enseñaba a escribir un diario, un participante preguntó: "¿Algún consejo para alguien que no puede llevar un diario sin sentir vergüenza? Creo que tiene que ver con el hecho de que mi madre solía leer mis diarios cuando era joven y en casa nada era privado. Ahora siento que no puedo poner nada personal por escrito". Agradecí su pregunta y comprendí que quizá otros llevaran un bagaje similar. Con la aportación de otros asistentes, se nos ocurrieron siete consejos para romper una resistencia profunda:

1. *Recuérdate que puedes quemarlo después.*
2. *Intenta escribir en segunda o tercera persona para distanciarte de tu censor interior.*
3. *Escribe en listas o en fragmentos de frases para que parezca más un "apunte de pensamientos" que un diario.*
4. *Tal vez puedes llamarlo el no-diario. Suelta las reglas y hazlo a tu manera.*
5. *Cuando te quedes atascado, puedes decirte: "Eso era antes. Esto es ahora" y, a continuación, siente el presente y escribe sobre él.*
6. *Guarda tu diario en una caja fuerte, a salvo de miradas indiscretas.*
7. *¿Puedo sugerir que le escribas a tu madre de forma directa?*

La última sugerencia puede haber sido una broma o no, pero me trae a la memoria un ejercicio que la cantante Stacie Orrico Johnson compartió conmigo hace unos años como forma de acallar las voces críticas. Dice así:

> *Cierra los ojos e imagina la última vez que intentaste crear. ¿Quién apareció? ¿Qué escuchaste? Puede que fuera un padre crítico, un compañero de clase competitivo, un comentario desconsiderado de un profesor o alguna frase de una carta de rechazo. Tal vez fue una voz de origen desconocido que escuchas en bucle: es demasiado tarde, no eres lo suficientemente buena, nunca lo conseguirás. Escribe una notificación de desalojo a quienquiera o a lo que sea que obstaculice tu alegría creativa. Identifícalos. Llámalos por su nombre. Expúlsalos con firmeza.*

Otro reto común es desarrollar la regularidad. Hay algunas cosas diferentes que me parecen útiles para construir lo que mi amiga Lisa Ann llama práctica "pegajosa": incorporar el diario a una parte no negociable de tu rutina, crear algún tipo de responsabilidad y reducir la barrera de entrada.

Intenta escribir más o menos a la misma hora cada día, de preferencia cerca de un hábito favorito. Para mí, escribir mi diario gira en torno a la primera taza de café. Me levanto, suelto a los perros y me dirijo a la cocina para moler los granos y encender la cafetera. En los cinco minutos que tarda en infusionarse, leo un breve pasaje y dejo que las palabras me inunden. Luego me siento a la mesa de la cocina con el diario y empiezo a escribir. Puede que para ti eso ocurra cuando la casa está en silencio y tus hijos duermen. Tal vez en el trayecto del metro o en el estacionamiento antes de entrar en la oficina. Descubrí que quince minutos es el tiempo de oro que necesito para escribir a través de la niebla y llegar a algún lugar inesperado e interesante. Pero si solo dispones de cinco minutos, es más que suficiente.

Las veces que he llevado un diario de forma más constante ha sido cuando me he comprometido a una práctica diaria de cierta duración con amigos o familiares, como mi madre, que es mucho más disciplinada que yo. Lleva un diario cada mañana a primera hora, sin importar lo que pase, tanto con palabras como con una acuarela rápida, mientras toma el té. A menudo me envía una foto del cuaderno junto a su taza de cerámica favorita, lo que me anima a tomar una foto de mi diario. Me encanta este tipo de presión social positiva, la forma en que nos llenamos de energía.

Considera la posibilidad de invitar a un ser querido a leer y escribir este libro contigo. O, si prefieres hacerlo en solitario, pero quieres sentir responsabilidad, marca cada día que escribas en tu diario en un calendario para tener una cuenta visual. Este libro contiene un total de cien ensayos y sugerencias, pero si el proyecto de llevar un diario durante cien días te parece desalentador, comprométete a hacerlo durante diez días y observa cómo se va construyendo.

Cuando me embarqué en mi primer proyecto de 100 días, reduje la barrera de entrada fijándome tres reglas firmes:

1. *Escribe todos los días.*
2. *Intenta que sean tres páginas, pero no importa. Un párrafo. Una frase. Una palabra.*
3. *Deja que tus pensamientos se desboquen, vayan en la dirección que quieran, y una vez que hayas terminado, no tendrás que volver a mirarlos.*

Sea cual sea el momento y la forma de llevar un diario, no hay una manera correcta o incorrecta de hacerlo. Pero entre menos le apuestes, cuanto menos valioso sea el proceso, más probabilidades tendrás de volver a él.

No se trata de una redacción pulida, de "estoy escribiendo una obra maestra". No necesitas experiencia previa. Solo deja que las palabras broten de tu pluma, sin restricciones, sin un objetivo, sin autocensura, sin edición ni preocupación por la gramática o la puntuación. Si un tema en concreto no te convence, escribe por qué, o deja que tus palabras te lleven en una dirección completamente distinta. Esa escritura es para ti; adáptala a tus necesidades.

No hace mucho, tuve la oportunidad de entrevistar a Michael Bierut, el creador que formalizó el proyecto de 100 días como tarea para sus estudiantes de posgrado en Yale. Hablamos de cómo se le ocurrió la idea y de los muchos proyectos increíbles que surgieron de ella. Una de las historias que contó fue la de una joven cuyo proyecto consistía en meter cien tarjetas de pintura en una caja, sacar una cada día y escribir algo sobre ese color: algo poético, algo rápido y despectivo, a veces una sola palabra, a veces un largo ensayo. A Michael le gustaron muchas cosas de su proyecto, como el hecho de que combinaba perfectamente limitación y variabilidad. También invitaba a la constancia, porque en cuanto metía la mano en la caja, se comprometía a trabajar un día más. Pero lo que más le gustó fue que era un microcosmos de la experiencia humana, que está llena de incertidumbre, marcada por el azar, la coincidencia y la casualidad. Cuando sacó la muestra de pintura de la caja, ¿obtuvo el color que esperaba? ¿Se sintió eufórica y pensó *oh, hoy voy a escribir sobre este amarillo brillante*? ¿O se decepcionó al encontrarse con un gris turbio?

"Si lo llevas a otro nivel, la vida es así", me dijo Michael. "A veces es lo que esperabas, a veces es lo que temías, y tu capacidad para reaccionar ante ello de manera humana y auténtica es la forma en que sobrevivimos".

No creo que pasar por algo duro nos haga más sabios, fuertes o valientes por defecto. Pero los momentos de transición en la vida ofrecen la posibilidad de un nuevo comienzo. Que estos diez primeros ensayos y sugerencias te den la bienvenida a la práctica de dar luz. Que despierten algo nuevo, hermoso y verdadero. Deja volar tu pluma. Sigue tu curiosidad e intuición.

Aquí no hay nada

Dani Shapiro

Para empezar, empieza, decía Wordsworth. Tan simple en teoría y tan difícil en la práctica. La escritora que se enfrenta a la página en blanco tiene los dedos de los pies enroscados en el borde de una tabla alta. Tal vez no sabe cómo zambullirse. Quizá ni siquiera sabe nadar. Tal vez la piscina no tiene agua. Para lanzarse a algo nuevo, ya sea una novela, unas memorias, un relato o un ensayo, primero debe reunir una autoconfianza que roza la locura.

No importa cuántos libros haya escrito. Cuando se trata de una obra nueva, se encuentra en territorio desconocido. Voces emergen de cada parte de ella: *¿Quién eres tú para pensar que puedes hacer esto? Sabes que esto ya lo hizo [llena con el nombre de un autor brillante], ¿verdad? Esta vez vas a fracasar a lo grande.* Si apenas está empezando, quizá se someta a una diatriba más joven y entrecortada que ponga cada frase entre signos de interrogación. *¿Deberías haberte dedicado al marketing? Vamos, ¿cuántos seguidores tienes en las redes sociales? ¿Sabes que eso es lo que importa?* Si lleva mucho escribiendo, puede que oiga un susurro nocivo: *Estás acabada, cariño. Ya no tienes nada que aportar. Ríndete.* Diga lo que diga esa voz, no te equivoques: no está aquí para ayudarte. Su objetivo es la aniquilación total del proceso creativo.

En mi computadora, entre un montón de carpetas que contienen lo cotidiano, hay una que está llena de artículos breves que he escrito en la última década. Ensayos, charlas, discursos, reseñas de libros, relatos breves. Algunos fueron encargos. Otros empezaron por mi exploración. Pero todos empezaron con las mismas cuatro palabras: *Aquí no hay nada.*

Esas palabras surgen de un sentimiento para el que debería existir una palabra alemana adecuada, una combinación de desesperación y abandono. Así me siento cuando por fin me pongo en marcha. Pero antes de llegar a esa frase, a esa tabla, primero debo atravesar un periodo de inactividad (benditamente breve o despiadadamente largo) en el que me interpongo en mi camino. Llevo once libros y aún no consigo evitarlo, lo que me lleva a creer que debe ser fértil a su manera. Puede verse como lavar la ropa, revisar el correo electrónico, rellenar formularios de seguro médico guardados para un momento en el que mi cerebro ya está frito. O puede verse como caer en fascinantes madrigueras de conejo en nombre de la investigación, la política o el algoritmo de compras de Instagram que tan bien me conoce. En cualquier caso, cuando se prolonga lo suficiente, conduce a un estado muy cercano a la desesperación.

En ese estado de desesperación es cuando las cosas se ponen interesantes. Hace un tiempo, estaba trabajando duro en mis memorias, *Herencia*, cuando me di cuenta de que las doscientas páginas que había acumulado no eran más que un falso comienzo. "Sé que le diría a cualquiera en mis circunstancias que eso es desesperación creativa", le comenté a mi marido. "Pero es que parece desesperación". Estaba a punto de tocar fondo: el punto exacto en el que se produce el verdadero comienzo. Para llegar hasta *aquí no hay nada,* primero un escritor debe sentir que no tiene nada que perder. Y la verdad, ¿qué hay que perder? *Para empezar, empieza*. ¿Qué es lo peor que puede pasar? ¿Equivocarte? ¿Escribir páginas que te darán escalofríos al día siguiente? ¿Hacer una bola con ellas y tirarlas? Para empezar, empieza otra vez.

Para los escritores, un día dedicado a escribir es siempre un buen día. Un día dedicado a escribir es, de hecho, mejor que un día dedicado a evitar escribir. Significa que un escritor ha conseguido callar las voces, convocar esa confianza salvaje, transmutarla en coraje y enfrentarse a los contenidos de su interior más profundo, porque ahí es donde se forman nuestras frases. Y si juntamos una serie de días así, al final nos daremos cuenta de que hemos empezado.

SUGERENCIA PARA HOY:

¿Qué escribirías si no tuvieras miedo? Pon diez minutos en un cronómetro. No te preocupes. Nadie va a leer ni una palabra. Puedes romperlo, quemarlo, guardarlo. Todo depende de ti. En sus marcas, listos, ¡fuera! Empieza.

Solo diez imágenes

Ash Parsons Story

Pasé mis primeros años en un pueblo de Zaire, África, durante la década de 1980, y cuando nuestra familia regresó a Estados Unidos, yo no encajaba. Por suerte, mis padres me dieron mi primer diario, con un pequeño candado de oro y una llave, como regalo de "bienvenida al hogar que no se sentía como hogar". Solitaria y confundida por esta nueva versión de un pueblo, lo volqué todo en aquellas páginas. No me perdía ni un día y cada año empezaba uno nuevo. Entender la vida escribiéndola se convirtió en una práctica que llevé a la edad adulta, a la vida de casada y a la maternidad.

Entonces adoptamos a nuestro tercer hijo. Zion nació tres meses antes y pesó un kilo. La primera vez que lo vi, de su cuerpo salían cables y tubos como tentáculos de pulpo, y las alarmas de la UCIN parecían gritarme. Pero al verlo sentí lo mismo que cuando di a luz a mis otros dos hijos: era como volver a casa. Pasé las siguientes seis semanas con Zion dentro de mi camiseta, piel con piel, viéndolo crecer. La vida como madre en la UCIN fue absorbente y nada propicia para escribir. No se puede hacer mucho cuando se tiene en brazos a un ser humano frágil y del tamaño de un balón de futbol.

Así que empecé a tomar notas mentales de las imágenes:

- La sala de lavado de la entrada de la UCIN, donde me enjabonaba las manos en los anchos lavabos metálicos, usando el pie para controlar el grifo.
- El número rojo parpadeante que indicaba que la saturación de oxígeno bajaba cuando estaba en la incubadora, y cómo volvía a la normalidad en cuanto lo tomaba en brazos.

- La forma en que fruncía el ceño como un anciano cuando tenía hambre y arrugaba los labios mientras emitía un pequeño graznido.

Llevaba esas imágenes en el bolsillo trasero de mi mente y las escribía cuando llegaba a casa. Sin darme cuenta, estaba encontrando la forma de escribir mi vida, incluso cuando "no tenía tiempo ni energía para escribir".

Ahora, Zion tiene nueve años y la vida no ha sido menos complicada. Ser madre de un niño con discapacidad y gravemente enfermo es el regalo más salvaje. Es una vida de sorpresas, placeres e interrupciones interminables, y eso solo antes del desayuno. Pero escribiendo es como me traduzco la vida. Es mi creador de sentido. Así que, en medio de todo, he adoptado una vida de escritura de diez imágenes. Sí, solo diez.

Pienso en diez momentos, imágenes mentales, escenas, objetos que surgen cuando recuerdo las últimas veinticuatro horas, y luego los escribo. Van de lo mundano a lo excepcional, no importa. El valor no reside en la imagen, sino en la atención que le presto. A veces, una de esas imágenes salta a la vista y me dice: "Vayamos juntas a algún sitio...", y me encuentro escribiendo un capítulo entero o un ensayo. Historia real: en la actualidad, estoy escribiendo mis memorias de esta manera. Pero la mayoría de las veces miro mi lista y exhalo con una gran sensación de logro: he vivido un día más. He visto lo que he visto. Y he dado voz a mi vida escribiéndola.

SUGERENCIA PARA HOY:

Quizá tu vida no se parezca en nada a la mía, pero tal vez también sientas que te falta tiempo, espacio emocional o la presencia de esa descarada pícara, la "inspiración", para escribir. Quizá no puedes sentarte a escribir varias páginas o cientos de palabras, pero apuesto a que se te ocurren diez imágenes de las últimas veinticuatro horas. Inténtalo.

Una de mis cosas favoritas es volver a mis páginas de diez imágenes del año pasado y leer lo que vi. No importa lo que esté pasando en el mundo, dentro o fuera, sé que puedo encontrar un hogar en esas páginas.

El arte de lo cotidiano

Michael Bierut

Tras el 11-S, empecé a dibujar cada día inspirándome en una foto de *The New York Times*. Como mucha gente, y en especial como neoyorkino, me sentía muy desorientado. Eran tiempos caóticos y quería involucrarme en la actualidad, pero a mi manera, de forma meditativa. No me di cuenta conscientemente en ese momento. Solo pensé que dibujar era agradable y que estaría bien tener una excusa para dibujar todos los días, y también que hacerlo diario me quitaría presión. Puede que un día hagas algo horrible y al día siguiente algo agradable, eso me entusiasmaba.

Empecé los dibujos diarios el 1 de enero de 2002. Mi regla era sencilla. Tomaba el periódico de ese día, elegía una imagen (algo que me pareciera divertido, interesante o provocador, o algo que quisiera mirar más tiempo que cualquier otra cosa) y la usaba como material de partida. Podía ser un político dando un discurso o una foto de una zona en conflicto. Algo que me inspiraba de forma regular era el artículo que el *Times* empezó a publicar en febrero llamado "Retratos del Dolor": cada día publicaban semblanzas de las personas que murieron el 11-S y una fotografía, por lo general era una instantánea compartida por la familia. Algunos días me encontraba de humor para deleitarme con el dibujo y me pasaba tres horas con él. Otros días me decía: *No volveré a respirar hasta que haya terminado.* Me permití que las dos respuestas fueran igual de válidas. También era válido si capturaba una imagen o no. La práctica tenía menos que ver con el resultado y más con ponerme en un estado adecuado para el resto del día.

Continué con este ritual durante todo el año. Eso fue antes de la omnipresencia de las redes sociales, y no se me ocurrió compartir las imágenes con nadie: era algo que hacía en privado. En aquel entonces daba clases de posgrado en el programa de diseño gráfico de Yale. De algún modo, el director se enteró de mi proyecto y sugirió que asignara algo parecido a mis alumnos. La idea de que la clase emprendiera algo en común, pero eligiendo su propio tema, en vez de hacer lo mismo todos, me atrajo de inmediato. La pregunta era: ¿cuánto duraría? Miré el calendario y vi que ese año tenía que dar dos clases, una en el semestre de otoño y otra en el de primavera, que coincidían exactamente con cien días de diferencia. Era una coincidencia, pero tenía el mismo significado que un año había tenido para mí. Era como si ese número redondo me dijera justo lo que debía hacer. Así que escribí un resumen y, en la parte superior, puse "El Proyecto de 100 Días", con mayúsculas en cada palabra para que pareciera oficial. Luego escribí una sencilla indicación, abierta y muy poco estructurada: "A partir de mañana, haz un acto creativo que puedas repetir durante cien días".

Durante los cinco años siguientes, asigné ese ejercicio el primer día de clase. Mientras los alumnos meditaban sobre cuál podría ser su proyecto, yo hablaba con ellos y les daba mi opinión sobre la viabilidad de sus ideas. Por ejemplo, un alumno podía decir que quería hacerse una foto en la misma esquina de la calle cerca del campus todos los días, lo que me llevaba a preguntarle: "¿Te irás de vacaciones?". Me respondería: "Sí, a Phoenix, a ver a mis padres". Entonces le diría que buscara algo portátil, algo que también funcionara en Phoenix. Con el tiempo, me di cuenta de que había un punto medio entre la especificidad y la apertura. Tenía que haber ciertas limitaciones, pero también era importante que pudieran elegir, por pequeñas que fueran las opciones. Pero cuando las personas se encerraban en sí, incluso cuando venían a mí el día veintidós y me decían que no querían volver a hacer ese acto creativo concreto, yo les decía: "Haz que lo importante sea la resistencia. A ver cómo funciona".

Intenté sobre todo animar a los alumnos para que hicieran lo que quisieran, y me sorprendía una y otra vez lo que se les ocurría. Un alumno tomó un cartel muy conocido de los años cincuenta y, cada día, hacía una variación. Una joven dedicó quince minutos cada mañana a memorizar el sermón larguísimo sobre el cielo y el infierno que su abuelo predicador siempre daba; al cabo de los cien días, dijo el sermón de memoria delante de la clase. Otro ponía la canción "Here Come the Warm Jets" de Brian Eno y empezaba a diseñar; cuando terminaba la canción, la obra estaba terminada. Uno de los proyectos más memorables fue el de un estudiante llamado Ely Kim, que se grabó bailando una canción distinta en un lugar distinto cada día. Al final, editó los cien clips en un video de siete minutos llamado "Boombox", que saltaba entre él bailando en las escaleras del edificio de arte, en su departamento, y de vuelta a casa en Las Vegas, de donde era, y docenas de otros lugares también. Se hizo viral y le llovieron invitaciones para actuar por todo el mundo.

No hay forma correcta o incorrecta de hacer algo como el proyecto de 100 días. Este proyecto funciona por la misma razón por la que cualquier cosa así funciona: puedes hacerlo en tus términos, a tu manera. No tiene nada que ver con la experiencia que yo o cualquier otra persona pueda tener al respecto. La única forma es haciéndolo. De alguna manera, tienes que abrirte camino y, aunque odies el 95 por ciento de las cosas que hiciste, si llegaste a los cien días, felicidades, eso ya es asombroso en sí.

Claro, no todo el mundo llega hasta el final y eso también está bien. Tuve alumnos que lo abandonaron muy rápido, algunos a las dos semanas, otros al mes. Cuando llegaban a la mitad del camino, habían interiorizado el proceso lo suficiente y tenían tanta inversión personal que había muchas posibilidades de que llegaran al final. Los que abandonaban a las dos semanas, decían: "He sacado tanto provecho, incluso haciéndolo solo durante catorce días".

Siempre me hace gracia que me atribuyan el mérito de haber creado el proyecto de 100 días porque parte de lo que lo hace interesante es que no tiene nada de original. Es lo que todos hacemos cada día. Hacemos cosas rutinarias y cosas que requieren actos de imaginación que nunca volveremos a hacer, ya sea ponerle nombre a un pez de colores o responder a un extraño que se tropieza con la banqueta. Alternar esas experiencias rutinarias con otras especiales es lo que, en conjunto, constituye la vida.

SUGERENCIA PARA HOY:

Escribe sobre una ocasión en la que empezaste a hacer algo todos los días, ya fuera una tarea creativa, un nuevo curso de estudio o una forma de ejercicio. ¿Qué te impulsó a empezar? ¿Qué obstáculos se interpusieron? Cuando sentiste resistencia o faltaste un día, ¿qué te hizo volver? Ahora reflexiona sobre lo que aprendiste u obtuviste y cómo podrías aplicar ese conocimiento a una nueva práctica creativa diaria.

Bajar el ritmo

Rachel Schwartzmann

Mientras escribo esto, estoy sentada en mi escritorio rodeada de tres máquinas: el celular, la laptop y la computadora de escritorio. Parpadean con un diluvio de recordatorios, cada notificación abriendo una puerta de entrada a múltiples listas de tareas. Todo se sincroniza y alimenta la inevitable pregunta a la que muchos nos enfrentamos cuando vemos las tareas pendientes:

¿Por dónde empiezo?

Durante largo tiempo, esa pregunta era suficiente para poner mi mente en marcha. Pero en mi trabajo de escritora me planteo muchas preguntas. En fechas recientes, la que me parece más urgente es la cuestión de nuestra relación colectiva con el ritmo y su influencia en nuestra forma de vivir, trabajar y crear en la era digital. Es una cuestión difícil de abordar, incluso en un entorno que ofrece respuestas fáciles e inmediatas, muchas de las cuales se encuentran en las cuatro esquinas de una pantalla.

Pero como todos hemos bajado el ritmo este año, no me he sentido tan satisfecha con las respuestas que nos han dado. Y en vez de buscar más en internet, me dediqué a observar lo que tenía enfrente: sobre el escritorio lleno de máquinas, cuelga una pintura al óleo. A la derecha (y a la mano), está el pizarrón de corcho que uso para crear tablones de ideas mensuales. Abajo, sobre un archivador, hay una pila de papeles y un globo terráqueo antiguo. Todos esos objetos presentan grietas, arrugas y desperfectos evidentes. El globo terráqueo, en particular, está descolorido y cubierto por una fina capa de polvo. Al acercarme y darle una vuelta, pienso en todas las personas que hay en el mundo: dando vueltas, haciendo preguntas, buscando respuestas.

A diferencia de lo que ocurre al pulsar un botón esos objetos no proporcionan respuestas inmediatas, pero vuelven a enfocar las borrosas líneas entre lo físico y lo digital, lo real y lo oscuro. Crean oportunidades para mirar más de cerca, para escuchar con más atención, para considerar con más honestidad: *¿Qué quiero hacer? ¿Adónde quiero ir? ¿Quién quiero ser?*

Nuestro trabajo siempre estará ahí; será continuo. Pero durante esta rara oportunidad de bajar el ritmo de verdad, apago mis alarmas, guardo el teléfono y me pregunto: *¿Por dónde empiezo?*

SUGERENCIA PARA HOY:

Pon cinco minutos en el temporizador y no hagas nada. Mira de forma fija el escritorio, la pared o las motas de polvo en un rayo de sol. Luego escribe los pensamientos, las preguntas y las respuestas que surjan en ese momento de tranquilidad, de quietud.

Viaje y diario

Pico Iyer

Nunca pensé en escribir un diario cuando me subí a un autobús en Tijuana, a los dieciocho años, para viajar durante cien días a una ciudad de Bolivia nombrada por la paz. Sobrevivir la escuela no fomentó la introspección, y estar rodeado de más de mil chicos (solo varones) me hizo pensar que escribir para mí no tenía mucho más valor que murmurar para mí. Pero ¿cómo no iba a desear atrapar el espeso follaje de la selva de Guatemala mientras caía la noche y yo me precipitaba en una profunda zanja? ¿Cómo no desear conservar la sensación de cabalgar un caballo desbocado hasta una ladera desierta en Colombia para contemplar una estatua precolombina casi tan dañada como yo? ¿Cómo iba a dejar de escribir cuando la luz cegadora del sol de Río me recibió de golpe y pensé en la escuela de la que había escapado?

Cincuenta años después, veo el diario de forma muy diferente. Cada mañana voy al escritorio y me adentro en lo que parece una cabaña en el bosque. A veces salen de mí palabras que puedo compartir con los demás; a menudo surgen recuerdos o intuiciones que solo son útiles para mí. Pero el proceso de sentarme a solas, en un espacio tranquilo, y escuchar lo que hay al otro lado de mis pensamientos es lo más cerca que estaré de la meditación: despeja la colmena de mi mente, disipa los enredos a los que nunca se puede dar una respuesta verdadera, y me permite volver al clamor tan renovado y dirigido como si bajara de un monasterio.

He llegado a sentir que apenas importa lo que escribo. En realidad, la alegría y claridad vienen al hacerlo. Y no soy muy exigente con la forma; no he tenido un diario encuadernado y bonito desde aquellos años de adolescencia. La mayoría de las veces solo tomo el pedazo de papel más cercano o un pequeño cuaderno negro que quepa en el bolsillo. Pero escribir, más que cualquier cosa, me aleja de las superficies y me lleva al corazón de lo esencial. Si estás en desacuerdo con un ser querido, si no sabes lo que piensas del mundo, si te has convertido en un torrente desbordado en la agonía del amor… abre tu diario y comparte el momento con tu yo futuro.

El resultado, casi siempre, es pura maravilla.

SUGERENCIA PARA HOY:

¿Cuál es el momento (el lugar, la persona, la actividad) que te hace olvidar el tiempo, perderte e ir a lo que parecen profundidades (o alturas) olvidadas? ¿Cómo ir ahí mañana mismo?

¿Cómo estás de verdad?

Nora McInerny

—¿Cómo estás?

La persona que preguntaba era sincera. Tenía manchas de lágrimas en las mejillas y pañuelos usados enrollados en las manos. Yo llevaba a un niño pequeño y las cenizas de mi marido en una caja de madera. No había dormido en semanas y no dormiría bien durante meses. Estaba ansiosa, deprimida y luchaba contra lo que ahora sé que era un trastorno de estrés postraumático.

La abracé. Sonreí.

—Bien —dije entre dientes.

Por supuesto, no estaba bien. ¿Lo estamos la mayoría? De forma regular, bebemos de una manguera de sufrimiento humano en todas nuestras pantallas y, de manera involuntaria, tomamos raciones extra de estrés y responsabilidad, aunque ya tengamos nuestros platos llenos.

"¿Cómo estás?", es una pregunta que nos hacen los amigos más íntimos y la cajera del supermercado. Preguntamos y respondemos casi siempre con el piloto automático y la mayoría nos limitamos a decir "bien", porque se espera que estemos bien. Bien es aceptable. Bien está… bien. Excepto, claro, cuando "bien" es una mentira en la que te estás ahogando y la verdad podría ser un salvavidas.

Meses después de enviudar, sollozaba en el asiento delantero del coche de mi hermana. También gritaba. A ella. Al mundo. A todos los que me habían dejado sola. Sentía que todos habían desaparecido. Ella hizo lo de siempre: me escuchó, me consoló con palmaditas en la espalda y, cuando quedé exhausta, me recordó que yo era la persona que le había dicho a todo el mundo que estaba bien.

No tenía ni idea de que era una actriz tan convincente, ni de que "bien" no era una pequeña mentira piadosa, sino un muro de ladrillos que había colocado entre las personas que me querían y yo. Porque quería *estar* bien. Porque tenía demasiado miedo de ver mi propio dolor y necesidad, y mucho menos quería compartirlos con otra persona. Porque tenía miedo de que, si alguien veía la verdad, sería lo único que podría ver.

Las conversaciones triviales tienen su lugar, por supuesto. Al cajero no le pagan lo suficiente para oír la verdad, y hay personas en la vida con las que no es seguro que compartamos nuestras verdades más tiernas.

Pero entre las personas que más nos importan, ¿por qué relegamos una pregunta tan fructífera (*¿cómo estás?*) a una conversación superficial? ¿Y qué pasaría si no lo hiciéramos?

En casa, que ahora incluye una familia mixta de cuatro hijos y un segundo marido, la única palabra prohibida es "bien". Cuando te pregunto cómo estás o cómo te ha ido en el día, puedes decir cualquier cosa... menos bien. Y si me preguntas, te diré la verdad.

SUGERENCIA PARA HOY:

¿Cómo estás de verdad?

Receptividad radical

Marie Howe

Cuando mi mente está abarrotada con la interminable lista de tareas diarias y anhelo escribir sobre algo más profundo y sorprendente, recurro a esta práctica:

Primero, despejo mi mesa o escritorio (que a menudo está tan desordenado como mi mente), abro un cuaderno nuevo o tomo una gran pila de papel blanco para imprimir. Me siento, respiro profundo y pongo un cronómetro con dos, tres o cinco minutos. Luego tomo una pluma o lápiz y lo coloco entre los dedos de la mano no dominante. Ahora escribo con esa mano, sin detenerme a pensar, hasta que suena el temporizador.

¿Por qué la gran pila de papel o el cuaderno nuevo? Para escribir con libertad y legibilidad, necesito escribir en *grande* y utilizar *mucho* papel. Empiezo con una línea que me lleva a donde no quiero ir: "No quiero escribir sobre…". O a algún sitio al que sí quiero ir: "Quiero recordar". A veces empiezo describiendo el día: "Ahora veo que el cielo de esta noche se ha vuelto de un tono azul pálido, como lavado". Lo que sea y que esté a la mano.

La promesa y la práctica consisten en seguir escribiendo. No importa si la mente va por delante de la mano: hay que seguir escribiendo, a veces solo cuatro o cinco palabras grandes por página, como garabatean los niños. Cuando suene el cronómetro, leeré las palabras y aclararé lo que no sea legible al instante. Entonces vuelvo a poner el cronómetro.

Y de forma maravillosa, a veces, si sigo escribiendo con la mano no dominante, todo empieza a ir más despacio. Las cosas se vuelven relajantes e interesantes. A menudo, para cuando mi mano alcanza lo que mi mente estaba tan empeñada en escribir, aparece otra cosa. Esa es la parte feliz: cuando la mente voluntaria y acelerada se rinde, puedo observar lo que la mano está escribiendo. Es la forma más segura que conozco de avanzar más rápido hacia el inconsciente, de escuchar lo que quiere decir, lo que ha estado esperando, bajo la superficie.

SUGERENCIA PARA HOY:

Programa dos, tres o cinco minutos en un temporizador. Empieza a escribir con la mano no dominante. Comienza con una de las siguientes frases: "No quiero escribir sobre…", "Quiero recordar…" o una descripción del día. Sigue escribiendo hasta que suene el temporizador. Si quieres, vuelve a empezar.

Mira adentro

Lou Sullivan y Alexa Wilding

Mi hijo Lou, de seis años, no es ajeno al aislamiento, lo cual siento que se debe en parte a su imaginación maravillosamente desatada. Cuando tenía un año, le diagnosticaron una forma rara de cáncer cerebral pediátrico. Tras cuatro años en remisión, Lou recayó en la primavera de 2019 y pasamos el año siguiente encerrados en una habitación de hospital, enguantados, vestidos y enmascarados, tan aburridos que hablábamos con los dispensadores de Purell. Durante lo peor, cuando Lou apenas podía moverse y yo no podía escribir ni una palabra, se le ocurrió un juego llamado Mira Adentro que nos salvó a los dos.

—Cierra los ojos —pidió—, ¡y dime qué ves!

—Uf, ¿nada?

—No, mamá, mira de verdad. ¡Adentro!

Nos tumbamos juntos en la cama del hospital cerrando los ojos hasta que empezaron a formarse figuras y motas de luz detrás de nuestros párpados.

—Veo fuegos artificiales —dije.

—Veo un monstruo —afirmó Lou—, pero en realidad es simpático.

Después, Lou dibujó lo que vio y yo hice bocetos de ideas, asombrada de que mi hijo calvo de seis años fuera ahora mi chamán personal y entrenador de escritura.

—¿Cómo se llama cuando las estrellas hacen dibujos?

—¿Constelaciones? —Adiviné.

—¡Sí! Veo constelaciones. Las líneas son un gimnasio de la selva, y vamos a escalar todo el camino de vuelta a casa.

Meses más tarde, volvimos a casa y, por fin, Lou se reunió con su hermano gemelo, West, de vuelta en la escuela, solo para que el COVID-19 nos obligara a volver a una forma de vida que conocíamos demasiado bien. Jugamos mucho al Mira Adentro para pasar el tiempo. Lou cree que tú también deberías probarlo.

SUGERENCIA PARA HOY:

Cierra los ojos. Si quieres acuéstate para que estés más cómodo. Una manta está bien. Listo, ¿qué ves? Al principio, está oscuro ahí dentro. Pero si miras de verdad, empezarás a notar imágenes. Tal vez sea un oso con garras, un cono de helado, un recuerdo. Como abrazar a tu madre. Quizá sean palabras, como *amor* o *baile*. A veces solo son luces tintineantes. Veas lo que veas, escribe sobre ello. Explícalo hasta que se convierta en una historia. A mí también me gusta dibujar lo que veo.

Primeras líneas

Erin Khar

Podrías pensar que, como escritora de memorias, siempre tengo muchas historias a las cuales recurrir, al fin y al cabo, es mi vida. Pero mientras escribía *Strung Out* [Enganchada], donde profundizaba en los quince años que luché contra la adicción a la heroína, me enfrenté a una buena dosis de bloqueo del escritor. Tuve que desarrollar distintas formas creativas para desbloquearme. A veces me concentro en un sentido específico: notar el aire alrededor, la temperatura, a qué huele un brazo, el hombro o el cabello. Otras veces, para ponerme en marcha cuando me siento bloqueada, empiezo sacando una frase de un libro o ensayo favorito y la uso como punto de partida. He aquí algunas de mis frases favoritas:

De *Dos o tres cosas que tengo claras*, de Dorothy Allison:

> "Déjame que te hable de las mujeres que huyeron".
> "Detrás de la historia que cuento está la que no cuento".
> "Dos o tres cosas tengo claras, y una de ellas es que cuando llega el cambio lo abre todo".

De *El Hotel New Hampshire* de John Irving:

> "Sigue pasando por las ventanas abiertas".
> "La pena flota".
> "Pensé que tenía unas manos bastante delicadas para ser un revolucionario".

De *La cronología del agua,* de Lidia Yuknavitch:

> "Las pequeñas tragedias son difíciles de seguir".
> "Cuando llegó la mañana, hasta el sol parecía equivocado".
> "Estoy aprendiendo a vivir en tierra".
> "Nos enojamos por y a través del otro".

SUGERENCIA PARA HOY:

Escoge la frase de un libro: puedes tomar el más cercano y abrirlo en una página al azar o elegir esa frase favorita que te sabes de memoria. Lo que te llame la atención, lo que te intrigue. Úsala como frase inicial para la entrada de hoy y deja que las palabras fluyan a partir de ahí.

Comienzo de nuevo

Aura Brickler

Mi nuevo comienzo todavía no pasa.

No sé mucho al respecto, pero sé que vendrá con una explosión. Sé que dolerá muchísimo, aunque llevo años preparándome. Hay días que me siento a esperarlo, soñando despierta con cómo se sentirá. A veces aparece como un video en cámara lenta de una colisión frontal; y a medida que una familia entra en foco, me doy cuenta de que es la nuestra. Otras veces parece una tormenta en la lejanía, una nube desastrosa sobre una cordillera de Idaho mientras nos salvamos de los últimos rayos de sol. Cuando ocurra, gritaré, lloraré y me susurraré: "Pero tuviste tanto tiempo para prepararte".

Comenzaré de nuevo en un sofocante estado de luto. Sonreiré a los demás y les aseguraré que estoy bien. Estaré de acuerdo en que es mejor que él ya no sufra, que ya no luche y se esfuerce en cada respiración. Esperaré con todas mis fuerzas que haya una vida después de la muerte, una que le haya ofrecido paz eterna después de tanto dolor. Comenzaré de nuevo queriendo creer más que nunca en la narrativa del cielo, porque, ¿qué otra cosa le dices a tu hija pequeña sobre a dónde va su padre cuando el cuerpo muere? Es probable que le diga que ahora vive entre las estrellas, siempre revoloteando sobre ella y que, cuando el cielo nocturno esté más oscuro, ella lo verá más.

Comenzaré de nuevo como alguien con muchos remordimientos. La idea de vivir cada día como si fuera el último se desvanece tras 3 206 días de intentarlo con todas mis fuerzas. El cáncer tiene una forma de atrincherarse y alargarse. Te agarra por tus debilidades y te hace suplicar un gramo de fuerza. Te roe los cimientos de las esperanzas y sueños colectivos, permitiendo que la desesperación rellene las grietas. Comenzaré de nuevo y aprenderé a perdonar.

Comenzaré de nuevo como narradora, contando historias para mantenerlo cerca de nosotras. Contando cuentos que protejan a nuestra hija de las partes de la historia que son demasiado dolorosas. Imagino que me dejan en una niebla de incertidumbre, miedo y confusión. Cuando la niebla empiece a disiparse, comenzaré de nuevo agradecida por lo que tuvimos y por lo que aún tengo de él. Comenzaré cada día como lo hago ahora, con una taza de café. Comenzaré de nuevo como viuda.

SUGERENCIA PARA HOY:

¿Te has preparado para un nuevo comienzo? Tal vez uno desalentador, pero inevitable, o uno que has esperado y soñado. ¿Qué hace falta para llegar ahí? ¿Quién te acompañará? ¿Qué sentirás cuando llegues al otro lado?

Si quieres, usa la frase: "Comenzaré de nuevo como…".

Capítulo 2

SOBRE LA MEMORIA

Cuando era joven, a menudo mi familia y yo pasábamos los veranos en Túnez. Nos quedábamos en la casa que mi padre y dos de sus hermanos construyeron en las afueras de Gabes, su ciudad natal, en un terreno remoto donde el desierto del Sahara se encuentra con el mar Mediterráneo. Era una estructura sencilla y tradicional, de yeso blanco rematado con cúpulas, y bastante rústica: no tenía electricidad, teléfono ni internet. Casi no había vecinos. Solo había una o dos casas como la nuestra, algunas cabañas de pescadores y un campamento beduino cerca.

Había muy poco que hacer. El mar estaba enfrente y me encantaba nadar, pero dado el sol abrasador, íbamos hasta después del mediodía, ya que bajaba en el cielo. Pasaba esas primeras horas blanqueadas por el sol alternando entre tres actividades. La primera: las tareas domésticas, como lavar la ropa a mano y tenderla en el tendedero, una actividad que habría odiado en casa, pero que ahí, con todas mis tías y primas charlando y riendo, disfrutaba de verdad. La segunda: leer libros viejos y maltrechos, en su mayoría clásicos de la época en que mi padre estudiaba en la Universidad de Túnez. Me acostaba de espaldas en el suelo de baldosas (la superficie más fresca que encontraba) y me perdía en extensos relatos épicos de Tolstói, Dickens y Flaubert.

La tercera seguro no te sorprenderá: llevar un diario. Escribía, escribía, escribía y escribía, llenando quién sabe cuántos cuadernos. Por la casa había un olivar que habían plantado mis tíos Mounir y

Jelani. Un árbol de olivo especialmente grande estaba al lado. Me subía lo más alto que podía y, desde la copa, escribía sobre todo. Sobre los vecinos beduinos que venían a construir un horno de barro y a hacer *tabouna*, un pan plano que se hornea pegando la masa a los lados del óvalo. Sobre mi primer café con leche, preparado por mi tía Fátima (en realidad era leche azucarada con un minichorrito de café). Sobre el ritual de preparar mi desayuno favorito, la *bsisa*, un plato tradicional tunecino a base de cebada molida, azucarada y aromatizada con anís y fenogreco, que luego se mezcla con aceite de oliva y se cubre con dátiles y nueces.

También escribía sobre el calor, la arena y los sirocos, vientos del desierto que soplan levantando y arremolinando los granos de arena con una intensidad creciente, obligándote a refugiarte en casa, a cerrar puertas y ventanas. Escribía sobre la terraza envolvente del segundo piso de la casa y sobre cómo cada noche mis primos y yo arrastrábamos pequeños jergones para dormir al fresco de la noche; cómo mis primos y yo susurrábamos, nos molestábamos, jugábamos, nos hacíamos bromas que de vez en cuando estallaban en una pelea de almohadas. Escribía sobre cómo fumábamos cigarrillos robados en el tejado ya que todos los adultos se habían ido a la cama, y sobre el cielo del desierto en aquellas noches: lo claro que estaba, negro como la tinta, y lo increíblemente brillantes que eran las estrellas.

Aquellos días permanecen en mi memoria con todo detalle, en especial el último verano completo que pasé ahí, el verano en que cumplí dieciocho años. No ocurrió nada digno de mención, pero lo recuerdo de forma visceral. Escribía la crónica de lo que veía, olía, sentía y oía (los acontecimientos diarios, los cambios en el cielo y los vientos del desierto), pero más que eso, detallaba mi vida interior. Se avecinaba una gran transición. Pronto iría a la universidad, lo que para mí significaba la edad adulta. Recuerdo que imaginaba esa nueva vida, con todas mis esperanzas y miedos y, al mismo tiempo, lloraba mi infancia. Era muy consciente de que sería el último verano en que nuestra familia estaría junta de esa manera, quizá el último verano de mi vida en el que me aburriría, y sentí el impulso de aferrarme a ciertas cosas de la infancia. Llevar un diario sirvió para eso. Al escribirlo todo lo materializaba: la sensación de las baldosas frías contra la piel pegajosa, la vista desde el árbol de olivo, el olor del mar, esa sensación de cambio inminente.

Todavía conservo esos diarios y, a veces, vuelvo a ellos. Lo que suele entrar en nuestros bancos de memoria son las cosas más grandes (un cenit o un nadir), así que es una especie de lujo recordar esos pequeños y dulces momentos, los que se desvanecen con el paso del tiempo. Es fascinante volver a ver quién era yo a los dieciocho años, con sus momentos censurables y todo. (Si hubiera dedicado el tiempo que pasaba escribiendo sobre chicos a aprender idiomas, podría haber sido una políglota galardonada). Como me dijo una vez la escritora Dani Shapiro: "Volver a mis diarios es una forma de tender la mano a esa joven, de bailar un poco con ella. En lugar de recordarme a esa edad, en realidad me *encuentro* conmigo a esa edad".

Esa es una de las cosas que más me gustan del diario. Es un depósito de recuerdos, un lugar donde conservar momentos como en ámbar. Al mismo tiempo, escribir un diario también puede ser un acto de recuperación. Pienso en mi padre, que escribió sus recuerdos de la infancia como parte de nuestro proyecto de 100 días. Estudioso de la literatura, llevaba mucho tiempo pensando en escribir cuentos, pero nunca se había puesto manos a la obra. Mi enfermedad lo transportó al recuerdo de su roce con una enfermedad grave cuando era joven. A los siete u ocho años le dio poliomielitis y, mientras estaba enfermo, las mujeres de su vida se sentaban alrededor de la cama a contarle historias fantásticas, tanto para distraerlo del dolor como para curarlo, pues creían que contar historias tenía un poder mágico. Al escribir esas historias de infancia y compartirlas conmigo, mi padre esperaba conjurar esa energía curativa. Y en cierto sentido, lo hizo. Llegué a conocer a mi padre de una manera nueva y a conectar con él en un momento en que me sentía muy aislada. Como señaló más tarde, escribir esas historias se convirtió en "una forma de diario, una terapia imprevista".

Hurgar en sus recuerdos también tuvo un efecto dominó. Entre más profundizaba, más recuerdos creaba y recuperaba, hasta el punto de que ahora está escribiendo sus memorias sobre la infancia en Túnez: *Until the Sahara Blooms Again* [Hasta que el Sahara vuelva a florecer]. "Los recuerdos se me aparecían difractados, al azar, en diferentes modos y formas: una especie de caleidoscopio de imágenes eclécticas, historias, instantáneas, evocaciones, reminiscencias, cavilaciones, bocetos, retratos, acontecimientos ordinarios y trascendentales", dice en la introducción. "En el proceso de recuperación de esos recuerdos olvidados durante largo tiempo, me di cuenta de que, de hecho, estaba escribiendo mi cuerpo, recordando sus partes separadas y volviéndolas a ensamblar en un *corpus*, un bioálbum". Claro, no es una historia completa. Recuperar la memoria es más bien recoger fragmentos del pasado. Pero incluso eso es hermoso porque se pueden recomponer como un mosaico, que, como dice el escritor Terry Tempest Williams, es "una conversación entre lo que está roto".

• • •

Quizá parece que escribo sobre la memoria a través de un lente rosa de nostalgia, como si todos los recuerdos fueran experiencias entrañables. Es más matizado que eso: por supuesto, no todos los recuerdos son felices. Mirar atrás no siempre es agradable. De hecho, puede desorientarnos. ¿Cuántas veces intentamos recordar y nos quedamos en blanco? ¿O sentimos que un mal recuerdo eclipsa todo un periodo? ¿O un recuerdo trascendental entra en conflicto con la versión de otra persona?

En sus memorias, *El tío Tungsteno,* Oliver Sacks relata un vívido recuerdo de una bomba que cayó detrás de su casa cuando los alemanes bombardeaban Londres en la Segunda Guerra Mundial. Recuerda cómo la bomba ardió con "un calor terrible y blanquecino", cómo su padre luchó contra el fuego y sus hermanos le ayudaron llevando baldes de agua para apagarlo, pero el agua solo hizo que ardiera más. "Cada vez que el agua entraba en contacto con la bomba, se oía un silbido y un chisporroteo despiadado", dice Sacks, "y mientras tanto la bomba derretía su propia carcasa y lanzaba gotas y chorros de metal fundido en todas direcciones".

Era un recuerdo tan arraigado que Sacks no podía creer lo que le dijo su hermano Michael más tarde. Resulta que estaba equivocado: Sacks no pudo haber visto eso porque él no estaba allí. Al principio de la guerra, los habían enviado a Braefield, un internado en el campo. Sus hermanos mayores se habían quedado en casa y uno de ellos les escribió una carta vívida y dramática detallando el suceso. Sacks había evocado la escena en su mente y había quedado tan marcado que adoptó el recuerdo como propio.

"Es asombroso darse cuenta de que algunos de nuestros recuerdos más preciados pueden no haber sucedido nunca o pueden haberle sucedido a otra persona", escribe Sacks. No se condena por el relato erróneo. En su lugar, hace algo mucho más interesante: se pregunta por qué. ¿Por qué nuestras mentes son tan abiertas y porosas? ¿Por qué nos resulta difícil distinguir un recuerdo real de uno prestado o mezclado?

Sacks llega a la conclusión de que nuestros recuerdos son falibles e imperfectos, pero también, de manera muy poderosa, son flexibles y creativos. No vamos por ahí como reporteros, grabadora en mano, tomando notas e identificando fuentes. En lugar de eso, la imaginación nos permite experimentar las cosas que oímos y vemos como si fueran propias, lo que da lugar a poderosas conexiones. "Ese tipo de intercambio y participación, esa comunión, no sería posible si todo el conocimiento, los recuerdos, estuvieran etiquetados e identificados, vistos como privados, exclusivamente nuestros". Los recuerdos no están hechos solo de nuestras experiencias directas, sino también de las experiencias de los demás. Surgen y existen en una conversación, un diálogo en constante evolución.

Ese diálogo funciona de varias maneras. Puede ser uno literal con otra persona, desentrañando los hechos y ficciones, como en el caso de Sacks. O puede ser un diálogo con alguien que ya no está con nosotros. Una vez hablé con Marie Howe sobre su poema "What the Living Do" [Lo que hacen los vivos], dirigido a su hermano Johnny, quien murió años antes de que ella lo escribiera. Empieza como un recuento de las cosas cotidianas: el fregadero atascado, el café derramado, las cosas que hacen los vivos y que Johnny ya no hace. Luego viene la *volta* o el giro, donde cambia la energía, donde el poema se contesta (incluso aquí, un diálogo):

Pero hay momentos, caminando, cuando me vislumbro en el cristal de la ventana,
... y soy tomada por un cariño tan profundo

por mi cabello alborotado, mi cara agrietada y mi abrigo desabrochado que
me quedo sin palabras:
Estoy viva. Te recuerdo.

Marie me repitió esta última parte, con énfasis: "Lo *recuerdo*". Y prosiguió: "Recordar a alguien significa recomponerlo, es decir, reunir todas las partes que lo conforman, y retenerlo en nuestro interior. Como todo el mundo sabe, o llegará a saber, las personas sin las que no puedes vivir mueren, y tú sigues viviendo. Pero una vez muertas, pueden estar con nosotros todo el tiempo".

Es una idea poderosa, aunque claro, esos recuerdos duelen. Pero he descubierto que evitar un recuerdo doloroso no hace que desaparezca. De hecho, muchas veces ocurre lo contrario. Puedes intentar construir un dique contra él, pero hay un elemento acuoso en la memoria que, de forma inevitable, se rompe sobre ti, a menudo cuando menos te lo esperas.

He descubierto que lo que me libera de los recuerdos no es evitarlos, sino enfrentarlos de manera consciente. Después de plasmarlos en la página ya no me siento atrapada por ellos, atrapada por ese momento, sensación o dolor. Con un poco de distancia, dejan de ser un trauma que revivo de forma continua para convertirse en un testimonio de mi resiliencia, lo cual me da orgullo y confianza. Se convierten en un recordatorio para mi yo futuro: *Mira por lo que has pasado. Mira lo que has sobrevivido.*

Y para mí, ese puede ser el diálogo más útil: el que mantengo con mi yo del pasado, en el que veo mi evolución, crecimiento y cambio. Joan Didion escribió en su emblemático ensayo "Sobre cómo llevar un cuaderno de notas": "Creo que es aconsejable que sigamos manteniendo buenas relaciones con las personas que solíamos ser, tanto si nos resultan agradables como si no. De lo contrario, aparecen sin avisar y nos sorprenden, llaman a la puerta de la mente a las cuatro de la madrugada de una mala noche y exigen saber quién las ha engañado, traicionado, quién va a enmendar su error. Olvidamos demasiado pronto las cosas que creíamos que nunca podríamos olvidar. Olvidamos los amores y las traiciones por igual, olvidamos lo que susurramos y lo que gritamos, olvidamos quiénes éramos".

Al explorar la memoria identificamos y nos aferramos a un principio del ser. Así trazamos la línea de nuestro pasado y nos damos cuenta de los patrones que informan nuestro presente, que se extienden hacia nuestro futuro. En las próximas páginas encontrarás diez ensayos y consignas que te pedirán que recuerdes las lecciones importantes que has aprendido, las comidas excepcionales que has compartido y los lugares inolvidables a los que has viajado. Revivirás grandes recuerdos, pero también aparecerán los difíciles.

En todos ellos, recordarás. Y ese es el punto: *recordar*. Volviendo a Didion: "Recordar lo que era ser yo: siempre se trata de eso".

Mapa mental

Carmen Radley

Tras la muerte del novelista Philip Roth en 2018, me topé con un breve homenaje que le dedicó Zadie Smith. No soy fan de Roth en especial, pero me encantó el artículo, sobre todo la anécdota inicial, en la que Smith relata una conversación que tuvo con Roth sobre nadar, algo que ambos disfrutaban. Cuando Roth le preguntó en qué pensaba mientras nadaba, Smith respondió: "Pienso primera vuelta, primera vuelta, primera vuelta; luego segunda vuelta, segunda vuelta, segunda vuelta. Y así sigo".

La respuesta de Roth fue muy diferente: "Elijo un año. Digamos, 1953. Luego pienso en lo que ocurrió en mi vida o dentro de mi pequeño círculo en ese año. Entonces pienso qué pasó en Newark o en Nueva York. Después en Estados Unidos. Y luego, si voy más lejos, puede que empiece a pensar en Europa también. Y así sigo".

La primera vez que leí eso, no me imaginé tener tales recuerdos. ¿Podría intentarlo?

En 1953, Roth tenía veinte años. En una página de mi diario, escribí el año en que yo cumplía veinte. Alrededor de ese número, anoté palabras como si se desprendieran de él: escribí Austin (donde iba a la universidad), el nombre de mi novio de la prepa (con el que me había reconciliado aquella primavera) y Sour Lake (mi ciudad natal, a la que volvía en verano, en parte por mi novio).

Cada palabra nueva conjuraba algunas palabras propias, como Sour Lake: de ahí pensaba en la Universidad de Lamar, donde tomé cursos de verano; el tiempo exagerado que pasé entre sofocantes estacionamientos; la tormenta tropical Allison, que inundó la ciudad de Houston, a solo ciento treinta kilómetros al oeste de Sour Lake, y mi coche (había dejado las ventanillas abajo, así que se empapó el interior y adquirió un olor agrio que nunca se fue). Con solo presionar un poco, pude recordar ropa que me encantaba y personas en las que no había pensado en dos décadas. Y mientras recordaba, pasé de forma natural a los acontecimientos nacionales, incluso mundiales. Sí, ese mapa mental me ayudó a recuperar detalles olvidados hacía tiempo y me llevó a lugares inesperados.

Descubrí que puedo hacerlo no solo con periodos, sino también con personas y lugares. Puedo hacerlo con una palabra favorita, como "hurtar": de inmediato tengo tres años, estoy en el supermercado con mi madre y me descubren con una pelota apretada en el puño.

La experiencia es extraña y maravillosa: más espacial que lineal. Es asociativa, sorprendente, incluso estimulante. Explora los recuerdos en busca de cosas enterradas hace tiempo, quizá para utilizarlas en la ficción o en las memorias, quizá solo para conservarlas como un recuerdo del pasado.

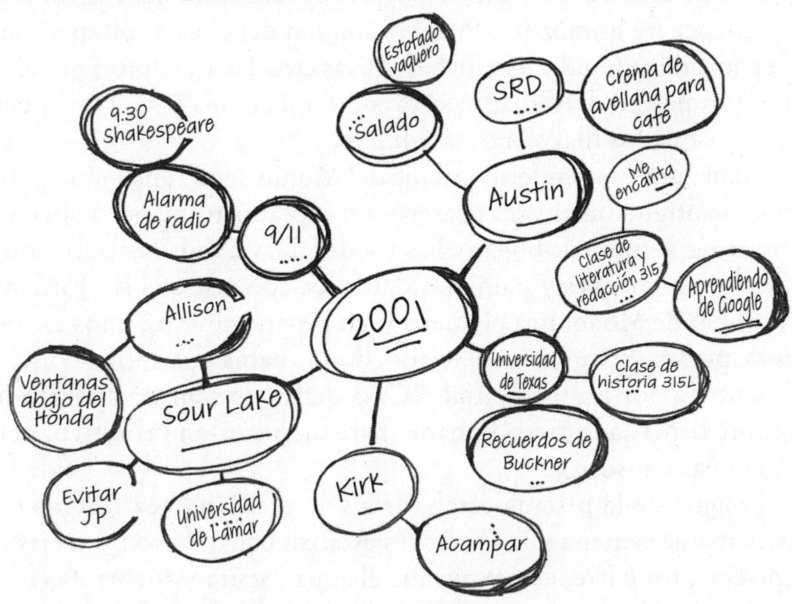

SUGERENCIA PARA HOY:

Crea un mapa mental. Elige un año, un lugar, una persona o una palabra favorita. Escríbelo en tu diario y empieza la red de asociaciones y recuerdos que aparecen en tu mente. Síguela hasta donde te lleve.

He estado comiendo higos

Annie Campbell

He estado comiendo higos. Todos los días. Whole Foods y Trader Joe's ampliaron la temporada y, cada vez, intento comprar suficientes para un par de días. Son deliciosos.

Mi marido se queda perplejo y yo trato de explicarle lo ricos y dulces que están, lo satisfactorios que me resultan. Muerde un higo y se encoge de hombros. ¿Por qué son tan deliciosos solo para mí? Ayer, mi amiga Goldie escribió sobre las ciruelas y el dolor; mientras leía, lágrimas no derramadas se prendieron en mis ojos. De repente supe por qué los higos eran tan dulces.

Había una casa en Jericó, al pie del Monte de la Tentación. Había sido un antiguo ingenio azucarero. En la planta principal, había una terraza a la sombra de buganvilias y vides. La veranda se alzaba sobre naranjos en terrazas y palmeras datileras, con vistas al río Jordán y las colinas de Moab. Era pequeña y, en el patio abierto, unos escalones de piedra subían hasta el tejado, donde había una antigua piscina alimentada por un manantial. "Casa de fin de semana" parece un nombre demasiado rimbombante para un lugar tan primitivo, pero eso era para nosotros.

El agua de la piscina estaba fría y negra. Una vez fuimos a la casa a media semana y los pastores estaban bañando a sus ovejas en la piscina. En parte, eso explicaba el agua oscura y turbia. Pero no nos detuvo. Nos metimos al agua, manteniéndonos a flote mientras alcanzábamos los higos de los árboles que crecían alrededor de la piscina. Éramos seis en el agua. Solo quedamos dos para contarlo.

Leí las cartas de mis padres sobre la guerra, los combates y los campos de refugiados bajo la casa. Sí, recuerdo todo eso. Pero no recuerdo eso cuando como higos.

Cuando como higos recuerdo a mi familia, a todos juntos, flotando en un estanque turbio para alcanzar las ramas cargadas de frutos. Recuerdo la festiva llamada-respuesta: uno gritaba "Tean", la palabra árabe para higo. Los demás respondíamos *alhamdulillah* (gracias a Dios).

SUGERENCIA PARA HOY:

¿Qué comida evoca un momento transportador de tiempo y lugar? Saborea el momento y escribe todo lo que recuerdes.

Mi profesora, la señora R

Arden Brown

El nombre de pila de la señora R es Ann. Da clases en cuarto año de primaria.

También corre maratones. Ha corrido en Boston y Nueva York.

La señora R odia la autopista Jersey Turnpike y a sus conductores.

También le disgustan las botellas de agua metálicas y las palabras "nieve" y "satisfacción".

No le gusta que los niños necesiten ir al baño ni que su gato, Otto, haga tropezar a la gente.

Antes había un árbol muy grande en el patio de la señora R. Lo podaron.

La señora R tiene dos hijos. Ambos son solteros y viven en Colorado.

W es el chico y B es el grande. Uno de ellos (no sé cuál) es diseñador o, a veces, arquitecto.

A W se le da mal levantarse por las mañanas. La señora R le compró un reloj despertador. La alarma tiene un helicóptero en la parte superior. El helicóptero sale volando del reloj por la mañana. Luego pita hasta que lo vuelves a poner encima en la alarma.

La madre de la señora R tiene más de noventa años y está saliendo con alguien. Una vez hizo una sopa muy picante. Le puso el triple de especias de las que se indicaban. La señora R y su familia tuvieron que comerla porque eran pobres.

La señora R habla con acento estadounidense, aunque con algunos toques británicos.

El marido de la señora R es cirujano. La señora R se desmaya si ve sangre. Por eso le pide que mantenga su trabajo fuera de casa.

La señora R es ordenada. Su marido es desordenado. Deja cosas por todas partes.

La señora R conoció a su marido en una tienda de hamburguesas. Ella era empleada. Él era cliente. A la señora R le encantan las hamburguesas.

Una vez, Otto hizo que el marido de la señora R tropezara al pie de la escalera. Otto es un gatito malo.

La señora R dice que sigue las normas, pero que hizo algunas cosas malas en la universidad. La peor fue conducir un auto sin cinturón de seguridad. El auto no tenía cinturones de seguridad.

SUGERENCIA PARA HOY:

Escribe sobre un profesor, catalogando lo que recuerdas (bueno, malo y demás) y cómo lo veías de niño. Luego escribe sobre él o ella como el estudiante de la vida que eres hoy.

Acortar la noche

Hédi Jaouad

La noche cae de repente y de forma espectacular en mi ciudad natal de Gabès, en el sur de Túnez. En un instante, el vecindario se sumerge en una oscuridad total, excepto nuestra casa, la única conectada a la rudimentaria y errática red eléctrica de la ciudad.

En aquellos días de superstición ambiental, la noche y la oscuridad eran una verdadera amenaza: las fuerzas del mal salían para burlarse de los débiles y confundir a los incrédulos. La gente se refugiaba de forma apresurada en la seguridad de sus viviendas; cuando tenían que ir al baño (por lo general, una letrina tradicional escondida en algún rincón remoto) o al aventurarse fuera del recinto familiar para atender alguna emergencia, lo hacían a la luz de las velas, casi siempre con un compañero o en un grupo pequeño.

Las noches sin luna eran aterradoras en especial para nosotros, los niños, porque en la mitología local se consideraba el momento más propicio para la aparición de engendros, genios y otras criaturas demoniacas. Cada sombra y susurro se volvían siniestros. La gente caminaba a tientas en la oscuridad, murmurando en la premonitoria quietud de la noche el famoso *Ayat al-Kursi*, o el Verso del Trono, reputado como el verso más poderoso del Corán para ahuyentar a los espíritus malignos, hechizos y otras fuerzas maléficas.

Antes de la llegada de la radio y la televisión a Gabès, y aparte de las bodas ocasionales en la familia o el vecindario, el único entretenimiento nocturno eran los cuentos, en especial durante los largos y fríos meses de invierno. Por la noche, la temperatura bajaba y el frío se hacía más intenso. Nos acurrucábamos bajo pesadas mantas alrededor de un *kanoun*, un brasero de barro lleno de carbón, para escuchar con atención historias inquietantes de brujería, magia y cosas sobrenaturales. Esos relatos nos hipnotizaban por completo hasta que nos quedábamos dormidos.

Tres matriarcas, todas de setenta años o más, estaban dotadas para contar historias. Mis tías Oumi Zohra, Oumi Salha y Oumi Fatma eran viudas, vivían solas y eran nuestras abuelas postizas. Mi madre, alguno de mis hermanos o yo les rogábamos que vinieran a casa para "acortar la noche", expresión que utilizábamos para referirnos al tiempo que pasábamos juntos, y a menudo pasaban con nosotros una velada llena de historias encantadoras.

Esas mujeres tejían cuentos de fantasía como si fueran canastas. Siempre complacían nuestro insaciable apetito. Mi cuentacuentos favorita era Oumi Fatma, quien estaba casi ciega. Cuando venía, después de muchas súplicas porque le daba pánico caminar, era un regalo excepcional. En esas ocasiones especiales, incluso los adultos se quedaban a escuchar sus cuentos de brujas, hechiceros y magos, porque tenía un don para hablar de lo insólito.

Con la llegada de la radio a Gabès a principios de los años cincuenta, esas veladas empezaron a perder su atractivo. Nos reuníamos en torno a la caja de madera, escuchando voces lejanas y lenguas extrañas. Cuando nos cansamos de la radio, las matriarcas ya no estaban allí para contarnos historias, y como no teníamos libros para leer (ni siquiera el Corán, como le gustaba bromear a mi hermano mayor), se rompió para siempre un vínculo vital. Miro hacia atrás y siento una pérdida, no solo por nuestras matriarcas y sus relatos, también por aquellas largas y oscuras noches en las que veíamos cosas que no existían, cuando nuestra imaginación estaba más viva.

SUGERENCIA PARA HOY:

¿Qué papel desempeñó la superstición en tu infancia? ¿Fue consentida o ridiculizada por los adultos que te rodeaban? ¿Sigue vigente alguna de esas primeras creencias? Escribe sobre ellas y por qué.

Encapsular lo efímero

Jenny Boully

Cuando los recuerdos se manifiestan, lo hacen como mariposas (fugaces, momentáneas, inefables, inaprehensibles). Entonces, la tarea del escritor, tras haber tenido la epifanía incrustada en la memoria, es relatar no solo el mensaje del sueño incrustado en la memoria, también articular, en el lenguaje, esa naturaleza nebulosa del recuerdo. ¿Cómo encapsular el recuerdo de forma que preserve su naturaleza transitoria?

SUGERENCIA PARA HOY:

Escoge cinco objetos de la siguiente lista.

> *palomitas de maíz * lechuga * iceberg * algodón de azúcar * botana* terrones de azúcar * dientes de león * flores * portador del féretro * tendedero * National Geographic * hormigas * sandía * girasoles * boleto * fogata * satélite * escamas de pescado * talco de bebé * edredón * broche * pasador * lata * bingo * rueda de la fortuna * frisbee * legumbres * habas * oruga * lombriz * cenzontle * vagón * hielo raspado * sobre * teléfono antiguo * guante de seda * zapato suelto * postal * cafetería * queso * planta de interior * canoa * lápiz con punta * pegamento * lonchera*

Ahora, en doscientas palabras o menos, escribe un recuerdo relacionado con cada elemento o las asociaciones que tienes con ese concepto. Limita el uso de "yo" y evita la expresión de cualquier emoción. Como en los paisajes oníricos, usa imágenes para transmitir sentimientos. Reúne esos fragmentos de memoria en un ensayo colectivo. Ponle un título de una palabra.

SUGERENCIA EXTRA:

Para el futuro, o para incrementar tus fragmentos de memorias, puedes hacer tus listas de palabras al azar, escogerlas de manera aleatoria de varios libros y diccionarios o pedir a tus amigos que generen listas.

Lugares para coleccionar

Stephanie Danler

Mucho antes de admitir que estaba escribiendo unas memorias, ya coleccionaba lugares. A menudo recordaba el segundo capítulo del *Walden* de Thoreau, "Dónde viví y para qué viví", y pensaba en lo inseparables que eran el lugar y el motivo. Claro, Joan Didion es una maestra en eso: hacer eco del paisaje psicológico con uno físico. En su caso, esos paisajes suelen ser amenazadores. También pienso en Roland Barthes, que dijo en *Fragmentos de un discurso amoroso*: "Donde hay una herida, hay un sujeto". Al recordar lugares de mi juventud, encontré heridas que llevaban décadas sin curarse.

En el caso de mis memorias, *Stray* [Errante], tomaba una tarjeta y en el anverso escribía un lugar: "Laurel Canyon", por ejemplo. Luego, en el reverso, escribía cualquier detalle que me viniera a la mente: derrumbes, tráfico, el carrito de café de Lily, ardillas robando toronjas, cuidado y amenaza, Fleetwood Mac, soledad, perder la luz del día. Otro era "Owens Lake": polvo, una costra, mi padre, serpientes de cascabel, amnesia, desconfianza en el amor, resequedad, el crimen que creó Los Ángeles.

Tenía ochenta de estas tarjetas, y la mayoría no llegaron a aparecer en *Stray*. Pero algunas eran escenas completas de manera asombrosa y se convirtieron en piedras angulares del libro. Solo tuve que volver atrás y preguntar: *¿Por qué te acuerdas de las serpientes de cascabel? ¿Por qué el lago Owens es una costra? ¿Por qué amar a Los Ángeles, o amar a mi padre, parece depender de tener amnesia?* Para responder a esas preguntas, escribí un libro. Y más tarde me di cuenta de que con esas cartas me había hecho un mapa.

SUGERENCIA PARA HOY:

Medita sobre los lugares. Si estás trabajando en ficción, elige lugares de ese mundo. El más fácil podría ser la casa de tu infancia, pero también un restaurante, una calle, una casa abandonada en Catskills donde llovió durante tres días, un estacionamiento, una estación de metro o el ático de un desconocido donde una vez te drogaste demasiado. Escribe todas las imágenes, detalles o palabras que te vengan a la mente. No te preocupes por las frases completas. Pon más atención en describir lo que sentiste y no tanta en describir el lugar.

No se trata de investigar, ni siquiera de recopilar líneas de diálogo o giros de la historia. Es solo recordar, tantear un punto sensible, buscar en la memoria el detalle sorprendente, el *punctum*, que Barthes definió como "el accidente que me punza o me mueve".

POV: mi sombrero

Kiese Laymon

A menudo utilizo el cómic como vía de acceso a recuerdos que preferiría olvidar. Por ejemplo, el año pasado mantuve una conversación pública con Jesmyn Ward, en Nueva Orleans, y todos los que me conocen saben que creo es la escritora viva más influyente del mundo. El evento fue increíble y, después, una de las organizadoras me llevó al hotel. Cuando salí de su coche, una ráfaga de viento me arrancó el sombrero de la cabeza.

Son las nueve y media de un viernes por la noche y estoy en medio de Canal Street con el sombrero en el suelo. Eso puede no parecer gran cosa, pero tengo dos caderas artríticas que están hueso con hueso, y si me agacho para tomar ese sombrero, puede que no haya forma de levantarme. Pero no quiero ser ese tipo delante del organizador del evento y de toda la gente de la calle. Suspiro. Me agacho, me caigo. De rodillas, me pongo el sombrero en la cabeza. Intento levantarme de nuevo. El sombrero sale volando una vez más. Vuelvo a caerme y me lastimo una rodilla. Unos chicos guapos negros pasan a mi lado. Uno dice: "Ese tipo está ahogado de borracho", y se ríen (yo no bebo). Así que ahí estoy, con la rodilla ensangrentada, todavía a medio metro del sombrero. Veo a dos policías al otro lado de la calle, que se dirigen hacia mí. No quiero responder sus preguntas. No quiero necesitar su ayuda para levantarme. Así que dejo el sombrero en la calle, me arrastro hasta la orilla de la banqueta y me levanto. Cojeo hasta el sombrero y empiezo a patearlo para sacarlo de la calle, por encima de la orilla de la banqueta, hacia la entrada del hotel. Ahí, me apoyo en una columna, me pongo el sombrero mugriento en la cabeza y subo arrastrando los pies hasta la habitación.

Me daba vergüenza contar esta historia en voz alta hasta que la consideré desde el punto de vista del sombrero. Al sombrero, seguro le pareció absurdo, incluso ridículo. Podía escuchar su risa y eso me regresaba al momento, al recuerdo, a la escena.

SUGERENCIA PARA HOY:

¿Qué es lo más gracioso que te ocurrió el año pasado? Escribe un párrafo desde el punto de vista de un objeto inanimado que lo presenció. Puede ser el sombrero, el anillo de matrimonio, una farola o la planta de la esquina del bar. Usa todo el lenguaje sensorial posible para describir el recuerdo desde la perspectiva de ese objeto.

Desde mi cama

Tamzin Merivale

Creo que la verdadera felicidad en la vida es un colchón duro como una roca.

Desde la endeble cama de hospital, el suelo de linóleo esterilizado parece más acogedor para una buena noche de sueño que este estrecho, hundido y caliente Colchón de la Desesperación. Me hace pensar en todas las camas en las que he dormido y todas las que he olvidado. Las camas en las que me sentí como en casa y las que me parecieron un infierno. Las camas que compartí con amigos y las que compartí con amores.

Me hace pensar en el colchón de la casa, en cómo nos costó comprarlo, en un país nuevo y un idioma desconocido, y en el colchón inflable donde dormíamos mientras esperábamos a que llegara, que se desinflaba cada noche.

Me hace pensar en mi tercer departamento en Florencia, viviendo sola (por fin), donde dormía en un sofá cama viejo y despertaba con el sonido de los *motorinos* y las apasionadas discusiones de mis vecinos, las cuales incluso llegué a comprender.

Me trae a la memoria una habitación calurosa y sudorosa que apenas recuerdo en el norte de Zambia, una habitación de hotel en Harare compartida con desconocidos, una litera en una cabaña, un suelo húmedo en Adén, otra cama de hospital (no tan diferente de esa) en Marrakech. Y una habitación mugrienta en Dakar, llena de mosquitos, pero que me encantó porque tenía diecisiete años y estaba sola en África.

Pienso en una manta sobre la arena bajo las estrellas en Mauritania, con murciélagos revoloteando. En meterme en una tienda de campaña en el bosque toscano al amanecer, después de tumbarme en las termas a oscuras, *sotto la luna*. Recuerdo "El Autobús", una habitación con vistas en Saná que pertenecía a un amigo, donde despertaba cada mañana con la suave llamada del almuédano, sustituida, poco después de mi partida, por el silbido y el estruendo de las bombas.

También me viene a la mente una acogedora cama junto al fuego, donde cada año, con amigos, después de caminar por la costa bajo el viento, la lluvia o el sol, reíamos y hablábamos durante horas hasta bien entrada la noche. No olvido las camas en las que me enfermé horrible mientras viajaba (debí tener más cuidado) o las que me sostuvieron a través de la tristeza y el dolor, en su agarre desesperado. La cama en la que desperté con el sonido del coro de una iglesia en Eslovenia, sosteniendo la belleza y el luto juntos en mi corazón.

La cama de mis padres, donde iba a acurrucarme cuando era pequeña. O la casa en el acantilado de una isla de España, donde pude respirar por primera vez tras un año de tristeza y, donde al despertarme temprano, salía al balcón para ver salir el sol sobre el mar, llenándome de color y luz.

Despertar, dormitar, dar de vueltas en la cama sin conciliar el sueño, girarme, soñar, reír, llorar, estrechar lazos... tantas camas, tantos recuerdos e, *inshallah*, muchas más por delante.

SUGERENCIA PARA HOY:

Escribe sobre todas las camas en las que has dormido: las que han parecido un hogar, las que han parecido un infierno, las que apenas recuerdas y las que nunca olvidarás. ¿Qué recuerdos te vienen a la mente?

Pan fantasma

Angelique Stevens

Un sábado por la tarde, hace más de treinta años, en una visita de fin de semana, mi padre dijo:

—Hoy es un buen día para que aprendas a hacer pan fantasma.

Mi hermana Gina y yo tomábamos café en su cocina. Mi padre sacó dos grandes cuencos de la alacena y los colocó delante de nosotras para que cada una preparara su propia tanda de pan fantasma, un tipo de pan frito indio. Nos explicó que el gobierno daba a los nativos alimentos básicos como harina blanca, queso, carne y manteca de cerdo para que pudieran vivir tras ser obligados a hacerlo en reservas. Luego nos puso harina en los cuencos. Estaba a punto de agregar agua en el mío cuando me regañó:

—Lo estás haciendo mal.

—Pensé que solo era pan —dijo Gina.

Él respondió de manera seria:

—No es solo pan, el pan fantasma es la forma en que recordamos a nuestros antepasados, tanto a los que murieron antes que nosotros como a aquellos a quienes seguimos unidos.

Ese momento forma parte de una escena más larga en mis recuerdos. En fechas recientes, he pensado por qué se me quedó grabada durante tanto tiempo, por qué era importante para mí escribir sobre ella. Les digo a mis alumnos que todo lo que escriban debe tener un significado mayor: cada palabra una mayor profundidad, cada personaje una mayor representación, cada objeto un mayor simbolismo. Como escritores, nuestra labor consiste en asegurarnos de que nuestras palabras hagan el trabajo más pesado.

Desde un punto de vista muy literal, el pan representa el sustento y, como el pan, en sus distintas formas, es un alimento básico en la mayoría de las culturas, es universal. Que lo hagamos a mano representa cierto grado de autosostenibilidad; que nuestro padre nos enseñe representa un legado; que lo hagamos juntas representa la comunidad; que estemos enfadados mientras lo hacemos representa la discordia. A una escala mucho mayor, el pan fantasma representa las condiciones que soportaron nuestros antepasados: colonialismo, represión y asimilación forzada.

Al tratar de descifrar el simbolismo del pan, pude llegar al corazón de ese momento. Entendí lo que estaba en juego: la pérdida de mi padre, pero también, a una escala mucho mayor, la pérdida de la cultura.

Hay tanto aquí en este pan fantasma.

SUGERENCIA PARA HOY:

Escribe sobre una primera vez importante en la que alguien te haya enseñado a usar o hacer algo. Puede ser cualquier cosa: una clase de cocina, arreglar una llanta ponchada, aprender a manejar, ayudar a parir a una vaca, hacer el examen de natación, andar en bici por una ladera enraizada, pintar las esquinas de una pared o navegar en kayak por el río. Cuando termines, piensa en todos los grandes significados que encierra ese momento.

Pasado el descanso

Nathan Lowdermilk

No siempre me ha gustado el agua. En una excursión del colegio, cuando tenía unos cinco años, unos niños dijeron que la piscina era poco profunda. Aunque no era un gran nadador, me aventé un clavado en lo hondo y no me fue bien. El socorrista tuvo que salvarme y, desde entonces, le tengo miedo al agua.

Pasaba fines de semana alternos con mi padre en Waves, un pequeño tramo de los Outer Banks de Carolina del Norte, a unos cincuenta kilómetros al sur de donde vivía con mi madre. Mi padre era un gran surfista y nos llevaba mucho a la playa a mi hermano mayor y a mí. Como me aterrorizaban las olas, me sentaba en la orilla y miraba durante horas cómo ellos surfeaban. Al final, mi padre empezó a ponerme delante de su tabla de surf y llevarme al mar. Cuando pasábamos la rompiente, me sentía como en otro mundo. Era mi zona segura. Estaba enganchado.

Creo que nunca he estado fuera del agua más de dos semanas seguidas en toda mi vida. He pasado mucho tiempo en Centroamérica y el Caribe surfeando y enseñando. Pero los Outer Banks son mi hogar. Es sencillo, solo dunas de arena vacías en una carretera de dos carriles, casi sin lámparas ni letreros, y nunca demasiado concurrido, porque las olas son impredecibles. Cuando se dan las condiciones adecuadas, son algunas de las olas más perfectas que se pueden encontrar. Pero hay que tener paciencia y poner mucha atención al pronóstico del viento y las mareas.

Como instructor de surf, trabajo sobre todo con niños. Nuestras condiciones normales son estupendas para los principiantes: olas de medio metro, el tamaño perfecto para empezar. Antes de entrar en el agua, intento transmitir todo lo que pienso cuando estoy ahí fuera (desde la dirección del viento, el oleaje y las corrientes, hasta remar y subirse), y luego salimos. Algunos niños se emocionan mucho al subirse a tantas olas; otros platican conmigo sobre mi vida. A veces acabamos en una pausa y les pregunto cosas sobre ellos, como cuáles son sus intereses, si practican algún deporte, si han ganado algún premio. Les digo que cuando estoy esperando una ola, pienso en momentos como esos para pasar el rato.

No recuerdo muy bien cómo empecé, solo sé que es ahí donde se me va la cabeza. El surf es un deporte que requiere mucha paciencia: aprender a leer los movimientos del océano, detectar las olas que se acercan y saber dónde estar para subirte en la que quieres. Hay mucho tiempo muerto, observando y esperando, a menudo sin nadie con quien hablar. En esos momentos, pienso en ir a surfear con mi sobrina de nueve años y empujarla a las olas. Pienso en un puñado de días surfeando con mis mejores amigos en casa, subiéndonos a las mejores olas de nuestras vidas.

O pienso en la mejor ola que he surfeado. Fue en los Outer Banks, en un lugar a una hora de donde vivo, cerca de un viejo faro donde rompen las olas. Fui con un amigo que no surfea tanto como yo, y yo había remado un poco más lejos cuando un grupo de olas se acercaba. Vi cómo le estallaron cinco olas, se dio por vencido y volvió a la orilla.

Entonces se levantó esa ola, perfectamente formada, de la longitud de un campo de futbol. La surfeé en tres barriles o tubos diferentes. Fue increíble. Después, miré alrededor, y no había ni una sola persona excepto mi amigo. Si él no hubiera estado, quizá nadie se lo habría creído. A veces no puedo creer que tenga tanta suerte, de surfear olas perfectas justo donde vivo.

SUGERENCIA PARA HOY:

Imagina que estás más allá de la rompiente, esperando la ola perfecta. Solo ves el agua, el cielo y una costa lejana. Solo escuchas el viento, las olas y las gaviotas que te sobrevuelan. Piensa en tus mejores recuerdos (momentos con la familia, los amigos, lugares que visitaste, pequeños momentos que significan algo para ti, pero en los que no sueles pensar) y escríbelos.

Puedes hacerlo cuando quieras. Es un océano profundo. Los recuerdos a menudo despiertan otros recuerdos.

Capítulo 3

SOBRE EL MIEDO

Decir que me daban miedo los ratones es decir poco. Durante años, me aterrorizaron por completo, no solo por su aspecto o por la forma en que se escabullían por un zócalo, también por lo que presagiaban. Eso comenzó en la primavera de 2011 cuando, después de meses de mala salud y diagnósticos erróneos, pasé una semana en un hospital de París, donde vivía entonces. Los médicos me hicieron pruebas de todo tipo, desde fiebre por arañazo de gato hasta VIH, pero no encontraron nada concluyente. Al final, me diagnosticaron *burnout* (agotamiento) y me enviaron a casa con una receta para un mes de baja médica.

No era una explicación satisfactoria. Me sentí mejor mientras estuve en el hospital, pero eso se debió en gran parte a la prednisona, un esteroide común y corriente, y conforme esa inyección de energía artificial fue desapareciendo de mi organismo, volví a empeorar. Pasé varios días en la cama, descansando, pero cada vez más débil y sintiendo un malestar mayor. Al mismo tiempo, empecé a oír ruidos en la cocina, a pocos metros de distancia. No había limpiado antes de mi hospitalización (porque fue inesperada) y empecé a imaginar que un nido de ratones se había infiltrado en el departamento y se multiplicaba detrás de las paredes y dentro de los armarios. Le pregunté a mi novio de aquel entonces si había oído algo, pero dijo que no. Me preocupaba estar perdiendo el control de la realidad.

Pasaron varios días y yo seguía en cama, enferma y débil. Mi piel se volvió gris pálido y el interior de la boca estaba cubierto de dolorosas lesiones.

—Algo va muy mal —dijo mi novio—. Necesitamos ir a urgencias.

La cama estaba arriba del escritorio y la idea de bajar la escalera me parecía imposible, como descender una montaña.

—No puedo, estoy demasiado cansada.

—Una señal de que debes hacerlo —dijo.

Al final me arrastré y fuimos al hospital, donde los análisis revelaron que la hemoglobina había caído en picada. El médico dijo que, si el nivel de hemoglobina seguía bajando, no podría volar y recomendó que volviera a Nueva York en cuanto pudiera. Regresamos al departamento. De inmediato, mi novio se puso de acuerdo con mi madre para reservar un vuelo y yo hice la maleta. Después me metí en la cama, aterrorizada y agotada, anhelando el olvido del sueño.

Justo en ese momento, el ruido empezó de nuevo, pero más fuerte. Mi novio también lo oyó. Rápido entró en la cocina y abrió el armario bajo el fregadero. Desde donde yo estaba, no podía verlo, pero escuché un grito y sentí que cundía el pánico.

—¿Hay ratones? —grité.

—No, ¡es solo un bicho! —respondió.

A continuación, se oyeron una serie de golpes y estruendos, puertas que se cerraban, ollas que chocaban y un ruido como el de una escoba al golpear el suelo. Volví a preguntar con insistencia.

—Dime la verdad. ¿Cuántos?

Hizo una pausa antes de responder.

—Más de los que puedo contar.

De repente me sentí invadida, como si mi pequeño y destartalado estudio parisino, con sus grandes ventanales que daban a una terraza y su bañera rosa, hubiera sido invadido por algún tipo de peste. En mi mente, los ratones eran un presagio.

Volé a casa a la mañana siguiente. Semanas más tarde me diagnosticaron síndrome mielodisplásico, que había evolucionado a leucemia mieloide aguda. En ese momento, el miedo se convirtió en la emoción dominante que subyacía a todo. Miedo a las agujas. Miedo a que pasara el tiempo. Miedo a ser una carga. Miedo a estar sola. Miedo a que todos mis planes y sueños no se hicieran realidad. Miedo al sufrimiento, no solo al mío, también a convertirme en una fuente de sufrimiento para las personas que amaba. Miedo al dolor y a que ese dolor me convirtiera en alguien que no reconociera, que no me gustara. Miedo a la próxima biopsia. Miedo a la muerte.

Estos temores estaban justificados, por supuesto, y aunque no me gustaban, tenían sentido para mí. El miedo a la muerte es algo que todos compartimos, ya sea la nuestra o la de un ser querido. Pero más confuso fue lo que me ocurrió tras salir de cuatro años de tratamiento. Después de sobrevivir, descubrí que tenía miedo de vivir, un miedo mucho más difícil de explicar. Tenía miedo de mis pensamientos, de mi *burnout* y depresión. Me preocupaba meterme en la cama y no volver a salir. Después de perder a tantos amigos por culpa de la enfermedad y a mi novio por el precio del tratamiento, temía abrirme otra vez a un nuevo amor. Tenía miedo del futuro, de hacer planes y reconstruir, solo para que una célula de leucemia errante u otra calamidad deshiciera esos planes.

Pasé un año así. Me levantaba con la mejor de las intenciones y acababa de nuevo bajo las sábanas, tan anonadada por el miedo que no sabía cómo funcionar. Y cuando estás en esa espiral, aparece otro miedo: el miedo a no entender nunca lo que te pasa, a no sentirte mejor, a no volver a experimentar una alegría sin complicaciones.

Tras un año de languidecer, conseguí liberarme cuando me embarqué en un viaje sola por carretera a través del país. En aquel momento no me di cuenta, pero ahora sé que fue una larga sesión de autoterapia que empezó enfrentándome a mi miedo a conducir, que en realidad me había impedido aprender. Tomé clases con un amigo y, tras meses de práctica en las ventosas carreteras de tierra de la Vermont rural, a los veintisiete años saqué la licencia. Luego cargué un Subaru prestado con cosas de *camping*, una caja llena de libros y mi perro, y me puse en marcha.

Las cosas se torcieron incluso antes de salir de Nueva York. A los cinco minutos, me equivoqué de dirección en la Novena Avenida. Los coches volaban hacia mí, con el claxon sonando. Di una vuelta en U desesperada y pensé: "Tengo que cancelar esto. No estoy preparada, no conduzco lo suficientemente bien. Es una idea estúpida". Pero la alternativa de volver al departamento, y al estado de atasco en el que me encontraba, me pareció aún más aterradora.

Vivir con miedo se había convertido en algo más aterrador que enfrentarse a él. La frase que me viene a la mente es una atribuida a Anaïs Nin: "Y llegó el día en que el riesgo de permanecer apretada en un capullo era más doloroso que el riesgo de florecer".

Durante los siguientes cien días, me enfrenté a un miedo tras otro. Me obligué a salir al mundo, a aprender a cuidarme, a trazar la forma de mis limitaciones y a ajustarme a ellas. Conocí a gente nueva y también me sentí cómoda estando sola. Me hice amiga de mis fantasmas. En vez de anestesiar el sufrimiento y el dolor, me senté con ellos y descubrí que podía cargar con lo que quedaba, desde las secuelas del amor perdido hasta las huellas de la enfermedad.

También interrogué a mis miedos en las páginas del diario. A veces tienes tanto miedo que ya no sabes de dónde viene, y eso hace que parezca por completo inabordable e intratable. Pero al escribir tus temores, les das forma, un contenedor, y puedes empezar a evaluarlos para ver cuáles son válidos y cuáles no tienen fundamento.

Descubrí que cuanto más claramente veía mis miedos, más los comprendía, y más me daba cuenta de una extraña ironía: *temía las cosas que más quería*. Si te han despojado del sentido de la estabilidad, resulta peligroso tener esperanza o asumir riesgos. La esperanza se desvanece; los riesgos pueden acabar en fracaso y decepción. El miedo tiene un propósito evolutivo, como sabemos; nuestras mentes ansiosas dicen: "Protégete". Pero en muchos casos, el miedo no me resguardaba del mal, sino que me impedía conseguir lo que más quería: ser independiente, sentirme fuerte de manera física, escribir de nuevo, soñar en grande, enamorarme, vivir con audacia y atrevimiento.

Una vez que lo supe, pude elegir. Podía enfrentarme al dolor o a la incomodidad, o podía estar abierta a todo. Aunque debo decir que estar en el mundo y enfrentarme a mis miedos no siempre me hacía sentir bien. Era como fortalecer un músculo: a menudo incómodo, a veces doloroso, siempre agotador. Pero cada día era más fuerte y empecé a ver las recompensas. Me di cuenta de que cuanto más huía de mi miedo, más grande y amenazador se volvía. Pero si lo enfrentaba perdía su poder. A medida que el miedo se evaporaba, otros sentimientos se materializaban en su lugar, como el asombro y la curiosidad. Y como me dijo una vez la escritora Elizabeth Gilbert: "No hace falta ser valiente en particular. Solo tienes que estar un poquito más interesada que asustada por algo".

Solo necesitas ser 1 por ciento más curioso que miedoso: esa idea es poderosa y transformadora. Cuando tienes miedo, la idea de avanzar sin ningún tipo de aprehensión es intimidante. Esa expectativa te inmoviliza. Y así, en lugar de avanzar y atravesar, te quedas estancado, rumiando algo que puede o no llegar a suceder.

Lo que me lleva de nuevo a los presagios. En la década posterior al primer trasplante de médula ósea, el miedo a los ratones y la creencia de que eran heraldos de la fatalidad continuaron, incluso aumentaron. Los ratones no dejaban de aparecer a donde iba. Todo el año anterior al viaje por carretera, cuando estaba deprimida, tuve un ratón en el departamento. Justo al lado de la cama había un pequeño agujero en el zócalo por el que empezó a asomarse, luego a salir y entrar corriendo. Me quedé petrificada, al igual que Óscar, mi pequeño y valiente terrier (que una vez persiguió un oso en los bosques de Vermont). Intenté tapar el agujero y me volví limpia de forma maniaca y obsesiva, pensando que si podía mantener el entorno lo suficientemente estéril, no habría nada que atrajera ratones a mi departamento. Pero se limitó a mordisquear las uniones de las juntas, y se volvió cada vez más audaz a medida que transcurrían las semanas, pasando más tiempo afuera. Siempre sabía que el ratón había hecho acto de presencia cuando encontraba a Óscar temblando en un rincón.

Todo ese tema se puede atribuir con facilidad al hecho de vivir en Nueva York, donde los ratones y sus primas más terroríficas, las ratas callejeras, están por todas partes. A menudo evitaba pasear a Óscar por la noche, cuando la basura estaba afuera, porque era muy común ver a las ratas retorciéndose en las bolsas o lanzarse de una a otra con una velocidad desconcertante. Pero cuando me mudé a aquella remota cabaña en los bosques de Vermont, los ratoncitos de campo se mostraron tan implacables como sus congéneres de ciudad. Había que guardar los frutos secos y los cereales en recipientes de plástico herméticos, y las frutas y verduras en cestas colgadas del techo o taparlas con mallas. Incluso unas migas en la barra podían atraerlos.

Años después me mudé a una vieja granja en el valle del río Delaware, un lugar rural, pero no en medio del bosque. ¿Y quién lo iba a decir? En las encantadoras y bucólicas aldeas del valle del Delaware también había ratones. Cada vez que veía uno, llamaba a mi vecino Jody. No sabía cómo deshacerme de ellos, ni siquiera soportaba mirarlos. La vieja superstición seguía vigente.

Y entonces mi mayor temor (el que por estadística era menos probable cada año, pero que me preocupaba que se predijera cada vez que veía un ratón) se hizo realidad. A finales de 2021, me enteré de que, tras una remisión de casi una década, la leucemia había reaparecido. Recaer después de tanto tiempo es superraro; significaba que mi enfermedad era agresiva y obstinada, y que mi pronóstico no era bueno. Pensé: *tal vez muera esta vez,* y por supuesto, eso me daba miedo y me pesaba. Pero había trabajado mucho en descubrir quién soy, qué quiero, incluso cómo haría las cosas de forma diferente si me volvía a enfermar.

Y en lugar de sentirme paralizada por el miedo, me enfrenté a las circunstancias de forma creativa. Cuando el coctel de medicamentos me afectó la vista, en vez de escribir, me dediqué a grabar notas de voz y pintar acuarelas. Cuando mi marido, Jon, y yo tuvimos que separarnos durante semanas, nos mantuvimos conectados a través de las canciones que me componía. Y cuando me debilité tanto después del trasplante que tuve que usar andadera para moverme, mi amiga Carmen y yo pedimos una bolsa de brillantes de colores y pegamento, y pasamos varias tardes adornando cada centímetro de su monótona estructura. Después de eso, en lugar de miradas de lástima, Lil' Dazzy y yo fuimos recibidas con curiosidad y deleite, incluso con algún grito pasajero de "¡Qué andadera tan genial!".

Sobreviví el segundo trasplante de médula ósea, pero nunca se me considerará curada. Seguiré en tratamiento contra el cáncer de forma indefinida y, dada la agresividad de mi enfermedad, la recaída es un temor válido, algo sobre lo que escribo a menudo en mi diario. Al hacerlo, me doy cuenta de mi relación con ese miedo. Observo cómo fluye y refluye y cuándo se extiende, como en esta entrada de las semanas anteriores a enterarme de mi recaída:

Tengo miedo a recaer, por lo tanto... tengo miedo de hacer planes, porque ¿y si me enfermo y debo cancelarlos? Tengo miedo a casarme, porque ¿y si la relación no sobrevive al trauma de la enfermedad? Tengo miedo a tener hijos, porque ¿y si los dejo huérfanos de madre?

Pero dar rienda suelta al miedo dificulta la vida. Tienes miedo de reconstruir, porque se derrumbará, pero entonces solo existes entre escombros. Una vida sin cobijo, sin consuelo, sin belleza. Y la verdad es que, a veces, el miedo hace que sea difícil ver las formas en las que estás bien, o ver cuando las cosas son seguras y buenas. Cuando por fin volví a casa, meses después del trasplante, abrí el armario de la habitación y vi algo sombrío y con forma de roedor en el suelo. De inmediato di un portazo y llamé a mi vecino Jody, que vino a investigar. Después bajó las escaleras y me dijo que tenía un grave problema entre manos. Me entró el pánico y le pregunté si tenía que llamar a un exterminador.

"No, a un loquero", dijo. Resultó que no era un ratón, era una bolsita de pachulí.

Poco después, empecé a trabajar el miedo a los ratones en una terapia de exposición dirigida por un clínico (y si eso suena aterrador, lo fue). Durante un mes, vi videos de ratones en YouTube, empezando por ratones bebé y luego pasando a ratones adultos. Al principio me resultaba muy incómodo, pero con cada video me parecían menos premonitorios y, en algún momento, empecé a pensar que eran bastante inocuos, incluso bonitos. Y funcionó. Como dice el viejo refrán, la única manera de salir es atravesar. Ya no siento a los ratones como heraldos de la fatalidad. Entiendo que son un hecho de la vida, ya sea en la ciudad o en el campo. Y aunque sigo prefiriendo que Jody (a quien llamo "Ángel guardián" por todas las formas milagrosas en que acude en mi ayuda) se ocupe de los ratones ocasionales, ya no siento que tenga que vender la casa y mudarme de inmediato. Si llegara el caso, podría ocuparme de ello.

Y eso es, en última instancia, lo que encontré al otro lado de mi miedo: el conocimiento de que puedo manejar las cosas, sean lo que sean esas "cosas". Hay fuerza y una sensación de posibilidad en esa creencia. En el pasado, me fascinaba la gente a la que parece faltarle el gen del miedo, la gente que hace escalada libre en El Capitán o surfea olas de treinta metros. Pero ahora comprendo que muchas de esas personas no tienen menos miedo que el resto de nosotros. Solo persisten a pesar de su miedo; hacen las cosas que quieren de todos modos. Como dijo Georgia O'Keeffe: "He estado aterrorizada por completo en cada momento de mi vida, pero nunca dejé que eso me impidiera hacer ni una sola de las cosas que quería hacer".

En las páginas siguientes encontrarás diez ensayos y sugerencias sobre el miedo: para trazar sus contornos y perfilar su forma, para nombrarlo y domesticarlo, para hacer las paces con él. Espero que te ayuden a ser 1 por ciento más curioso que miedoso.

Culpable hasta que se demuestre su inocencia

Liana Finck

Cuando tenía unos seis años, mi hermano pequeño y yo estábamos jugando en la nieve cuando levantamos la vista y vimos a nuestros padres caminando hacia nosotros desde la casa. Se veían muy serios.

—Encontramos algo en todas las botas —dijo mi padre. Hubo una pausa.

—Es comida para perro —agregó mi madre—. ¿Fuiste tú?

Yo no fui y lo dije. Pero lo único que se me da peor que mentir es decir la verdad con la cara seria. Entonces asumieron que fui yo.

Seguía ocurriendo. Todas las mañanas de aquel invierno había comida para perros en las botas. La falsa acusación despertó en mí un sentimiento de injusticia. Vivíamos en el campo. A unos ochocientos metros, al otro lado de la calle, vivía una familia a la que temíamos (a veces gritaban y los niños solían sentarse en el tejado). Estaba segura de que esta familia se colaba en nuestra casa todas las noches y nos llenaba las botas de comida para perros. Eso o era algo sobrenatural. Imaginé un personaje alto y espeluznante con una máscara. Apodé a este personaje La Persona de la Comida para Perros.

A medida que el invierno avanzaba, La Persona de la Comida para Perros no se inmutaba y yo seguía siendo la principal sospechosa. Mis padres intentaron razonar conmigo y luego me amenazaron. Cuando nada funcionó, se rindieron y dejaron de pensar en eso.

(Y ahora, querido lector, una pausa premonitoria: nuestra perra, Pepper, comía una marca de comida llamada Purina RX. Venía en grandes bolsas azules, que guardábamos sin sellar encima de la lavadora. Pepper, cabe señalar, no era el tipo de perro que se comía todo lo que había en su plato. Comía cuando tenía hambre, a menos que fuera algo irresistible, como pollo. A menudo dejaba la comida en su plato rojo de plástico durante la noche. Ese es un detalle importante).

Con el tiempo, empecé a colarme en el lavadero todas las mañanas para vaciar las botas. Eso duró años, hasta que nos mudamos cuando yo tenía catorce. En un momento dado, mis padres charlaron con nuestro rabino. Recuerdo que nos pidieron que habláramos con un detective. Pero debieron de sentirse demasiado confusos (y quizá avergonzados) para seguir. Tal vez intuían que el final no sería bonito. Porque cuando mis padres por fin contaron toda la historia a sus amigos más íntimos, diez años después, de inmediato exclamaron: "¡Ratones!". Misterio resuelto.

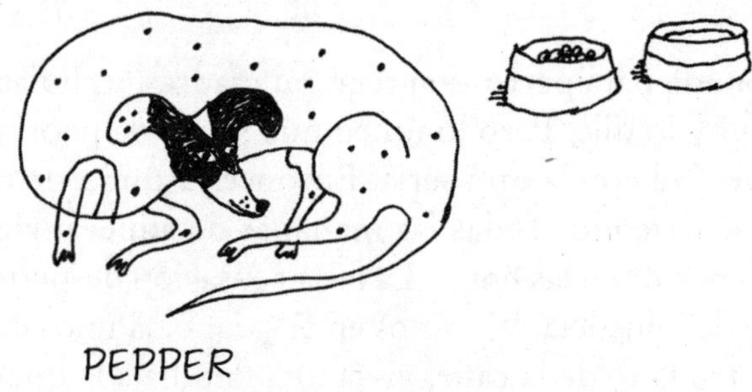

SUGERENCIA PARA HOY:

¿Tienes alguna historia sobre alimañas? La mayoría de la gente la tiene. Cuéntala ahora, mientras nadie te escucha.

¿Qué más?

Molly Prentiss

Era el primer día frío del año. Habíamos tenido un noviembre cálido y yo lo había disfrutado, temiendo la llegada de este día, que significaba muchos días así: demasiado frío para largos paseos y juegos al aire libre para mi hija de cuatro años llena de energía; demasiado frío para todas las cosas que hacen maravilloso el valle del Hudson: granjas, senderos, laderas, huertos, lagos y ríos. No sé si fue el frío o el malestar matutino (hacía poco me había enterado de que estaba embarazada de nuevo), pero sentí que me invadía la tristeza.

Me las arreglé para dejar a mi hija en el colegio y respondí todos los correos urgentes, pero a las once de la mañana la melancolía me había invadido hasta el agotamiento. Había planeado dar un paseo, pero temía el frío, así que decidí no hacerlo. En lugar de eso, conduje hasta casa, me tumbé en el sofá, miré las tristes nubes que pasaban por encima del tragaluz y me dormí enseguida.

La siesta debía reanimarme, pero empeoró las cosas. Desperté babeando y malhumorada, enfadada sin motivo aparente. Me levanté y pataleé por la habitación, descargando mi mal humor sobre las viejas tablas del suelo. Había dormido tanto y tan mal que ya era hora de recoger a mi hija.

En el trayecto gris, llamé a mi madre "para saludar", pero me conoce demasiado bien.

—Estás disgustada —me dijo.

Y lo estaba. Lloré.

—Es el frío —lloriqueé—. El inminente invierno, la tristeza, el aislamiento y el tiempo encerrada. No puedo volver a hacerlo.

—¿Qué más? —preguntó.

—El nuevo bebé —dije—. ¿Cómo vamos a tener otro cuando apenas puedo manejar uno? ¿Cómo le vamos a hacer si mi pareja y yo no podemos seguir trabajando tiempo completo y nunca parece que ganemos suficiente dinero?

—¿Qué más?

—Yo —respondí—, mis decisiones poco prácticas. ¿Cómo terminé aquí, conduciendo por esta solitaria autopista de la Costa Este, cuando todos mis seres queridos están al otro lado del país? ¿Por qué no puedo ser más como mi hermana, tener las cosas claras?

—No puedes ser ella porque tú eres tú —dijo mi madre. Lloré un poco más y ella me dejó. Antes de colgar, dijo:

—Te sentirás mejor por la mañana.

Instantes después, mi hija subió al coche y rompió a llorar. Los profesores no la habían dejado elegir una actividad; Fiona no quería jugar con ella; sus pantalones tenían un agujero. Quería sollozar con ella, pero sabía que en ese momento yo era la madre al otro lado de la línea. Restringí mis sentimientos, como si llevara una especie de corsé emocional; de repente me sentí sujeta por mi capacidad de sentir. Podría darle eso, pensé. Podía ofrecerle fuerza, pero solo porque también podía ofrecerle vulnerabilidad.

Asentí con la cabeza y le dije a mi hija que sí, que había sido un mal día y que yo también lo había tenido. Las cosas irán mejor por la mañana, le dije. Pero hasta entonces podía quejarse conmigo, llorar y derretirse. Mi hija respiró de forma entrecortada unas cuantas veces y su llanto se apagó. Le tendí la mano y me la dio para que la llevara a casa.

Aquella noche, el cielo frío se abrió y nevó. A la mañana siguiente, el mundo era blanco y silencioso, centelleante desde ciertos ángulos. Me sentía descansada y bien. Cuando mi hija se despertó, salió corriendo de su habitación y saltó a abrazarme. "¡Qué lindo día!", gritó.

Sonreí. Lo era.

Así es. Salimos juntas y dimos vueltas por la nieve.

SUGERENCIA PARA HOY:

Permite tu propio "¿Qué más?". Empieza con una queja, una frustración o un miedo. Pregúntate "¿Qué más?" después de cada frase durante el tiempo necesario para sentir un poco de catarsis.

La gloriosa torpeza

Jon Batiste

Hace un par de años, me colé en el Jazz at Lincoln Center para practicar en un enorme Steinway que estaba en una de las salas de conciertos vacías (algo que hacía desde que estudiaba en Juilliard). Me faltaban unas semanas para embarcarme en la primera gira de piano y micrófono, en la que todos los conciertos serían en teatros circulares y quería sentir el ambiente. Esa mañana salí de casa sin bañarme, en pants, con el único propósito de descubrir esa nueva configuración de interpretación, y acabé tocando durante varias horas en aquella sala de conciertos vacía, perdiendo la noción del tiempo y del espacio. Al final estaba en Marte, delirando. Toqué hasta sudar; de hecho, me había metido en un buen *funk*, en sentido figurado y literal. Necesitaba un poco de aire fresco.

Era de noche y el músico británico James Blake daba un concierto en el mismo edificio. Era un concierto de piano, algo atípico en él, así que decidí ir a ver qué podía robarle. Uno de los guardias de seguridad me invitó al *backstage* para que escuchara y saludara a James. "Sí", dije. "Voy a saludar". Así que me quedé por allí (todavía con mi sudor apestoso) hasta que terminó el espectáculo.

Pero para mi sorpresa, cuando James llegó al *backstage*, no estaba solo. También trajo a Beyoncé y Jay-Z. Iban muy elegantes, estilo Lincoln Center: ella iba de gala, él iba limpio y tenían esa energía de la realeza. Y ahí estaba yo, en pants, apestoso, ¡y ni siquiera con un par de tenis limpios!

Ya los conocía. Extendió la mano para saludar y dijo:

—¿Cómo estás?

Y yo solté de golpe:

—Creo que nos conocimos antes, en la boda, ¿verdad?

En cuanto las palabras salieron de mi boca, pensé: *No crees haber conocido a Jay-Z. No es alguien con quien te tropiezas en el supermercado y dices: "Creo que ya nos conocemos"*. Pero estaba tan desconcertado, todavía conmocionado por mi sesión de práctica, que de momento olvidé cómo comunicarme. (De hecho, estuve a punto de rapearle uno de sus versos). Lo único que podía pensar era: *Espera, ¿qué se supone que debo hacer ahora? ¿Quién soy yo? ¿Quién eres tú? Oh, eres el tipo que he escuchado durante quince años. Oh sí, ¡eres tú! ¡¿Verdad?!*

Mientras tanto, Jay-Z me miraba como si tuviera una lesión en la cabeza o algo así.

En ese momento, Beyoncé se inclinó para saludarme y abrazarme. Yo seguía en mi mundo y estaba tan desprevenido que olvidé mi pestilencia. Pero en cuanto levanté los brazos para devolverle el abrazo, sentí el tufillo a calor que emanaba de mi sudadera y pensé: *Oh, no. He fumigado a la Reina.*

Claro, ella no lo mencionó, solo dijo algo amable como: "Me alegra volver a verte". Y luego hubo una pausa. El tipo de pausa que ocurre cuando el tío Ned deja caer el pavo de Acción de Gracias. Ese incómodo saludo de apretón de manos. Ese abrazo en el que ambos sabíamos lo que había pasado y no queríamos decir nada. Fue la zona cero de la Gloriosa Torpeza, pero no terminó ahí.

Por desgracia, aunque nuestro saludo no se realizó del todo, era hora de pasar a la siguiente fase de la interacción social. James rompió el hielo y dirigiéndose al grupo dijo: "¿Vamos al vestidor para ponernos al día?". Empecé a caminar con ellos (aún en mi cabeza), pero tras unos pasos pensé: *En realidad no conozco a esta gente. Además, ya fumigué a la Reina.*

Así que, en vez de continuar, me separé avergonzado, dirigiéndome hacia una valla de barricadas para controlar a la multitud. Solo cuando había pasado una pierna por encima me di cuenta de que no me había despedido. Cuando me volví, con una pierna aún arriba de la barricada, todos me miraban como diciendo: "¿Eh?".

Creo que ni siquiera moví la mano, solo murmuré "muy bien" y seguí adelante.

SUGERENCIA PARA HOY:

Reflexiona sobre un momento concreto de tu pasado en el que te sentiste más en contacto con tu "Gloriosa Torpeza". Puede ser un suceso deprimente que hayas repetido mil veces en tu mente. O algo esencial sobre quién eres, algo inmutable. Vuelve a ese momento. ¿Qué aprendiste? ¿Puedes reírte de eso? Y si no, ¿por qué?

La sabiduría de no escapar

Laura McKowen

A principios de esta primavera, mi relación de cuatro años terminó. Estábamos comprometidos y planeábamos casarnos en otoño. Era la primera relación importante que tenía desde mi matrimonio, que había terminado hacía más de diez años. Por aquel entonces, estaba tan sumida en mi adicción y aislada de mi corazón que solo sentí alivio cuando mi exmarido y yo nos separamos. Esperaba que el dolor me golpeara como la gente decía que lo haría, pero nunca lo hizo. Hacía tiempo que me elogiaban por mi positividad, fuerza y valentía, y pensé que eso era una prueba más de mi resiliencia.

Esta vez, me derrumbé por completo. Durante meses he tenido dificultades para trabajar. He sufrido ataques de pánico, oleadas de dolor tan fuertes que necesito tumbarme en el suelo de la cocina o detenerme en la autopista. He pasado muchas noches sin dormir y muchos días no he podido levantarme de la cama. Me he quedado atónita al ver cuánto he llorado y lo rápido que surge. He sentido rabia, celos, confusión, tristeza e indignación, todo al mismo tiempo.

Pero no he bebido. Hace casi diez años que no bebo, así que no es nada nuevo, pero no deja de ser algo. Y lo más importante: no he querido beber. Eso es un milagro en sí, pero aún más increíble para mí: tampoco estoy haciendo nada destructivo. Lo que aprendí bastante rápido en la sobriedad fue que el alcohol era solo un síntoma. Una vez eliminado, encontré otras formas de escapar: el trabajo, la comida, la productividad, los logros, el sexo y, la más importante para mí, el amor o la búsqueda de este. Resultó que el problema no era el alcohol, sino que yo no podía estar presente para mi dolor.

Y cuando digo que no podía es de forma literal. No tenía habilidades ni herramientas para estar conmigo y tardé diez años en construir esa seguridad interior.

A lo largo de estos meses, he pensado mucho en la célebre maestra budista Pema Chödrön y en "la sabiduría de no escapar", la cual, nos dice: "Es una situación de 'no salida' dolorosa y deliciosa de forma alternada". Según los principios budistas, al vernos a nosotros, nuestras emociones y pensamientos, justo como son en este momento, y al no intentar hacerlos desaparecer, mejorarlos o cambiarlos, tenemos la oportunidad de hacernos amigos de nosotros mismos y dejar de sufrir. Esa sabiduría de no escapar, cuando podemos hacerla con "precisión y delicadeza" (la delicadeza es clave), encierra nuestra sabiduría innata.

No ha resultado fácil (de hecho, todo lo contrario), pero sí verdadero y alentador. Aunque seguido bromeo sobre el deseo de tener algún tipo de escape, sé que el exquisito dolor que siento y que puedo soportar es una prueba de mi vitalidad. Eso es resiliencia, fuerza y coraje de verdad.

SUGERENCIA PARA HOY:

Sin juzgarte (todos lo hacemos), escribe las formas que tienes para escapar de tu dolor. ¿Qué crees que puede haber al otro lado de esas vías de escape? ¿Qué intentas no sentir o no saber? ¿Qué sería posible si te permitieras estar presente en esos sentimientos y pensamientos?

Si me conocieras de verdad

Noor Tagouri

Supe que quería contar historias desde los tres años. Hace mucho tiempo que recorro el mundo hablando de romper barreras a través de la narración. Una forma de hacerlo es con un ejercicio llamado "Si me conocieras de verdad".

La primera vez que realicé esta actividad fue en Dakota del Sur, en un acto universitario, donde me dijeron que me habían contratado como oradora porque había un "problema de supremacía blanca en el campus", y los estudiantes esperaban que mi discurso pudiera "ayudar a arreglarlo" [*risa nerviosa*]. Cuando entré en la sala de seiscientas personas, sentí la energía de miedo y desconfianza (y yo también estaba proyectando la mía). No sabía cómo iba a conectar con ellas. Pero después me di cuenta de que la mayoría del público sentía lo mismo, por otras razones.

Decían cosas como:

"Si me conocieras de verdad, sabrías que aún colecciono peluches para sentirme menos solo".

"Si me conocieras de verdad, sabrías que me agredieron de forma sexual a los quince años y me mandaron callar cuando hablé".

"Si me conocieras de verdad, sabrías que nunca me siento bueno lo suficiente y que no merezco el puesto que tengo en el trabajo".

Cuando hago ese ejercicio en una sala llena de gente, de manera inevitable conduce a la vulnerabilidad, y luego a la fortaleza a través de la conexión. La reflexión de "si me conocieras de verdad" se ha convertido en la historia de cada pausa en una entrevista. Cada vez la gente expone su corazón en persona o en una carta a miles de kilómetros de distancia. Es la historia de todos nosotros. Es el recordatorio y la constante. La base de todo. Es donde me he encontrado una y otra vez y he hallado luz en otros cuando apenas parpadeaba.

Cuando te conoces y te apoyas en ti, la gente no tiene poder sobre ti. Y lo más probable es que se sienta reconfortada porque, más seguido de lo que imaginas, está pasando por lo mismo.

SUGERENCIA PARA HOY:

Completa la frase: "Si me conocieras de verdad…". Puedes escribir una o muchas de esas afirmaciones. Luego siéntate con ellas. Pregúntate: ¿cómo sería tu vida si la gente supiera esas cosas sobre ti? ¿Cómo cambiaría tu círculo de amigos? ¿Y tu trabajo?

Deshierbado

Hollynn Huitt

El día antes de irnos de viaje durante dos semanas, me quedé mirando el jardín, arrepentida. Nunca se había visto tan bonito. Todas las flores parecían florecer al mismo tiempo; las frambuesas madurar; los tomates estaban verdes, pero perfectamente redondos. Me lamenté de antemano por el estado en el que, de seguro, lo encontraría a mi regreso.

Cuando volvimos, en cuanto llegué al jardín, se confirmaron mis temores. Parecía como si hubiéramos estado fuera durante años. Los arándanos estaban llenos de altos pastos; la correhuela había conquistado el grosellero y una mala hierba amarilla había crecido tanto como los espárragos, es decir, por encima de mi cabeza. Todo nuestro trabajo duro se había echado a perder en cuestión de semanas. ¿De dónde íbamos a sacar tiempo para arreglarlo? En nuestras vidas solo había tiempo suficiente para mantener las cosas en funcionamiento, pero nunca para corregir un problema tan grande y agotador como ese.

El instinto me llevó a evitar el jardín, pero mis hijos pequeños, sin inmutarse por la maleza, salieron del coche, me llevaron hacia la cerca y se pusieron a buscar comida: recogieron arándanos rojos, tomates rojos y pepinos espinosos, se los pasaron por la palma de la mano antes de comérselos. Mientras lo hacían, decidí empezar a deshierbar, aunque estaba segura de que lo poco que podría hacer en los próximos minutos sería insignificante. Arranqué la primera mala hierba y salió sin esfuerzo, con cero resistencia. Me reí, un solo "¡ja!" sorprendida. ¡Qué suerte, haber elegido la más fácil a la primera! Pero la siguiente hierba fue igual, y luego la siguiente.

En pocos minutos tenía un montón digno de una carretilla. Me senté sobre los talones, miré a lo largo de nuestro jardín y sentí una especie de vértigo. Esa tarea, que había temido incluso antes de que ocurriera, que me había desanimado semanas antes, había sido casi sin esfuerzo. Había muchas razones para ello, desde la diligencia con la que había deshierbado el jardín durante años hasta el hecho de que la tierra de aquel día (blanda por una lluvia reciente, quebradiza por el sol de la mañana) se prestaba a ser deshierbada. Aun así, la sensación persistía: algunas de las cosas difíciles por las que me había estado preocupando podrían salir bien. En lugar de atrincherarme y prepararme para el impacto, tal vez podría esperar lo mejor.

SUGERENCIA PARA HOY:

Escribe sobre una ocasión en la que temías algo, pero que al final resultó bien, incluso fácil o agradable. Intenta aislar el momento de la realización. ¿Cómo se sintió?

Cada vez que siento miedo

Sarah Levy

Siempre he tenido miedo a fracasar. Cuando tenía seis años, en una actuación del coro del colegio, me subí a un banco de piano y me lancé a cantar en solitario "I Whistle a Happy Tune", del musical de Rodgers y Hammerstein, *El rey y yo,* de 1951. Todas las miradas estaban puestas en mí, y yo estaba nerviosa. En un video casero, mi voz tiembla cuando empiezo a cantar, pero la letra me hace avanzar.

> *Siempre que tengo miedo / mantengo la cabeza erguida / y silbo una alegre melodía / para que nadie sospeche / que tengo miedo*

Dos décadas después, había perfeccionado el arte de fingir. Tenía poco más de veinte años y a menudo me despertaba en sofás pegajosos, aturdida y con resaca tras una borrachera. Nadie sospechaba que tuviera problemas con el alcohol; era joven, responsable y bebía de forma social, nunca sola ni a primera hora de la mañana. A pesar de mi fachada exterior, una voz interior había empezado a susurrarme la misma cantaleta: *necesitas dejar de beber.*

Intenté dejarlo y fracasé. Una temporada de dos semanas a los veintitrés, un mes sin fumar a los veinticinco. Esas idas y venidas fueron frustrantes, pero esenciales para acabar rindiéndome a la sobriedad a los veintiocho años.

En los primeros meses de recuperación, lamenté mi antigua vida y el personaje de chica fiestera que me permitía enmascarar mis inseguridades. Al mismo tiempo, empecé a apreciar las semillas de sobriedad que estaba plantando. A los tres meses de sobriedad, cuando pedí un Bloody Mary virgen en un *brunch* en Nueva York, la mesera me sirvió por accidente la versión normal (con alcohol). Sentí arder el vodka al dar el primer sorbo, pero ya era demasiado tarde para escupirlo. En la banqueta, con el viento de enero golpeando las mejillas, llamé a mi padre llorando. ¿Tenía que volver a empezar? Mi padre me aseguró que el sorbo no contaba como un desliz. No había tenido intención de beber, así que mi sobriedad estaba intacta. Su respuesta fue reconfortante; no podía soportar la idea de volver a fracasar en esto.

Empecé a escribir sobre mi camino hacia la recuperación y, unos años más tarde, se publicaron mis memorias, *Drinking Games* [Juegos para beber]. Al hacer pública mi sobriedad, descubrí una hermosa comunidad de personas que se identificaban con mi lucha. Ya no me preocupaba la bebida; no extrañaba la forma en que el alcohol me dejaba sintiendo seca y arrugada como una ciruela pasa. En cambio, temía que mi sobriedad se volviera rancia cuando el brillo de la recuperación temprana empezara a desaparecer. Me preocupaba dar un buen ejemplo o fallar a mis lectores.

Mi instinto era fingir y silbar una melodía alegre para que nadie sospechara que tenía miedo. Pero, con el tiempo, empecé a replantearme los miedos al fracaso como poderosas piezas de información. Tenemos miedo a fracasar en las cosas que nos importan. Mis miedos al fracaso son un hermoso recordatorio de todo lo que me ha dado la recuperación, todo por lo que he luchado tanto y que no quiero perder.

SUGERENCIA PARA HOY:

Escribe sobre el miedo al fracaso que más te acecha: dónde aparece y cuándo. Ahora piensa en las personas, experiencias y cosas que más te importan en la vida. ¿Cómo se traslapa tu miedo al fracaso con lo que más te importa?

Los calzoncillos del alcalde

Lindy West

Cada mañana me levanto a las seis y prendo la televisión. Solo agarra tres canales: el tiempo (soleado y despejado todo el día), la adivina (mala suerte, los espíritus están molestos) y un tercer canal que muestra únicamente tutoriales de cocina y consejos agrícolas. No me importa, de todos modos, tengo mucho trabajo. Salgo al aire borrascoso del otoño y acaricio a mi perro, Snooch, que me confirma que me quiere (por ahora) y luego, de forma inexplicable, corre de cabeza contra la pared del granero. Ojalá lloviera. Solo tengo un aspersor, así que tengo que regar la mayoría de mis cultivos a mano (las gordas calabazas, el lúpulo retorcido, el alegre maíz), lo que me lleva horas. *Ay, no,* me doy cuenta. *Olvidé las gallinas*. Corro al gallinero y dejo salir a las gallinas para que picoteen en la hierba. Están enfadadas conmigo, pero cuando miro dentro veo que pusieron huevos. Coloco los huevos uno a uno en la fila de máquinas de mayonesa y me dirijo a la ciudad para regalarle a mi novio una granada por su cumpleaños. Si le doy suficientes granadas, al final se casará conmigo. Cuando vuelvo a casa, las máquinas han producido tres botes de mayonesa fresca, uno de los cuales puedo dárselo a mi vecina Marnie con la esperanza de que me deje husmear en su alcoba privada, donde sospecho que encontraré los calzoncillos perdidos del alcalde. Coloco los dos botes de mayonesa en el contenedor, que me reportará doscientos veintiocho dólares de la noche a la mañana, y me aseguro de estar dormida a las dos de la madrugada. Al día siguiente, despierto y hago todo otra vez.

Mi libro está previsto para dentro de tres días.

Mi libro de verdad está previsto para dentro de tres días (mi primer libro en cuatro años, el eje de cualquier solvencia económica), aunque estoy gastando lo que algunos (yo) llamarían una cantidad de tiempo médicamente enfermo gestionando una granja falsa en un videojuego llamado *Stardew Valley.* Los videojuegos me resultan catárticos en momentos de estrés porque proporcionan una lista concreta de tareas realizables (llevarle un coco al mago) a cambio de una recompensa tangible (una lubina de boca grande), a diferencia de la vida real, que proporciona una nebulosa de responsabilidades aplastantes (escribir un libro, hacer la declaración de impuestos) a cambio de terror y dolor (ser criticado en el periódico, enviar veinte mil dólares al gobierno). Una meditación guiada a través de la vida de otra persona, una disociación facilitada hacia otro mundo. Por desgracia, el "alivio del estrés" tiene rendimientos decrecientes (a diferencia de mi mayonesa) si no estás haciendo lo que te estresa y ¡de lo que necesitas aliviarte! Tengo que volver a poner en marcha mi máquina de escribir o moriré.

Le envío un mensaje a una amiga que también juega a *Stardew Valley* y, de alguna manera, mantiene un negocio próspero. "El bucle del juego de *Stardew* está arruinando mi vida", le digo. "Me prometo 'solo uno más, solo un día más', pero luego duermo, despierto y, ¡oh!, mi queso está hecho, ¡ay! Demetrius necesita un pez globo para su investigación… ¡y estoy en ello otra vez!".

"Bucle de juego" es la jerga que designa el conjunto de actividades repetitivas de un videojuego, por lo general con incentivos crecientes para mantener enganchados a los jugadores. El también conocido como "bucle de compulsión" hace que los juegos sean divertidos y que los procrastinadores de mente débil tengan que devolver los anticipos de sus libros.

—Vale, imagínate esto —dice mi amiga—. Bucle de juego, pero en la vida real. Despiertas, le das de comer a la gallina (*tú*).

—Sí —agrego riendo—, cosecho mis *ideas* y planto *palabras* en mi manuscrito.

—¡Exacto! —exclama—. Acaricias a todos los cerdos del establo (*tu salud mental*).

Para mi sorpresa, el tonto reencuadre funciona. La metáfora del videojuego es un aderezo, pero me fortalece la fácil convicción de mi amiga de que vale la pena priorizarme por encima de "alimentar gallinas imaginarias". Es una atadura que me devuelve al mundo real. Tengo una tarea real que cumplir y una recompensa real al final. Dejo el juego a un lado, por ahora, y pienso en cuántas mayonesas me estarán esperando cuando llegue a casa. Claro que sí. Voy a ser *rica.*

SUGERENCIA PARA HOY:

¿Hay algo importante en tu vida, profesional o personal, que evitas en favor de una atractiva distracción? ¿Te escondes de grandes proyectos o grandes sentimientos dejándote consumir por un "bucle de compulsión", literal o metafórico? ¿Cómo sería el bucle de juego ideal de tu vida?

Canta más fuerte, Louise

Nafissa Thompson-Spires

Crecí en una tradición religiosa fundamentalista que instaba a las mujeres a comportarse con modestia, alejándose de la búsqueda de atención, de la autoexpresión obvia, del maquillaje y, extrañamente, de vestir pantalones. Al mismo tiempo, la iglesia a la que íbamos organizaba desfiles de moda y espectáculos infantiles. Desde los dos años, mi madre me metió a esos eventos y me enseñó a interpretar los grandes éxitos del góspel, como "Go Tell It on the Mountain". Años después se disculpó: "No sabía lo tímida que eras. Parecías aterrorizada en el escenario con el micrófono en la mano".

Pero en primaria, me encantaban el teatro y el cine clásico de Hollywood, en especial los musicales. Alrededor de los ocho años, asistí atónita a la representación de *La fierecilla domada* de Shakespeare, en el teatro de mi comunidad, y aunque sabía que no quería convertirme en una *termagante*, "una mujer de áspero temperamento", palabra que conocía porque me encantaba jugar con el diccionario y buscar nuevas palabras cada vez que podía, tampoco quería que me transformaran en una Nafissa sumisa. A los nueve años, protagonicé la producción escolar de *Twinkle*, una obra de teatro dentro de otra, y pronto nadie pudo evitar que hiciera mis actuaciones y numeritos en los pasillos. En especial, me gustaba combinar mi rutina de *stand up* de mi librito de chistes con los ademanes que hacía Joey Gladstone en *Tres por tres* y su marioneta del Señor Marmota. La payasada consistía en acosar a mis compañeros con largas interpretaciones de la canción "Oompa Loompa" de Veruca Salt. Iba a un colegio privado cristiano al sur de California, de hecho, estaba cerca de Los Ángeles, y muchos de mis compañeros trabajaban como actores, pero a mí no me dejaron ir a las audiciones hasta los dieciocho años. Entonces, los fines de semana por la tarde, devoraba todas las películas de Turner Classic Movies, soñando con el día en que me convertiría en una estrella. Yo, a diferencia de aquella Gypsy Rose Lee pequeña e ingrata, estaba feliz de "cantar más fuerte, Louise".

Mi espectacularidad llegó a su punto álgido en undécimo grado, durante la representación de *Ana la de Tejas Verdes* en el club de teatro. Yo interpretaba a Josie Pye. Tuve la sensación de que la profesora de teatro se estaba enfadando conmigo cuando me dijo un severo "No" a mi petición de que todo el vestuario de Josie llevara una J cursiva, como la de Laverne en *Laverne & Shirley.* Su enfado se confirmó cuando, después de mejorar una línea para añadirle un poco de brillo, me llevó aparte y gritó delante de todo el público: "¡Nafissa, deja de eclipsar a Anne!".

Aquella noche aprendí que, efectivamente, hay un momento para la modestia y la llaneza puritana que me inculcaron, y también hay un momento para el espectáculo y el diccionario de sinónimos. Los mejores artistas conocen la alquimia del discernimiento.

SUGERENCIA PARA HOY:

¿Cómo serían tus frases si actuaras un personaje por un momento? Añade un toque de teatralidad o usa un diccionario. Deja que tu pluma cante como Julie Andrews desde lo alto de una montaña o que se pavonee por la página como una *drag queen* en la pista de baile. Después, reflexiona: ¿cómo te sentiste? ¿Te imaginas usando de nuevo ese lenguaje, canalizando esa libertad? ¿Qué pasaría si lo hicieras?

Reconexión

Margo Steines

Cuando mi hija era recién nacida, tuve lo que ahora entiendo como ansiedad posparto severa. Su parto no fue fácil (pocos lo son) y salí de él sintiéndome sacudida, mal en mi cuerpo y confusa en mi mente. Me consumían pensamientos intrusivos de peligro y daño: *¿Me apuñalaría alguien mientras caminaba con ella y dejaría su cuerpo indefenso tirado en la carretera? ¿Se caería un cuadro de la pared y la golpearía mientras jugaba en el suelo? ¿Me quedaría dormida y rodaría sobre ella?* Junto con este coro de posibilidades, sentía una profunda inutilidad. Era una madre primeriza con un historial de depresión, vivía lejos de mi familia, durante una pandemia, en un clima terrible, así que era fácil descartar todo lo que sentía cómo la reacción natural y apropiada a las condiciones. Era fácil invalidarme.

Convertirme en madre me hizo darme cuenta de que, aunque había superado mi juventud, marcada por la violencia y la adicción, en realidad nunca había curado el trauma. Me limité a pasar por encima de él como si fuera una bolsa de basura goteando por la banqueta, como si ya no tuviera nada que ver conmigo. Pero cuando tuve en mis brazos a la personita por la que había pasado diez años esperando, deseando y hasta rezando en mi ateísmo, lo que estaba en juego era diferente. No podía destruirme ni salir de mi vida, porque ella me necesitaba. Siempre me necesitaría.

En terapia aprendí que, aunque había conseguido limpiar la mente del caos que solía conducirla, nunca había curado el cuerpo. Mi sistema nervioso estaba destrozado por los efectos combinados de años de diversas formas de violencia e incertidumbre. No he tomado ninguna droga en diecisiete años y no he sufrido violencia hace más de media década, pero el sistema nervioso autónomo lleva veinte años en una especie de queja ociosa y eso hace mella en una persona.

Aprendí que con la terapia somática es posible volver sobre mis pasos, utilizar el trabajo corporal para recablear mi mente. Aprendí a presionar los nudillos contra una pared dura y fría cuando siento el zumbido sordo del pánico subiendo por mi pecho. Aprendí a colocar la palma de la mano sobre el corazón, a sentir el suelo contra los pies, a experimentar que existo con seguridad. Aprendí a respirar como lo hace mi hija cuando regula su sistema nervioso, una habilidad que le viene de fábrica: dos inhalaciones rápidas y una exhalación lenta, el suspiro fisiológico. Aprendí de ella más de lo que esperaba, por ejemplo, a existir simplemente como ser humano, una habilidad en la que todavía estoy trabajando.

SUGERENCIA PARA HOY:

Escribe sobre una ocasión en la que te diste cuenta de que tenías dificultades. ¿Qué te hizo descubrirlo? ¿Qué recursos usaste? En la actualidad, ¿cómo es tu relación con esa lucha en particular?

Capítulo 4

SOBRE LA OBSERVACIÓN

Durante la última década aprendí que el trabajo creativo se desarrolla en cuatro etapas. Está la temporada de idear e investigar, de averiguar la forma que debería tomar algo, de soñar en qué podría convertirse. Está la temporada en la que de verdad se hace la cosa, la fase de Anne Lamott "con el trasero en la silla" (la cita textual dice: "Cómo escribir: con el trasero en la silla"). Está la época de lanzar el trabajo al mundo, de dejarlo volar para que salga y encuentre a la persona que más lo necesita, en el momento en que más lo necesita. Luego está la temporada improductiva, cuando estás entre proyectos, cuando no estás seguro de lo que vas a crear a continuación, si es que vas a crear algo, cuando tienes que darte la gracia de convertirte en una persona distinta con preguntas, ideas y preocupaciones diferentes.

Mientras escribo estas líneas, me encuentro en la fase "con el trasero en la silla", mi estación creativa favorita. En la actualidad, estoy en una residencia de pintura, haciendo acuarelas a gran escala para mi primera exposición de arte. Me pierdo en el mundo de la obra. Pienso en los cuadros todo el día y sueño con ellos por la noche. Es como vivir en un universo paralelo. Cuando estoy en esa época, el tiempo empieza a deformarse. Hace unos días llevé a los perros al veterinario y, al rellenar la fecha en los formularios de admisión, me equivoqué de año, no una, sino dos veces, y con gran convicción.

Solía caer en la trampa de pasar más tiempo hablando de los proyectos que quería hacer... que haciéndolos de verdad. Antes de enfermar, confundía el ajetreo con una productividad significativa. Siempre estaba corriendo de un lado para otro, asistiendo a un millón de actividades extraescolares y eventos sociales. Pero cuando empecé el tratamiento contra el cáncer, de repente solo disponía de unas pocas horas de energía útil al día, así que debí tener muy claro cómo y con quién quería pasar mi tiempo. A la par, descubrí que la quietud forzada de estar en cama era fructífera de manera extraña. Al principio parecía que no estaba haciendo nada, pero pronto me di cuenta de que pasaban muchas cosas. En esa quietud, había profundidad, y de esa profundidad surgían atisbos de inspiración. Ahora dedico el tiempo y el espacio de forma intencionada. Despejo mi agenda para sumergirme por completo en el trabajo, aunque a veces no parezca trabajo, aunque sea leer, escribir un diario, tomar notas en fichas, investigar sobre las máscaras de fertilidad de África Oriental o dormir una siesta.

He aprendido que el descanso es una parte importante del proceso creativo. El otro día estaba pintando y llegué a un punto en el que solo cometía errores: era hora de alejarse. Dejé el estudio y llevé a los perros a mi estanque favorito, en un afluente cercano del río Delaware, y durante media hora, los observé jugar. Tras ellos, la orilla estaba salpicada de dientes de león y algunos narcisos silvestres. Dejé que mi mente cansada se relajara y me limité a contemplar las vistas, los sonidos y colores: tanto amarillo. De pronto, volví a sentirme despierta, viva. "Cuando veo así, observo de verdad", escribe Annie Dillard en *Una temporada en Tinker Creek*. Como dice Thoreau, "vuelvo a mis sentidos".

Mi primera lección de observación ocurrió cuando tenía veintidós años. Antes de ingresar en el hospital para mi primera estancia de un mes, no sabía de qué manera el más mínimo detalle, como el amarillo vibrante de un diente de león o la deliciosa trompa de un narciso, podía ser tan nutritivo. No había pensado en el hecho de que, una vez encerrada en una habitación de hospital durante semanas, no podría sentir la brisa, el sol, la lluvia, ni siquiera podría abrir la ventana.

Cuando por fin me dieron de alta, la experiencia sensorial fue casi abrumadora. Toda mi vida había pasado por alto tantas cosas.

El cielo, la brisa, los árboles, incluso la belleza brillante pero efímera de las flores eran algo cotidiano que daba por sentado. Las veía, pero no las observaba. Como escribió Georgia O'Keeffe: "Aun así —en cierto modo— nadie observa una flor —realmente—, es tan pequeña —no tenemos tiempo—, y observar implica tiempo, como tener un amigo implica tiempo".

Observar requiere tiempo y práctica. Ahora pienso en una de mis mejores maestras para observar: la dulce Loulou, la perra peluda y roja que mi familia rescató de Tennessee. La encontré en la página web de una organización protectora de animales hace unos años y le envié el anuncio a mi hermano Adam, con la esperanza de que le diera un hogar. Y así fue. Se enamoró de ella y empezó a pasar todo el tiempo llevándola a distintos parques para perros en la ciudad de Nueva York, entrenándola para que se sentara y se quedara quieta, y parecía que prosperaba. Pero a los pocos meses se enfermó. Cuando la llevó al veterinario, le dijeron que tenía blastomicosis, una infección fúngica mortal frecuente en los valles fluviales de Tennessee.

Durante semanas estuvo muy mal, pero al final Loulou salió adelante, aunque perdió la vista. Después, mi hermano la cuidó con diligencia, pero en su nuevo estado de ceguera, en una ciudad como Nueva York, estaba aterrorizada. Cada monopatín que pasaba por la banqueta la volvía loca. Al oír el claxon de un coche, se ponía muy intensa. A medida que pasaban los días, el estrés le pasaba factura. No comía. No dormía. Necesitaba salir de la ciudad. Así que Loulou se vino a vivir conmigo a mi bucólico rincón de la Nueva Jersey rural.

Al principio parecía un desastre. Loulou volvía a comer, a dormir y a moverse, pero también chocaba con todo: con cada pared, puerta, con cada árbol del jardín. Me preocupaba que se lastimara. Hablé con mi vecino Chuck, que adora a los perros y también se dedica a inventar, sobre cómo ayudarla y él empezó a soñar con un dispositivo para su collar que sonaría cada vez que se acercara a un objeto.

Pero antes de que tuviera la oportunidad de ponerse manos a la obra, ocurrió un pequeño milagro. Loulou empezó a trazar el mapa de nuestra casa y nuestro jardín con los ojos de su mente hasta que conoció cada esquina afilada, hasta que pudo correr por la sala, inclinando el torso para evitar el banco del piano, la otomana, la maceta encaramada a un viejo pedestal tambaleante. No solo eso, sino que memorizó el paisaje del bosque de Chuck, donde la llevaba a pasear cada mañana. Pronto se orientó entre los árboles y los estanques. Sabía cuando llegábamos al campo de heno, enorme y abierto, recién segado. Allí corría tan libre como quería, sin precauciones ni retenciones.

He aprendido mucho de Loulou y de las demás criaturas que me rodean. Con cada perro que he añadido a mi manada, observo el paisaje de nuevo. Cuando paseo con Sunshine, mi perra chihuahua-salchicha, observo los troncos que tiene que saltar, y también el giro de una hoja al caer, cuando se levanta sobre las patas traseras y baila para atraparla. Lo mismo ocurre con los copos de nieve y la lluvia. En el caso de mi labrador negro, River, observo las densas hierbas del borde del campo de heno y el estanque que bordean, no las había notado hasta que River atravesó los juncos, se zambulló en el agua y salió chorreando.

Simone Weil dijo que "la atención es la forma más rara y pura de generosidad". También es un tipo de presencia. Escuché que la depresión es una fijación excesiva en el pasado y la ansiedad una fijación excesiva en el futuro. Si es así, observar es un baluarte contra ambas, ya que es una fijación en el ahora. Intento estar presente con lo que me rodea y dejar que eso me eleve, lo que aleja la tentación de viajar en el tiempo, ya sea hacia atrás o hacia delante. Dado mi estado de salud y mi probabilidad de recaída, tengo más motivos que nunca para volar hacia adelante, hacia una eventualidad aterradora, para dedicarme a un futurismo agresivo. Pero eso era cierto incluso antes de enfermar. Miro atrás y veo que todas las anotaciones de mi diario de la universidad son aspiraciones. Planes a cinco años. Planes a diez años. ¿Qué voy a ser?

Miro atrás y esas anotaciones revelan algo sobre mí: sobre mi incesante ensoñación, sobre mis planes para llegar a ser quien quería ser. Pero me gustaría poder volver a leerlos y recordar lo que de verdad ocurría: lo que sentía en ese momento, a qué fiestas iba, cómo respondió mi profesora cuando le conté mi primer gran desengaño amoroso en horas de oficina, o la divertida forma en que ladeaba la cabeza cuando decía la palabra "patriarcado", o cómo era el follaje del campus en un fresco día de primavera.

Recordamos el día que tuvimos un accidente de auto, pero no recordamos los muchos viajes agradables que hicimos y todas las veces que llegamos sanos y salvos a nuestro destino. "Vivimos la mitad de la vida despiertos y toda la vida dormidos en aguas privadas, inútiles e insensibles que nunca mencionamos ni recordamos", dice Annie Dillard en su ensayo "Eclipse total". "Inútiles, digo. Sin valor, añadiría, hasta que alguien saque su riqueza a la superficie y la lleve a la ciudad despierta, en una forma que la gente pueda utilizar".

En fechas recientes, para mí, ese "alguien" ha sido una nueva práctica creativa: la pintura. Ha sido un gran y generoso maestro para poner atención. Me permite ver formas y colores de nuevas maneras. De pronto, descubro que me siento casi impresionada por la visión de una flor en una enredadera, por su forma de pompón, por su tono magenta más saturado de lo que parece posible. Me detengo para tomarle una foto, con la esperanza de poder recrear más tarde su dinamismo, su vitalidad.

A lo largo de los años, muchas veces me quedé inmóvil ante la grandiosidad de la naturaleza, ya sea contemplando las enormes fauces del Gran Cañón, la fuerza de las cataratas del Niágara o la inmensidad oceánica del Sahara. Es lo sublime: me hago pequeña de la forma más maravillosa. Pero ahora también puedo experimentar esa vertiginosa emoción cuando me detengo a estudiar un pompón de color magenta o las complejas constelaciones en un ramito de encaje de la reina Ana. Estoy más despierta y viva. Menos cansada del mundo, más llena de asombro.

En las páginas siguientes, encontrarás diez ensayos y sugerencias sobre la observación, la atención, la presencia y el asombro. Que te lleven a buscar, a encontrar y a contemplar de verdad lo que sea que estés buscando.

La bitácora del atardecer

Jia Tolentino

En 2019, viajaba en metro de Brooklyn a Manhattan, cuando abrí el calendario de Google en el teléfono y me di cuenta de que no tenía un día libre de obligaciones laborales durante los siguientes tres meses seguidos. Empecé a caer en picada, preguntándome cómo hice que mi vida estuviera tan sobrecargada y a la vez tan infravalorada, cómo me las arreglé para usar tan mal mi considerable libertad, cómo me esforcé tanto por aprovecharme como ser humano que me dejé un mínimo de tiempo para sentirme humano de alguna forma significativa. Estaba a punto de publicar un libro que empecé a escribir, en parte, porque me había pasado la media década anterior trasladando mis pensamientos en entradas de blog públicas y rentables, y pensé que un libro me daría la oportunidad de escribir en privado, para mí, solo para ver por dónde iban las cosas. Lo hice y me encantó, pero luego me encontré con una historia alternativa: el libro era un bien público, y mi vida una táctica de *marketing*, y esas cosas que habían parecido un fin tan claro se reconfiguraron como instrumentos y medios para algo. Cuando bajé del metro, el sol se estaba poniendo, una granada de neón al ras de los rascacielos. Decidí, como primer paso de un proceso de recuperación —hacer más cosas que no aportaran ningún beneficio mensurable a nadie—, empezar a llevar un registro de las puestas de sol en mi teléfono.

El ejercicio fue agradable. Se sentía sin rumbo de manera deliberada, en vez de inútil de manera accidental, como tantas cosas habían empezado a parecer. Era una estructura para animarme a dejar de moverme el tiempo suficiente para contemplar el cielo. El 14 de septiembre, el atardecer era gris azulado como una camisa oxford, rayado por nubes color pizarra iluminadas desde abajo con un burdeos resplandeciente. Una semana después, la puesta de sol era de un melocotón radiante, con una nube oscura cruzando la vista como un acorazado. En diciembre, varias zonas horarias al oeste, había una banda gris periquito sobre el océano, coronada con merengue de limón y malva brumoso. Registré una puesta de sol en Iowa en febrero de 2020, a las 17:24, que parecía un degradado de albaricoque, plátano y uva.

Dejé de registrar las puestas de sol unas semanas más tarde, a principios de marzo, cuando ya no me pareció apropiado quedarme mucho tiempo fuera. Entonces entramos de lleno en el aislamiento, y me sumergí de manera profunda en ese ajuste de cuentas con mi relación entre el trabajo y la escritura. No tenía pensamientos interesantes sobre nada, y eso me pareció bien, luego increíble. No podía ver la puesta de sol desde mi ventana, pero empecé a tomar notas sobre los árboles y el clima. Escribí sobre la manera en que el crepúsculo y la nieve se combinaban para hacer que todo brillara como una luz negra; sobre las flores de álamo que se arremolinaban con el viento; sobre el día en que el cielo se volvió verde grisáceo como el ojo de un gato y metí al perro antes de que empezara a granizar. Eso era belleza, sensación, conocimiento, simple traducción de que todo existía solo porque sí. Desde aquel año, he vuelto a recordar que escribir puede ser así. Tal vez sea hora de volver a llevar un diario de atardeceres.

SUGERENCIA PARA HOY:

Sal durante quince minutos, al atardecer si es posible, y solo pon atención a tu entorno inmediato. Escribe lo que ves y lo que te hace pensar. Por una vez, evita extrapolar significados útiles. Limítate a observar.

La claridad de la oscuridad

Michael Koryta

Estaba trabajando en un libro sobre espeleología cuando se me ocurrió investigar de primera mano la experiencia de la oscuridad total para mejorar los detalles sensoriales que podía ofrecer al lector. Mi plan era identificar qué tan bien podía seguir el tiempo en esa cámara de privación sensorial que es la oscuridad total.

Me fijé un objetivo de veinte minutos, con la única norma de no contarlos. Sucedieron cosas obvias: se agudizaron otros sentidos, por ejemplo el oído. Me sorprendió lo inquietante que era la oscuridad, aunque sabía que la luz podía volver en cualquier momento. Cerré los ojos, me concentré en la respiración y ocurrió algo sorprendente: cuando apreté los párpados, la oscuridad pareció aclararse.

Mientras los pensamientos vagaban, empecé a ver imágenes claras. Era como soñar, aunque me encontraba en un estado de hiperalerta. Cada recuerdo o pensamiento ocioso parecía suscitar una memoria visual aguda de una forma que no habría podido conseguir con los ojos abiertos, a la luz, trabajando duro en la tarea de recordar.

En algún punto, seguro de haber alcanzado mi objetivo de veinte minutos, encendí la luz y miré la hora. Habían pasado siete minutos. Decidí intentarlo de nuevo. Esta vez pasaron casi cuarenta minutos. Había conseguido muy poco de mis objetivos originales de aumentar los detalles sensoriales que podía ofrecer al lector sobre la exploración de cuevas en plena oscuridad. Pero lo que había conseguido era mucho más revelador: mi memoria visual había aumentado gracias a la ausencia del campo visual.

Desde entonces, recurro a esa técnica innumerables veces. Ahora la disfruto solo por la experiencia. Me siento como un espectador de mi subconsciente, curioso por ver lo que me ofrece. Sé que si "dirijo" mi respiración hacia los dientes, siento que el vientre se expande con la respiración. Si la dirijo hacia las orejas, siento que el pecho se expande. Si la dirijo hacia los ojos, los pulmones parecen llenarse. Es la misma inhalación, inspirar por la nariz, exhalar por la nariz, pero me fascina la forma en que parece que puedo "apuntar" la respiración. Eso me ralentiza, lo que permite que la mente divague, y las imágenes vienen con la divagación. No intento guiarlas, sino, solo notarlas y apreciarlas.

SUGERENCIA PARA HOY:

Siéntate en una habitación oscura. Mantén una postura relajada pero erguida. Cierra los ojos. Respira de la forma que desees, dirigida o no, y deja que la mente divague. Si quieres pon un cronómetro. Al final de la sesión, escribe los recuerdos visuales que pasaron por tu mente. Observa las sorpresas (rostros que no has visto en años, lugares olvidados hace tiempo) y aprecia lo que la oscuridad te ha aclarado.

Un puente a través del tiempo

Gloria Steinem

Una vez, cuando regresaba de un viaje por el país, conducía por el túnel del Midtown de Nueva York, en el que un atrevido grafitero había escrito con pintura blanca: RUEDAS SOBRE SENDEROS INDIOS. Aquellas palabras lanzaron mi mente más allá de los límites del presente, y agradecí en silencio a las manos sin ley que las habían pintado allí. Durante años, después de que se desgastaran, las vi en mi mente.

Eso me ha hecho apreciar la historia que siempre está bajo nuestros pies, una historia vertical de las muchas generaciones de personas que han caminado, trabajado y reído antes que nosotros en esos mismos lugares.

Desde entonces, en especial cuando estoy en un terreno natural donde la tierra, las rocas y los caminos deben haber conocido el tacto de muchas generaciones, pienso en la conexión física con personas del pasado que ya no están. Lo encuentro mucho más íntimo y conmovedor que las palabras de historiadores y eruditos que nos llevan al pasado con hechos y nombres. Hay algo en saber que has tocado la misma roca y pisado la misma tierra que es más personal que cualquier historia.

Por ejemplo, llevo muchos años viviendo en los mismos dos pisos de una casa de piedra rojiza en Nueva York. Se siente muy íntimo ir a Central Park y tocar los enormes afloramientos de roca ígnea que la gente debió sentir desde el principio de los tiempos.

Cuando hablo en un campus universitario, pido a los estudiantes que pisen el suelo que tocaron generaciones anteriores a que este continente se llamara América. Eso crea no solo una conexión intelectual, sino una visceral y de los cinco sentidos. Puede generar una comprensión profunda que no requiere saber leer ni hablar el mismo idioma.

Pruébalo en casa. Pruébalo mientras viajas. Crea un puente a través del tiempo.

SUGERENCIA PARA HOY:

Dondequiera que estés en el mundo, tu entorno está determinado por las decisiones de las generaciones que vivieron antes que tú. Del mismo modo, nuestras decisiones de hoy crearán un efecto dominó para las generaciones futuras. Escribe sobre lo que una vez fue la tierra en la que vives, trabajas o estudias hoy (ya sea de forma real o imaginaria). Puede ser la descripción de un arroyo que ya no existe o de los inquilinos de tu casa hace muchas generaciones. ¿Cómo configuraron tu presente esos momentos pasados? ¿Cómo darán forma al futuro?

La búsqueda de la belleza

Raven Roxanne

Hace unos años, un ser querido luchaba contra la adicción y descubrí mi patrón de codependencia, arraigado de forma muy profunda. Fue un punto de inflexión en mi vida. La gente dice que la belleza puede surgir de los lugares más oscuros, pero cuando estás en un lugar oscuro, hacer algo bello parece imposible. ¿Cómo empezar siquiera?

Comencé con la sencilla práctica de entrar en el estudio, pensar cómo me sentía y jugar. Empecé con los colores, eligiendo los que encajaban con mi paleta emocional del día. Al poner la pintura en la superficie y entrelazar colores, construía un nido de forma un tanto inconsciente. Sí, lo sé, con un nombre como Raven ('cuervo' en español), parece demasiado obvio. Pero el símbolo de un nido ha llegado a significar mucho para mí a lo largo de este proceso. Es una representación perfecta de la vida (desordenada pero hermosa). Un cuadro se convirtió en una serie, y la serie se convirtió en un libro de cuentos para niños

Desde entonces, otros objetos han cobrado significado y me han ayudado en momentos difíciles. Una mañana salí a pasear con Willie, mi desaliñado cachorro rescatado, y me sentía ansiosa. Mientras paseaba, me preguntaba: *¿Estoy deprimida?* Seguí adelante, evitando la trampa parlante del hombre canoso que se sienta en su porche a fumar cigarrillos. Llegué a la casa blanca con grandes columnas blancas, la del jardín delantero cubierto de maleza. Me detuve a contemplar el estanque de nenúfares, las flores que brotaban de una vieja fuente cubierta de musgo. Quería mirar a través del follaje; quería magnificarlo, extenderlo con dos dedos como una imagen estática en una pantalla, para echar un vistazo al interior de las flores.

En ese momento, un hombre bajó las escaleras y yo estallé de impaciencia: "¡Disculpe, señor! ¿Puedo ver más de cerca su fuente y las flores?". Me di cuenta de que quería negarse, pero aceptó a regañadientes. Abrí la verja de hierro y Willie y yo entramos en el jardín. El nenúfar, que brotaba del agua espesa entre hojas del tamaño de sandías, pesaba tanto que estaba inclinado. Me agaché para observarlo más de cerca y me di cuenta de que los pétalos eran como papel de seda, suaves y rosados, y la luz que entraba revelaba lo delicados que eran. Los enjutos estambres amarillos parecían tentáculos rodeando el estigma, como un cono invertido, pero plano de manera extraña. *Esta forma quizá inspiró a algún personaje de ciencia ficción,* pensé. Lo estaba asimilando todo, perdiéndome en la flor, en los pensamientos, en mí.

Entonces me di cuenta de que la sensación en mi pecho (la opresión, la sensación de estar atrapada, tal vez deprimida) se había aliviado. Sentí que me había abierto.

SUGERENCIA PARA HOY:

Piensa en la última vez que observaste algo y notaste un cambio en tu interior: un cuadro, un animal, una flor, una fruta, lo que viste a través de una ventana. Escribe sobre ello y lo que sentiste cambiar.

Poesía por borrado

Natalie Warther

Empecé a jugar con la poesía por borrado en los primeros meses de la cuarentena. Cuando me sentía abrumada por el mundo que me rodeaba, era mucho menos desalentador manipular algo preexistente que crear algo desde cero.

Y eso es la poesía por borrado: una manipulación, una creación por eliminación, una forma intensa de revisión. Es una reducción hasta que el texto original es irreconocible, hasta que ya no pertenece a su creador original, hasta que lo que necesita ser dicho a través de ti se deja allí en la página.

La gran poeta y escritora Mary Ruefle describe su experiencia borrando: "Todas las palabras se elevan y flotan un cuarto de pulgada por encima de la página. En realidad, no leo la página. Leo las palabras, que es diferente".

En un texto original, las palabras encadenadas en frases y los párrafos poseen un significado coherente y específico. Pero cuando las palabras se aíslan, se reorganizan y se colocan en conversación con espacios en blanco, muestran su verdadera personalidad. Se desligan del propósito narrativo. Se vuelven sonoras, rítmicas y, quizá, un poco flotantes.

Para mí, el trabajo es liberador en su sencillez: eliminar palabras hasta despejar un nuevo camino. Es meditativo, lúdico. Es un espacio en el que podemos ser escritores sin escribir una sola palabra.

SUGERENCIA PARA HOY:

Selecciona un texto para borrar: un libro antiguo, un periódico impreso o algún artículo en internet. Estudia la página y observa qué surge. Utiliza un cuaderno para anotar fragmentos, palabras interesantes y patrones sonoros. ¿Cómo modifica la composición final el uso de tachaduras, borrones o rayas? ¿Cuál te gusta más?

Empieza a escribir tu poema por borrado.

Observar y conocer

Debbie Millman

A menudo me pregunto cómo sabemos lo que sabemos. Esa curiosidad me ha llevado al trabajo de personas como John Stilgoe, profesor de la Escuela de Posgrado de Diseño de Harvard y autor de varios libros, entre ellos *Outside Lies Magic: Regaining History and Awareness in Everyday Places* [Afuera hay magia: recuperando la historia y la conciencia en los lugares cotidianos]. Stilgoe cree que el poder de la observación aguda es una de las herramientas de aprendizaje más útiles de la naturaleza. Enseña a sus alumnos a considerar "otra forma de saber" más allá de las palabras y los números; cree que las personas están tan enfocadas en un objetivo o en centrarse en lo que parece obvio que a menudo se pierden lo que tienen enfrente. No es que no sean capaces de ver el bosque por los árboles, sino que son incapaces de ver los árboles por el bosque. El profesor Stilgoe lo atribuye al "constante desenfoque de la vida moderna".

No es de extrañar: vivimos en un mundo de sobrecarga sensorial, bombardeados con más imágenes de las que podemos procesar. Como resultado, elegimos ver las cosas que conocemos y con las que podemos relacionarnos. La capacidad de romper los patrones de reconocimiento existentes para observar cosas nuevas se ve frustrada por el profundo e instintivo deseo de certeza. Nos sentimos más seguros y protegidos cuando estamos rodeados de lo que creemos que es tangible y claro de manera objetiva, ver cosas que pueden correlacionarse de forma fiable con la realidad observable.

Pero ¿qué pasa con las cosas que creemos objetivas y verdaderas pero que *no se pueden* demostrar? Son *subjetivas*, lo que crea un pequeño enigma. La subjetividad es poco fiable e impredecible.

Aun así, creo que incorporar la subjetividad a nuestras vidas nos abre puertas para ver lo invisible. La subjetividad nos ofrece una forma de observar desde distintos ángulos y múltiples perspectivas. Impulsa el examen de un punto de vista incipiente y ayuda a aclarar los conceptos y preguntas amorfos y difusos con los que lidiamos. Solo cuando experimentamos y jugamos con esos pensamientos enigmáticos, empezamos a crear espacio para observar, comprender y dar la bienvenida a lo desconocido.

El poeta Rainer Maria Rilke dice: "Ten paciencia con todo lo que no está resuelto en tu corazón, y trata de amar las preguntas mismas, como si fueran habitaciones cerradas o libros escritos en una lengua muy extraña. No busques las respuestas, que no podrían serte dadas ahora, porque no serías capaz de vivirlas... Vive ahora las preguntas. Quizá entonces, algún día lejano en el futuro, poco a poco y sin darte cuenta, vivirás tu camino hacia la respuesta".

No se me ocurre mejor llamada a la acción o guía para observar, conocer y entregarse a lo desconocido.

SUGERENCIA PARA HOY:

Escribe sobre ti como si escribieras sobre un desconocido. Describe a quién ves, tanto los aspectos tangibles como los intangibles. Incluye tantos "detalles" como puedas. Sé amable y generoso. ¿Cómo es ese desconocido? ¿Qué le gusta? ¿Cuáles son sus puntos fuertes y débiles? ¿Qué le hace reír y llorar? ¿Qué le hace más feliz? ¿Cuáles son sus sueños y esperanzas? Deja volar tu imaginación.

Cuando termines, si quieres, pega una copia de esa página de tu diario en el espejo del baño. Léela a menudo, mírate al espejo e intenta observarte.

Escondiéndose a plena vista

Jill Kearney

Soy hija de un escultor que frecuentaba el vertedero de Provincetown, Massachusetts. La carrera de mi padre fue posible gracias a las cosas que descubría enterradas bajo montones de plátanos podridos y sombrillas de playa rotas. Yo lo acompañaba en esas incursiones y me encantaba estar allí. Me dedicaba a recoger cosas de la playa y, cuando bajaba la marea, construía museos en la arena con conchas rotas, cuero de zapatos y lo más bonito de todo: fragmentos de pipas de arcilla irlandesas del siglo XVIII que llegaban con la marea.

Buscar tesoros es un acto creativo y esperanzador, un compromiso para encontrar la belleza en lo ordinario, lo desechado o lo que se esconde a plena vista. Para mí, encontrar es solo el principio. Después viene el proceso de inventar algo a partir de lo encontrado. Esos objetos me hablan mientras conduzco, o en la regadera, y me dicen qué sigue. No es el objeto en sí lo que importa, sino el significado que extraigo de él, a dónde me lleva o el nuevo uso que le encuentro.

Ese acto de encontrar lo extraordinario en lo ordinario me recuerda a la fotógrafa Sally Mann, que apuntó su cámara a lo que tenía a centímetros de ella: la vida cotidiana de ser padres, despojada de su romance, pero rebosante de misterio, tristeza, extrañeza, impermanencia y belleza. ¿Cuántos fotógrafos antes que ella fracasaron en notar lo que tenían frente a su nariz? Era una observadora minuciosa de los detalles de su experiencia, que es, en esencia, de lo que están hechos el arte y el tesoro.

SUGERENCIA PARA HOY:

Reflexiona sobre una experiencia en la que hayas encontrado algo de gran valor que estaba oculto a plena vista. ¿Cómo te habló? ¿Qué uso le has dado? ¿Qué significado tiene?

Jirafa de ojos cerrados

Marie McGrory

En 2012, me puse al día con mi gran amiga Sofía en una cafetería. Como buena amante de los diarios, llevaba mi cuaderno, y en un momento dado, empezamos a hacer garabatos juntas usando una técnica de dibujo con los ojos cerrados que aprendí en el instituto llamada contorno ciego. Practicamos con objetos fáciles (primero ella dibujó un barco, luego yo una botella de agua) antes de subir la apuesta. "Muy bien", le dije, "ahora dibuja una jirafa". Y para mi deleite, dibujó la jirafa más increíble, ¡con los ojos cerrados!

Estaba tan impresionada que empecé a sacar mi cuaderno y a enseñar la jirafa de Sofía a amigos y compañeros. Todos los que la veían también quedaban impresionados y querían probar la suya. La jirafa dibujada con los ojos cerrados me sacaba tantas sonrisas que no paraba. Se la pedía a desconocidos en el tren y a los meseros de las cafeterías. Docenas de cuadernos después, por fin creé una cuenta de Instagram para archivarlos, y así nació @ClosedEyeGiraffe. He recibido fotos de todo el mundo y por todos los medios. En los ocho años que llevo coleccionando jirafas dibujadas con los ojos cerrados, he oído muchas preguntas divertidas y reflexivas sobre esas criaturas cuando la gente intenta recordar detalles para añadirlos a los dibujos. ¿Cómo se llaman los cuernos que tienen en la cabeza? ¿Qué forma tienen sus manchas? ¿Hacen ruidos? ¿Tienen cola… verdad? Es una actividad muy fácil y accesible, que trae mucha alegría.

Ahora te toca intentarlo.

SUGERENCIA PARA HOY:

Cierra los ojos y dibuja una jirafa. Puedes dibujar la cabeza o el cuerpo entero. Puede estar en un entorno o sola en la página. Si te atreves, intenta hacer una torre de jirafas.

Cuando termines, abre los ojos y escribe sobre tu jirafa. ¿Qué preguntas e ideas te surgieron? ¿Cómo se compara tu dibujo con la imagen que tenías en la cabeza? ¿Qué te ha revelado este ejercicio? ¿Quizá algo sobre tu práctica creativa? ¿O algo sobre el control y lo que supone cederlo? ¿Sobre la confianza?

Dientes de león

Azita Ardakani

A los dieciséis años, me había mudado más de quince veces. Fue tan confuso que perdí la cuenta. Algunas de las mudanzas fueron dramáticas, como la de Irán, devastado por la guerra, a Canadá. Otras eran más sencillas, a solo tres manzanas de distancia. Cada vez que me mudaba, debía reorganizar mi mobiliario interior para dar sentido al nuevo entorno. Puse el dolor más lejos, en el piso de atrás, y luego lo subí al ático. Cubrí las paredes con una fina capa de coraje y esperanza para que todo el mundo la viera.

Pero un día, al bajar del autobús, me di cuenta de que me había equivocado de parada. Había olvidado dónde vivía; no sabía cómo volver a casa. De inmediato caí sobre la banqueta caliente y empecé a llorar. Estaba desubicada, desorientada por completo, preguntándome si el cemento aguantaría mi peso o si descendería a algún abismo.

Justo entonces, mi vista se fijó en un grupo de dientes de león. Los pétalos de un amarillo imposible contrastaban con el azul del cielo en su proclamación de vida. La promesa de transformación justo al lado: otro diente de león, este un orbe blanco y plumoso de semillas. Ellas también se sostenían a duras penas. También estaban a un suspiro de un viaje hacia lo desconocido por completo.

Tal vez fuera mi desesperación, quizá el espíritu de la Madre Naturaleza, pero sentí su sabiduría, tan segura y arraigada como la de un anciano. Contra todo pronóstico, habían encontrado un lugar donde crecer. Sus tallos erguidos, sus semillas diseñadas para dispersarse con facilidad, una especie de confianza en el movimiento de la vida. Como si oyera la pregunta que ni siquiera sabía que estaba formulando, llegó una ráfaga de viento y, con ella, los diminutos discos radiantes con sus hilos imposiblemente finos se lanzaron en paracaídas, balanceándose, bailando, hasta perderse de vista. Me levanté, como el tallo de abajo, alcé la cabeza y estaba en casa.

Años después, observaba un puñado de fotos de la infancia y me fijé en una de cuando era bebé y otra de cuando tenía unos seis años. En ambas, sostenía un diente de león. Resultó que fueron conmigo a la deriva todo el tiempo.

SUGERENCIA PARA HOY:

Escribe sobre una ocasión en la que tenías una pregunta apremiante y la naturaleza te dio la respuesta.

Tulipanes holandeses y un pájaro dodo

John Green

Nunca he visto mucho de lo que he visto. Nunca he visto filas de tulipanes holandeses en flor, pero las he visto en Instagram. Nunca he visto la superficie de Marte, pero la he visto a través de fotografías de alta definición. Nunca he visto un pájaro dodo, extinguido hace mucho tiempo, pero lo he visto a través de ilustraciones. Me fascina lo que nunca veremos desde que el artista David Brooks me contó la historia de William Beebe, un excéntrico científico de principios del siglo XX que contrató a artistas (entre ellos Ruth Rose, quien escribió el guion de la película *King Kong* de 1933) para ilustrar las maravillas del mundo natural. Beebe solía adentrarse en las profundidades oceánicas en un pequeño submarino conectado a un barco en la superficie. Desde cientos de metros de profundidad, Beebe describía a los artistas las criaturas fantásticas que veía a través de un teléfono con cable. Entonces los artistas dibujaban las criaturas (animales que nunca verían) basándose en las descripciones de Beebe. Las ilustraciones resultantes incluyen extraños y adorables calamares y peces abisales.

Una vez, un amigo que murió hace unos años me dijo que si observas un árbol, si lo observas de verdad, no te cansas. Hay mucho árbol que contemplar, desde la corteza montañosa hasta las delicadas hojas, pasando por las ramas que a su vez se ramifican en otras ramas y más ramas. Y luego, como decía mi amigo, está el árbol que no se ve: el vasto sistema de raíces que hay debajo, las ramas que se ramifican más que la copa del árbol, una especie de simetría invisible. Sabes que el sistema de raíces está ahí, pero no puedes verlo. Mi amigo dijo: "Piensa en estas raíces y en el árbol, sobrecogedor en su complejidad, maravilla y persistencia. Y luego considera: hay más árboles. Hay miles de millones más. A pesar de nuestros esfuerzos, hay muchos más árboles que personas —por un margen amplísimo—, y dependemos de ellos de manera total y absoluta. Vivimos a su sombra, respiramos su oxígeno, pero mientras viven, nunca podemos ver las vastas estructuras radiculares que los sostienen".

Durante casi toda la historia de la humanidad, tampoco podíamos ver el interior de un cuerpo vivo. A menudo pienso en ese médico alemán del siglo XVIII, descrito en el brillante libro de Barbara Duden *The Woman Beneath the Skin* [La mujer bajo la piel]. Ese médico, Johann Storch, no tenía forma de ver el interior de sus pacientes. No podía utilizar rayos X, resonancias magnéticas, tomografías computarizadas ni colonoscopias, por supuesto, pero tampoco podía auscultar el cuerpo con un estetoscopio (no se inventaron hasta 1816) ni siquiera atisbar el funcionamiento de la garganta con un laringoscopio (no se inventaron hasta la década de 1850). Así pues, el interior del cuerpo era un absoluto misterio para él, algo que podía ver ilustrado en las revistas médicas, pero que nunca vería en un paciente vivo. Pero se me ocurre que yo tampoco he visto nunca la mayor parte del interior de mi cuerpo. Quizá puedo darme una idea aproximada de cómo es mi corazón, pero no lo he visto y, para ser honestos, espero nunca verlo.

SUGERENCIA PARA HOY:

Piensa en algo que nunca hayas visto pero conoces. Tal vez hayas leído descripciones, observado fotos o imaginado cómo debe ser. Escribe sobre lo que nunca has visto hasta que sientas que, al menos en cierto modo, puedes verlo.

Capítulo 5

SOBRE EL AMOR

Cuando entré por primera vez en el reino de los enfermos no me interesaba entablar amistad con mis compañeros. Con solo veintidós años y una comprensión limitada de las enfermedades graves (o de las pérdidas), la idea de un grupo de apoyo para adultos jóvenes con cáncer me parecía superdepresivo, y no quería sentirme demasiado cómoda con la identidad del paciente de cáncer. Como era de esperar, al cabo de un año de tratamiento me sentía más sola e insatisfecha que nunca.

Por aquella época, la novela para jóvenes adultos *Bajo la misma estrella*, de John Green, irrumpió en el imaginario popular. La devoré y me pareció muy importante por dos razones. En primer lugar, la narración no seguía los mismos temas trillados sobre la enfermedad. Los personajes no eran enfermos de cáncer dignos de compasión, sino adolescentes normales que se quejaban de sus padres, se obsesionaban con sus enamoramientos y se preocupaban por todo, desde las grandes preguntas existenciales hasta si perderían la virginidad y cuándo. Había tristeza, pero también alegría, humor y amor. Mucho amor. La segunda razón de su importancia para mí fue ver la calidad de las amistades de los personajes, cómo se conectaban de manera tan profunda, cómo se apoyaban unos a otros en los momentos más difíciles.

Hasta entonces, en lo que se refiere a la amistad, había dado prioridad a la cantidad sobre la calidad. Asistir a seis colegios en tres continentes antes de los doce años me capacitaba para entablar amistades muy rápido, pero no necesariamente para mantenerlas. Mientras me movía por el mundo, mantenía correspondencia con mi mejor amiga Molly, del norte del estado de Nueva York, con mi mejor amiga Ranya, de Túnez, y con mi mejor amiga Eléonore, de Suiza. Pero sin una idea clara de cuándo (incluso si) volveríamos a vernos, y con todos los cambios de dirección, nuestras cartas se fueron extinguiendo. El mensaje que saqué fue que las relaciones tienen una vida útil.

En la universidad, era una mariposa social que revoloteaba de un grupo a otro, haciendo amistades rápidas, pero no profundas. Muchos de esos amigos desaparecieron cuando enfermé, y me sentí herida, enfadada y traicionada. Con el tiempo, me di cuenta de que no se trataba de un gran fallo de su parte; claro, las personas con las que jugaba *beer pong* no estuvieron junto a mi cama cuando se me cayó el cabello. Mantener una relación durante una crisis de ese tipo requiere vínculos más fuertes. Debía conocer a la gente en profundidad y dejar que me conocieran igual, como los personajes de *Bajo la misma estrella*.

Si no hubiera leído ese libro, no sé si alguna vez habría cultivado amistades de forma activa dentro del reino de los enfermos. Estoy bastante segura de que nunca habría forjado un vínculo con Anjali, a quien conocí en la sala de espera de un hospital. Anjali era guapa, menuda, de piel leonada y nariz aguileña como la mía. Llevaba un gorro de esquí de punto sobre la calva y un cubrebocas sobre las mejillas hundidas. ¿Sabía que me asustó cuando se acercó y se dejó caer en la silla contigua a la mía? Aunque era más baja que yo, y frágil por meses de reposo en cama, desprendía fiereza.

"Sé quién eres", dijo con un rastro de acento indio. "Tú escribes esa maldita columna". Ese día estaba de buen humor y lo que quería decir era: *Hola, encantada de conocerte.* Yo aún no sabía leer entre líneas.

Con el tiempo, intercambiamos historias y descubrimos que teníamos muchas en común: historias de inmigración, de ser la única niña en el primer día de clases que no hablaba inglés, de sentirnos inadaptadas a donde fuéramos. Supe que sus padres habían muerto y que estaba distanciada de su hermano, que nunca le devolvió la llamada para ser su donante de médula ósea. Llegué a comprender que por eso llevaba tanta armadura. Sentía que debía protegerse para sobrevivir.

Anjali y yo también compartimos el mismo diagnóstico. Hicimos los mismos regímenes de quimioterapia en el Hospital Mount Sinai, administrados por los mismos médicos. Ambas nos trasladamos al mismo tiempo al Memorial Sloan Kettering Cancer Center para someternos a un trasplante de médula ósea. Cien días después del trasplante, ambas recibimos los resultados de la biopsia. El mío estaba limpio, sin signos de leucemia. El suyo indicaba que había recaído y no era posible seguir con el tratamiento.

Para entonces, yo tenía veinticuatro años. Nunca había sido cuidadora, y mucho menos había acompañado a alguien cuando se acercaba el final. Pero entendía el dolor de que la gente no apareciera, y aquí tenía una oportunidad para hacerme presente. Durante los meses siguientes, le llevé comida a Anjali, la acompañé a las citas médicas y la traje a casa en vacaciones. Luego, cuando se puso demasiado enferma y débil para vivir sola, llamé a una ambulancia para que la llevara a la planta de cuidados paliativos del Hospital Bellevue.

Cuando llegó la ambulancia, Anjali me miró y gritó. Me llamó traidora, dijo que era una amiga terrible, que me odiaba. Pero no me lo tomé como algo personal. Sabía que el miedo y el dolor hacen enojar. Yo también había arremetido contra mis seres queridos de formas que no sabía que era capaz de hacer antes de la enfermedad. Comprendí que su rabia no era hacia mí, sino hacia un mundo al que nunca había pertenecido del todo, un mundo del que pronto se iría.

Viajé con ella en la parte trasera de la ambulancia y, durante la semana siguiente, la velé las veinticuatro horas del día junto a su cama. El día antes de su muerte, llegaron Melissa y Max, con los que también había entablado amistad durante el tratamiento, y otro amigo llamado MJ, superviviente de un cáncer (y que pudo o no haberse ofrecido como nuestro proveedor de hierba en aquellos días previos a la marihuana medicinal). MJ, un músico con talento, trajo una guitarra, una caja *shruti*, una armónica y tocó algunas canciones, entre ellas "Love More" de Sharon Van Etten. Todos cantamos: "*She made me love, she made me love, she made me love more*". (Ella me hizo amar, ella me hizo amar, ella me hizo amar más). Anjali estaba tan cerca del velo que le fallaba el oído. No sabía si realmente podía oír la música o si solo nos veía experimentarla, pero estaba muy contenta.

Recuerdo que una enfermera nos observaba desde el pasillo. Más tarde, me dijo que, en todos los años que llevaba trabajando en cuidados paliativos, nunca había visto algo así: jóvenes con la cabeza calva y el cuerpo enjuto acompañando a otro paciente en sus últimos días. Comprendí por qué se quedó impresionada. Ver morir a alguien da miedo, y da aún más ver morir a alguien de la misma enfermedad que podría matarte a ti. Nadie nos habría culpado por evitarlo, pero a todos nos afectó el hecho de que Anjali no tuviera familia. Su gran temor, dado que era huérfana, era morir sola, y nos parecía inconcebible dejar que eso pasara.

Sigue siendo una de las experiencias más desgarradoras, bellas y significativas de mi vida. Tuve la sensación de conocer a Anjali, la niña, en esos últimos días, la Anjali que aún no había sido herida, traicionada o abandonada por el mundo. La vida de Anjali le enseñó a esperar lo peor de los demás, a suponer que solo era cuestión de tiempo para que todos la decepcionaran o la abandonaran, pero ahí, al final, parecía que por fin confiaba en que alguien se quedaría, quizá por primera vez en su vida. Se ablandó, se calmó. Cada vez que abría los párpados, me tomaba la mano. Era tan delgada, y sus grandes ojos marrón oscuro parecían aún más grandes por el contraste. Tierna, abierta, desarmada, parecía (de manera paradójica) curada. Murió el día de San Valentín. La última palabra que me dijo fue "amor".

Soy consciente de que lo escrito hasta ahora puede no ajustarse a tus expectativas para un capítulo titulado "Sobre el amor". Pero quiero hablar de algo que va más allá de los cuentos de hadas del amor romántico. Deseo invocar el poder radical de ver, comprender y hacerse presente ante otro ser humano. Como escribe Alain de Botton en *A Therapeutic Journey* [Un viaje terapéutico]: "La palabra está tan fatalmente asociada al romanticismo y al sentimentalismo que pasamos por alto su papel fundamental a la hora de ayudarnos a mantener la fe en la vida en momentos de abrumadora confusión psicológica y dolor".

Cuando terminé el tratamiento, ya había aprendido esa lección. La enfermedad me enseñó cuánto nos necesitamos unos a otros. Cómo venimos a este mundo necesitando tantos cuidados, cómo morimos necesitando tantos cuidados, cómo los obtenemos de las personas a las que queremos y que nos quieren: nuestra familia de sangre o elegida, nuestras parejas, amigos, comunidades. Pero a lo largo de casi cuatro años, la enfermedad también hizo mella en mí. Perdí mi relación sentimental, autoestima y confianza en el futuro. Perdí amigas como Anjali y Melissa y, pronto, Max también se iría. Estaba sumida en el dolor y sentí un impulso casi primario de apagarme, de retirarme como un animal herido. Pensé: *Si no vuelvo a acercarme a nadie, nunca me volveré a sentir herida.*

De algún modo, a pesar de la pena y la confusión, una parte de mí sabía que debía llegar al otro lado del miedo y el dolor. Empezaba a ver que vivir dentro de esos confines protectores era vivir una vida segura, es decir, una vida pequeña y disminuida. No quería eso para mí, por eso me embarqué en el viaje por carretera a través del país, en busca de personas que pudieran mostrarme cómo navegar por mi dolor e incertidumbre.

Una y otra vez, me enseñaron la necesidad del amor. En Seattle, me encontré con Isaac. Su matrimonio acababa de fracasar y estaba desolado, pero también decidido a no blindar su corazón, me dijo: "Vivir con esa apertura significa sentir dolor. La alternativa es no sentir nada". En California conocí a Katherine, que había sufrido la pesadilla de todos los padres: la pérdida de un hijo por suicidio. Pero en lugar de dejar que el dolor la abrumara y la apagara, optó por dejarse guiar por el amor. Una noche, me dijo: "Es todo lo que puedes hacer ante estas cosas. Amar a la gente que te rodea. Amar la vida que tienes. No se me ocurre una respuesta más poderosa a las penas de la vida que amar".

Durante los años siguientes, me convertí en una estudiante del amor. De manera activa, busqué a personas que amaran de forma bella y profunda, ya fuera amor propio, amor familiar, amor romántico o amor platónico. Y al estudiar a las personas que amaban bien, vi que todas tenían comunidades vibrantes, unidas y solidarias. Me fascinaba cómo la gente formaba esas comunidades y lo transformadoras que podían ser, sobre todo cuando se producían en lugares insospechados. Por ejemplo, mi amigo Quintin Jones. Quin me escribió tras leer un ensayo mío para decir que mi historia había "tocado el corazón de un condenado a muerte". Durante más de dos décadas, Quin pasó veintitrés horas al día en régimen de aislamiento, pero había cultivado una comunidad internacional y multigeneracional de más de dos docenas de amigos por correspondencia. En cartas escritas en cursiva, les dedicaba su atención, su cuidado y su consideración. Le dieron sentido a su vida, una visión del mundo exterior y un tipo de amor incondicional que nunca había conocido.

Otro lugar insólito fue un hospicio en una prisión llamada California Medical Facility, sobre la que escribí para *The New York Times Magazine*. En ese centro, los trabajadores del hospicio son los reclusos. Se encargan del trabajo práctico de cuidar a los pacientes, como cepillarles los dientes, masajear sus miembros doloridos, cambiar las sábanas sucias y ayudar al personal médico. También son un sustituto de los seres queridos, de la familia. En las últimas horas de vida de un paciente, velan junto a su cama. Se enorgullecen de que ningún preso muera solo. Y resulta que el cuidado los transforma. Los índices nacionales de reincidencia muestran que el 25 por ciento de los presos federales volverán a la cárcel en un plazo de ocho años, pero en el caso de los trabajadores sanitarios, apenas supera el 1 por ciento. Más que una historia sobre la prisión o sobre el hospicio, era una historia sobre la comunidad, sobre cómo nos cuidamos unos a otros y cómo eso nos cambia, nos salva.

Puede sonar exagerado que algo como el amor pueda ser la diferencia entre la vida y la muerte. Pero los estudios demuestran que el aislamiento social está relacionado con un mayor riesgo de enfermedad cardiovascular, demencia, ictus, depresión, ansiedad y muerte prematura, y que estar desconectado de forma social puede tener el mismo impacto que fumar quince cigarrillos al día. Ya en 2017, el cirujano general de Estados Unidos Vivek Murthy comenzó a llamar la atención sobre la soledad como un problema de salud pública, argumentando que podemos vivir vidas más sanas y plenas fortaleciendo nuestras relaciones. "Responde a la llamada de un amigo", escribió en un informe de 2023. "Encuentra tiempo para compartir una comida. Escucha sin la distracción de tu teléfono. Realiza un acto de servicio".

Es interesante observar que cada una de las acciones propuestas por el doctor Murthy es, en el fondo, un acto de generosidad: estar presente de forma plena, escuchar, entregarse a otro ser humano. Coincide con mi experiencia y también con la investigación del tecnólogo Andrew Zolli sobre la resiliencia y la comunidad. Zolli escribe que las personas mentalmente fuertes tienen comunidades fuertes, y da dos reglas principales para construirlas: la primera es construir la comunidad antes de que la necesites; la segunda es empezar con un acto de generosidad.

Por supuesto, eso no se puede hacer con una mentalidad abiertamente transaccional. Dar a los demás solo para hacer que estén en deuda contigo y tenerlos de tu lado es algo que pueden percibir (y se siente horrible). Hablo de conectar con otro ser humano como un fin en sí mismo. Es conocer a alguien solo por conocerlo. Es amar por amar.

En las páginas siguientes encontrarás diez ensayos y sugerencias sobre distintos tipos de amor: amor a uno mismo, amor universal y amor como servicio. Deseo que te ayuden a encontrar nuevas profundidades del amor y, también, nuevas alturas.

Cartas de amor

Elizabeth Gilbert

En 1990, la profesora de meditación y escritora Sharon Salzberg se reunió por primera vez con el dalái lama en un encuentro donde participaban muchos otros destacados filósofos, psicólogos y líderes espirituales. Cuando Salzberg tuvo la oportunidad de hacerle una pregunta al dalái lama, lo invitó a arrojar algo de sabiduría y esperanza sobre el terrible problema del odio a uno mismo. El dalái lama no entendió la pregunta. No porque su inglés fuera malo, sino porque, literalmente, no entendía la pregunta. Tuvo que consultar a su intérprete para asegurarse de que la había oído bien. Le pedía a Salzberg que se lo aclarara: "*¿Quién es la persona que odias? ¿Quién es el enemigo? ¿Con quién estás en conflicto?*". Y ella repetía una y otra vez: "*A mí misma*". Todos los demás occidentales de la sala asintieron con la cabeza, pues ellos también luchaban contra demonios de odio a sí mismos.

Cuando el dalái lama por fin comprendió a qué se referían esos occidentales (a que todos estaban en guerra consigo mismos y suponían que se trataba de un estado normal), se sintió consternado. Dijo: "Pensaba que conocía muy bien la mente, pero ahora me siento muy ignorante. Esto me parece muy extraño".

A la mayoría no nos resulta extraño odiarnos a nosotros mismos. Para muchos, es la configuración por defecto de nuestra conciencia. Nos atormentan la vergüenza y todas las formas en que hemos fracasado; es mucho más probable que nos intimidemos a nosotros mismos de una manera en la que jamás intimidaríamos a otro ser humano; somos despiadados con nosotros mismos y nunca nos libramos de nosotros. Y lo peor es que pensamos que eso es normal.

Y no lo es. Solo porque nos han enseñado la falta de compasión no significa que sea lo correcto, lo sano o lo normal.

No soy lo suficientemente inteligente como para saber de manera exacta por qué la civilización occidental ha creado millones de almas que de verdad creen que son miserables, pero sospecho que se relaciona con siglos de enseñanzas religiosas que nos instruyen de forma específica para creer que somos miserables. También podría tener algo que ver con la crueldad inherente a un sistema capitalista que reduce el valor de cada persona a lo que produce, posee y al estatus que ostenta. Eso es inhumano de manera fundamental y hace que la gente enferme de vergüenza y de carencia.

Muchos estamos enfermos así. Muchas de las personas más compasivas y realizadas que conozco siguen luchando contra la creencia de que, en el fondo, son malas y están equivocadas. Claro, tienen problemas para creer que son intrínsecamente dignas de ser amadas. Yo también luché con eso, hasta el punto de que desmantelar la mentira se ha convertido en el trabajo de mi vida.

Mi mejor herramienta contra el hábito distorsionado de odiarme es escribirme cartas diarias desde el amor. Llevo haciéndolo casi veinticinco años. Esa práctica me ha llevado a través de un cuarto de siglo de desafíos: dos matrimonios y dos divorcios, la pérdida del amor de mi vida a causa del cáncer, hasta enfrentarme a mis propias adicciones y defectos. He tenido muchas oportunidades de cargar con la desesperación y la vergüenza. A pesar de todo, me las arreglé para encontrar (siempre y cuando escuche de forma abierta y cuidadosa) una voz compasiva en mi interior a la que puedo recurrir cuando necesito oír palabras de amor, compasión y seguridad.

Creo que hay una voz de amor que siempre está disponible para todos y que habita en nuestro interior. Creo que el amor es la configuración por defecto. Creo que el simple afecto y una postura de despreocupada amistad con uno mismo es el estado natural de un ser humano: ¿Por qué iba a ser de otro modo? ¡Somos la única persona con la que pasaremos la vida entera! ¿Por qué estaríamos programados para odiar a la persona con la que siempre estamos? Ni siquiera tiene sentido, como señaló el dalái lama.

Hoy te invito a que vuelvas a tu verdadera naturaleza de amistad contigo mismo escribiéndote una carta de amor. No se trata de una redacción rebuscada, así que no lo pienses más. Escribe lo que siempre has deseado que te dijeran. Date perdón, seguridad, afecto. Ya sabes cómo hacerlo, porque en la vida les has hablado a otras personas con bondad amorosa: no es distinto cuando te diriges a ti. Escribe las palabras que le dirías a un amigo querido que estuviera pasando por un mal momento (incluso a un desconocido). Escribe las palabras que les has ofrecido a otras personas queridas que estaban sufriendo. ¿Por qué no tendrías derecho a la misma gracia y amabilidad? ¿Acaso eres diferente a los demás? ¿No tenemos todos la misma necesidad de misericordia y dulzura? Todos queremos practicar la compasión humana universal, ¿verdad? Pero la compasión humana universal que no te incluye, por definición, no es universal. Así que deja el cuchillo que llevas en la garganta y toma una pluma.

SUGERENCIA PARA HOY:

Escribe una carta de amor. Comiénzala con esta pregunta: "Querido amor: ¿qué quieres que sepa hoy?".

Y luego deja que el amor mismo te escriba una carta. Confía en que eres digno de esa compasión y afecto. Y confía, por favor, confía, amigo mío, en que cada palabra de tu carta es verdadera.

Cariño, estoy aquí para ti

Elizabeth Lesser

La gente necesita a la gente. Eso siempre ha sido cierto. También nos exasperamos unos a otros, una verdad eterna. Nos necesitamos los unos a los otros, pero a menudo nos cuesta hacernos presentes de forma significativa. Eso nunca es más evidente que cuando alguien a quien queremos está sufriendo, ya sea por una enfermedad grave, un dolor de cabeza o una angustia. Cuando fui donante de médula ósea de mi hermana Maggie, lo más fácil fue que me extrajeran las células madre (una bonita palabra que utilizan para describir un procedimiento no tan bonito). La parte más difícil fue saber cómo ayudar a Maggie durante uno de los sufrimientos más extremos que jamás había presenciado. Todos hemos pasado por eso, por intentar ayudar a nuestros seres queridos cuando sufren. Y todos hemos sufrido. Y, aun así, no conseguimos ayudar.

Cuando fui la cuidadora de Maggie después del trasplante, tuve un asiento en primera fila en el teatro de cómo-no-ayudar: cuando amigos bienintencionados insistían en el poder curativo de los ayunos a base de jugos, en la increíble clínica de Alemania donde se había curado el primo de fulanito, en que los pensamientos negativos podían haber causado el cáncer, yo veía cómo la cara de Maggie se torcía en una expresión de cansancio, incredulidad y, a veces, ira. Algunas personas ayudaban en exceso, llenando los espacios incómodos con muchísimos consejos, hablando demasiado. Yo lo he hecho; quizá tú también. Y algunos amigos, en su confusión o miedo, no ayudaron lo suficiente. Yo también lo he hecho: no establecer contacto porque no quería decir algo equivocado o entrometerme en la intimidad de alguien. Pero evitar a quien está sufriendo también entra en la categoría de “no ayudar”.

Entonces, ¿cómo ayudar a nuestros seres queridos en sus enfermedades, luchas o en esos tiempos convulsos? Mi consejo favorito viene de Thich Nhat Hanh, el monje zen vietnamita, poeta y activista por la paz que murió en 2022. En todo el mundo, miles de personas se reunían para escuchar a Thich Nhat Hanh, quizá esperando complicadas teorías que desvelaran los secretos de la vida. Pero enseñaba su ser. Era la persona más pacífica que he conocido. En una entrevista, Oprah le preguntó cuál era la mejor forma de ayudar a otra persona y él respondió: "El regalo más preciado que puedes hacer a la persona que amas es tu verdadera presencia. Así que mi mantra es muy sencillo: *Cariño, estoy aquí para ti*".

Resulta que, aunque los artículos de salud, una cadena de comidas, incluso tu médula ósea ayudarán mucho, es la médula de nosotros mismos, nuestra presencia sin adornos, lo que más necesitamos. Cuando pienso en aquellos días oscuros de invierno, después de que Maggie volviera a casa del hospital, sé que lo que más apreciaba eran las horas que pasábamos recostadas en el largo asiento de la ventana de su cocina: ella de un lado, yo del otro, nuestros pies tocándose, y el silencio, el profundo silencio curativo. Y yo repitiendo en voz baja: "*Cariño, estoy aquí para ti*".

SUGERENCIA PARA HOY:

Escribe sobre el don de la presencia. Sobre un momento en el que alguien estuvo ahí para ti. O cuando pudiste estar ahí para alguien. O cuando quisiste hacerlo, pero no supiste cómo; o lo intentaste y no fue bien recibido; o fracasó o te salió el tiro por la culata.

¿Cómo te ha cambiado? ¿Qué has aprendido?

Bendiciones
Mavis Staples

Muchas veces en la vida me encuentro con alguien que no sonríe, no me habla. Me subo a un elevador, le doy los buenos días y esa persona no me responde. Mi hermana Yvonne es distinta a mí. Cuando la gente es grosera o antipática, Yvonne les hace saber: "Sea lo que sea lo que te preocupa, no te desquites conmigo". Pero yo soy diferente. Mantengo una sonrisa en el rostro y pienso: *Está bien. Rezaré una oración por ti.*

Rezaré para que superes eso con lo que estás luchando. Para que encuentres la manera de aligerar el peso o la carga que te agobia. Para que te des cuenta de que, incluso en medio de una gran lucha, hay cosas por las cuales estar agradecidos.

Eso es cierto, sobre todo en tiempos difíciles. Cuando las cosas son complicadas, cuando los problemas parecen abrumadores, es útil ver hacia atrás y considerar todo lo que has superado y lo lejos que has llegado. Es importante volver y recordar tus bendiciones, empezando por el hecho de que te levantaste esta mañana. El sol volvió a salir, y tú también, y aquí estás de nuevo, respirando, a pesar de todo.

Solo reconocer ese hecho como una bendición puede hacerte sentir mejor. Eso espero cuando la gente viene a oírme cantar. Cuando salen de un concierto, quiero que se sientan mejor, que se sientan bien, porque yo me siento bien. También canto para mí.

SUGERENCIA PARA HOY:

Escribe sobre tus bendiciones. Sobre cómo te has levantado hoy, sobre las personas a las que quieres, sobre las canciones que te han levantado el ánimo. Escribe sobre el viento en los árboles, sobre el renacer en primavera o sobre la libertad. Escribe sobre lo que te da vida.

Haciendo todo lo posible

Lena Dunham

Pienso mucho en Brittany Murphy. Seguro pienso en Brittany Murphy más de lo que tú piensas en ella, quizá más de lo que piensa cualquiera que no la conociera. Su muerte a los treinta y dos años en 2009, a causa de una neumonía, anemia y un coctel de medicamentos con y sin receta, me afectó más que las muertes de leyendas del rock o de líderes estatales, incluso de ciertos familiares. Seguí los detalles de manera obsesiva, tratando de reconstruir una historia que tuviera sentido y no destruyera por completo la imagen de Brittany Murphy que había apreciado y llorado durante su vida.

Todo empezó con *Despistados*. Esa película fue un punto de inflexión para mí (y no soy la única); de inmediato y con una claridad que reafirmaba mi alma, decidí que yo era una Tai. Su pecho abultado, su ligero acento de Jersey que ocultaba su aguda inteligencia, su alegría torpe frente a las chicas más elegantes de Beverly Hills era la mejor versión de la adolescencia que podía esperar y, de todos modos, tenía todas las frases asesinas ("Eres una virgen que no puede manejar").

Luego estaba Daisy, la emocionalmente atrofiada amante del pollo asado en *Inocencia interrumpida,* palpitante de frágil rabia. Puede que Angelina ganara el Óscar, pero Brittany me hizo darme cuenta de que todos estamos a un paso del colapso. Me abrió al concepto de vivir sin juzgar, porque nadie es inmune al dolor paralizante.

Y entonces, sin más, se transformó, perdiendo una cantidad alarmante de peso y haciéndose rubia hasta volverse irreconocible. Tuve una extraña sensación de traición (yo era una estudiante gordita de último año de prepa, una Tai) y observé sola en mi habitación cómo ella y su flamante novio nuevo, Ashton Kutcher, presentaban el especial de Año Nuevo de MTV. Las entrevistas la mostraban riendo con alegría mientras él respondía a preguntas sobre su próxima película, *Recién casados,* con un "*Cuz she's so freakin' hot*". (Porque ella es súper sexy). Él la interrumpía. A ella le encantaba.

Ahora puedo imaginarme cómo debió sentirse: la chica gordita y el novio guapo de dibujos animados, los rastros de su antiguo yo reubicados con bordes dentados y labios hinchados y el conocimiento de que era deseada por alguien que era deseado por todo el mundo. Cuando su relación terminó, me inventé una historia para intentar entenderlo: él solo era un bufón y ella demasiado emocional y afinada para alguien con su limitada capacidad para comprender la fragilidad esencial del estado humano. Hubo más romances, rumoreados (Eminem, de quien me atrevería a decir que es un tipo complicado para salir) y confirmados (dos compromisos rotos con tipos detrás de cámaras). Le dolería, pero sería mejor por ello, como todas las mujeres que alguna vez han visto a un hombre alejarse al presenciar por fin su totalidad.

En ese punto, su carrera discurrió entre *thrillers* en los que se exhibían su delicadeza y temblorosa belleza y comedias románticas en las que operaba en algún lugar entre Lucille Ball y Nicollette Sheridan. Tener dos modos, opuestos de manera diametral y que se alimentan entre sí, no me es desconocido: la chica destruida y la adorablemente torpe, la loca y la *loca*. El cisma es un don y una maldición, una habilidad para la ilusión que, al final, crea una profunda sensación de aislamiento.

En 2007 se casó con Simon Monjack, un británico corpulento al que muchos consideraban un estafador. Se mudó a la casa de Hollywood Hills que ella compartía con su madre. Siguió apareciendo en las alfombras rojas, con los ojos vidriosos y pegada a su marido. Sus labios eran aún más grandes. Sus películas no pasaron por el cine y se distribuyeron directo a video.

En diciembre de 2009, se desplomó en el cuarto de baño y murió pocas horas después. Simon Monjack y su madre hicieron el circuito en *talk shows*, y de forma casual, en *Larry King* llamó "*baby*" a su suegra. Insistieron en que Brittany solo tomaba opiáceos durante "esa época del mes" y que tenía pavor a otras drogas debido a un soplo en el corazón. Comía como un cerdo. Había sido feliz. Seis meses después, encontraron muerto a Simon Monjack en la cama que compartían, también de neumonía y anemia. La horripilante poesía de ello apareció en todos los encabezados y, luego, fue olvidada.

Cuando llegué a Hollywood en 2010 estaba tan segura de mí como cualquiera. Sabía cómo me gustaba el cabello (sin peinar), los *jeans* (ajustados) y los hombres (cualquiera dispuesto a besarme). Era una burbujeante fuente de ideas y posaba con los pies hacia adentro o como me lo pidieran. Me sentía afortunada de ser elegida, pero luego, al darme cuenta de lo que estaba en juego, me aterrorizaba fracasar. Una especie de horror sustituyó a una curiosidad arraigada durante mucho tiempo, una alegría perezosa. Conocí a un chico con un departamento minúsculo del que apenas salíamos. Experimenté contando almendras en lugar de comer comidas normales. Al final no pude hacerlo, pero lo único que me protegía era el control que tenía sobre mi trabajo y el amor de algunas personas muy atentas. Podría haberme quedado como un palo, agarrada a alguien que me hizo grandes promesas. Podría haberme apoyado en un personaje perdido e ingenuo. Todos mis errores públicos se produjeron en el ámbito del lenguaje, *lapsus linguae* y torpezas intelectuales, meteduras de pata casuales en un mundo en el que mantener tu mierda bajo control equivale a seguir vivo. Pero también podrían haber sido Ashtons y Eminems y directores de talento que me compraron diamantes gordos. Podría haber convencido al médico de que necesitaba más medicamentos. Lo he hecho antes.

Ojalá pudiera hablar con Brittany Murphy. Ojalá pudiera decirle que la entiendo, que no se rindió hacia el final, sino que lo intentó con todas sus fuerzas. Quizá pensó que evitar la comida le devolvería la sensación de control, que se la arrebataría a su madre o a su marido o a las personas que habían decidido quién era y qué podía ser. Tal vez pensó que los medicamentos acallarían su miedo y le darían una sensación de alegría, de paz, de posibilidad. Tal vez pensó que la fría medicación la pondría en pie de nuevo, de vuelta al escenario, donde pertenecía, actuando como lo había hecho desde niña. Tal vez, solo tal vez, todo cobraría sentido, recordaría por qué vino a Hollywood en primer lugar, y volvería a la cálida caricia de sol que brilla sobre las personas que dan lo mejor de sí.

SUGERENCIA PARA HOY:

Escribe sobre un personaje público que te haya fascinado durante mucho tiempo, aunque nunca lo hayas conocido personalmente. ¿Qué fue lo primero que te atrajo y por qué? ¿Cómo ha evolucionado esa fascinación? ¿Qué te dice sobre ti?

La forma del adiós

LaTonya Yvette

Mi madre era terrible para las despedidas. La apodaban Cabeza de Agua, porque siempre lloraba, la piel se le enrojecía, le saltaba una vena gruesa y verde en la frente y exponía su tendencia a lloriquear de una forma sincera y risible. Tuvo que decir más despedidas de las que yo podía contar, debido a una letanía de historias complejas. A mí también se me dan fatal las despedidas. Si lo hago mejor que mi madre, es porque ella se enfrentó y soportó lo inimaginable, facilitándome un poco el camino.

Para los amigos y familiares que me conocen bien, no digo palabras cuando me despido, los miro y mis ojos dicen: *Bien, voy a correr y hacer que esto sea lo menos doloroso posible.* Las despedidas, supongo, se hacen más fáciles dentro de las generaciones, porque los que vinieron antes despejaron el camino. En fechas recientes he pensado en ellas en el contexto de nuestras vidas y en la interrelación entre nuestros traumas, las personas y las cosas de las que debemos despedirnos. Como mi padre, que viajó de Colón, Panamá, a Nueva York en los años setenta. Emigró con su madre, justo detrás de su padre, y se despidió de las costumbres, el idioma y la familiaridad. Me pregunto cómo han llegado hasta mí esas despedidas, más todas las de mi madre.

Hace catorce años, en septiembre, mi padre se fue. Cada septiembre, antes de darme cuenta de la época del año, paso dos semanas enteras sintiéndome extranjera, preguntándome por qué la planta de mis pies parece haber cedido mientras camino por el cemento de Nueva York, que una vez se convirtió en su santuario adoptivo. Catorce años de lamentar una "no despedida" y buscando a través de lo queda de él y sus decisiones, en algún lugar dentro de mí.

Mientras meditaba esta mañana, recé por la larga cadena de despedidas que pedí a mi cuerpo que asimilara: las que no fueron rápidas; las que no necesitaban palabras; las que requerían más lenguaje, más claridad, más sentimiento; las que debieron suceder, pero no sucedieron; las que ocurrieron pero la pesadez se multiplicó en su falta. Sí, catorce años desde que murió mi padre. Siete años desde que empecé la terapia. Y treinta y siete días desde que llegué a la conclusión de que todas esas viejas despedidas pueden esparcir su polvo sobre nuevas. Todo vuelve a lo mismo: las despedidas son difíciles.

Cuando Serena Williams anunció que se retiraba del tenis, nos lo hizo saber de la forma más sencilla posible: con una foto de portada de la revista *Vogue* en la que luce su hermosa figura en una playa, con un vestido azul cielo de Balenciaga. Al principio, solo se percibe la figura de Serena, el entorno y una rara sensación similar a alcanzar las puertas perladas del Cielo. Es la libertad y la fuerza personificadas. Cuando tu mirada se desvía hacia la derecha, ves a Olympia, su hija de cinco años, y a su marido, Alexis Ohanian. De repente, la despedida parece diferente. Es la metamorfosis de una despedida compleja: reticencia y tristeza, pero también alegría.

Las despedidas son evolución y transición, dijo Serena (palabras que yo también he dicho). Lo que sigue siendo cierto para todos nosotros es la importancia de cómo nos despedimos. Las palabras que usamos para despedirnos. Cómo cuidamos a los demás cuando lo hacemos.

Tal vez, lo más importante sea cómo las despedidas dejan espacio para algo nuevo.

SUGERENCIA PARA HOY:

Escribe una despedida que te gustaría haber dicho, o que necesitas decir.

Escucha

Esther Perel

Desde el principio, los padres occidentales dicen a sus hijos: "Usa tus palabras". La norma actual hace hincapié en la comunicación directa y en la capacidad de articular con claridad las necesidades propias como paso esencial para fomentar la confianza y la autoestima. Nos esforzamos por animarnos unos a otros a ser asertivos (¡Habla! ¡Comunícate! ¡Defiéndete! ¡Grítalo a los cuatro vientos!), pero no damos la misma prioridad a la escucha.

La escucha atenta vive en el flujo y reflujo de los límites, lo junto y lo separado. Es un delicado equilibrio entre recibir y corresponder: recibir información y poner atención y cuidado. En una conversación, a menudo descubrimos que la manera en que hablamos determina la respuesta que recibimos. También es cierto que la forma en que escuchamos determina la manera en que hablará la otra persona.

Pensemos en el antiguo acertijo: "Si un árbol cae en el bosque y nadie lo oye, ¿hace ruido?". Es un enigma que nos lleva por múltiples caminos filosóficos relacionados con la permanencia de los objetos y el impulso humano de centrar nuestras experiencias. Si no lo percibo, ¿deja de existir? Por supuesto que no. A diferencia de la mayoría de los enigmas, este tiene una resolución fácil y obvia. Entonces, ¿por qué ha perdurado tanto tiempo? ¿Por qué seguimos planteándonos esa pregunta?

Es porque ese pequeño enigma inspirado en la naturaleza no se trata de la respuesta. Dentro de la pregunta, hay un comentario conmovedor sobre las relaciones y la reciprocidad necesaria para estar en una. El árbol no solo hace ruido, sino que sacude la tierra. Y cómo respondemos a esas vibraciones forma la experiencia para el árbol y el humano. ¿Se taló? ¿Estaba sano? ¿Estaba muriendo? ¿Aplastó algo? ¿Hay que retirar los escombros para dar paso a un nuevo crecimiento o hay que dejarlo en paz? ¿Y qué tiene que ver todo eso con la capacidad de escuchar en las relaciones?

Sin importar el tipo de relación (romántica, platónica, familiar o colegial), demostrar de forma activa que estamos escuchando a la otra persona valida su experiencia y su vulnerabilidad. No basta con decir: "Te escucho". Tanto si estamos compartiendo una historia, una queja, un recuerdo doloroso, una necesidad, incluso un deseo, nada nos hace sentir conectados de manera más profunda que cuando estamos comprometidos en un sano equilibrio entre hablar de forma reflexiva y escuchar con atención. A menudo nos centramos en la relación entre "yo" y "eso". Escuchar enfatiza la relación entre "yo" y tú". Uno ("eso") es inanimado. El otro ("tú") está vivo e invita a dos sujetos a dialogar.

SUGERENCIA PARA HOY:

Escribe sobre la última vez que sentiste que alguien te escuchaba de verdad. ¿Qué sentiste de forma emocional, física y energética?

Habito en la posibilidad

Rhonda Willers

Hace muchos años le hice a un niño de cinco años una pregunta muy mundana: "¿Cuál es tu color favorito?".

Soy artista y es uno de mis trucos para romper el hielo con los niños. Siempre da pie a la conversación y a partir de ahí empezamos a hablar de arte. Pero la respuesta profundamente sabia de este niño se me quedó grabada: "Me gustan todos los colores, incluso los que aún no conozco".

La idea de apreciar las posibilidades desconocidas me llena de la mayor alegría. Me recuerda cuando conocí a mi sobrino, a las pocas horas de nacer, y a cuando di a luz a mis hijos. Sentí un amor instantáneo y profundo. Recuerdo que pensé: *Te quiero y ni te conozco*. Muchas veces experimento ese tipo de emoción instantánea, alegría, incluso amor cuando trabajo en mi estudio de arte. El momento de la creación es tan delicioso que me encuentro riendo de pura felicidad.

Emily Dickinson escribió: "Habito en la posibilidad". Cuando pensamos en nuestro futuro, ¿cuáles podrían ser nuestras posibilidades desconocidas de alegría? Sé con certeza que conoceré a más personas a las que amaré al instante. Me cautivará tanto una futura idea creativa que necesitaré dejarlo todo y empezar de inmediato. Veré la magia en una mañana de niebla y me encantará ese momento, aunque aún no ha sucedido.

SUGERENCIA PARA HOY:

Considera todas las posibilidades desconocidas para la alegría. ¿Qué te emocionará? ¿Qué podría encantarte que aún no conozcas? ¿De qué estás seguro de que hay más?

El micelio humano

Fernando Murillo

El 10 de noviembre de 2020, Gavin Newsom, gobernador de California, me concedió el indulto. Diez días más tarde, salí de la cárcel como un hombre de cuarenta y un años tras haber entrado a cadena perpetua a los dieciséis. En esos veinticuatro años de encarcelamiento, nunca vi los árboles de cerca.

Desde que me liberaron, disfruto haciendo senderismo y pasando tiempo con los árboles. En California hay árboles grandes y hermosos: secuoyas, eucaliptos, robles, por nombrar algunos. Me quedo mirándolos. Me asombra toda la vida que albergan esos hermosos árboles: bichos, pájaros, roedores y también personas, la humanidad. Pero lo que de verdad me asombra es lo que no podemos ver: el micelio, esa red fúngica subterránea que sustenta y mejora la vida. Los árboles no viven ni funcionan por sí solos. Prosperan y florecen gracias a esa red invisible que hay bajo nuestros pies.

Mientras contemplo los árboles, pienso en cómo, cuando estaba encerrado en la celda de contención de Pelican Bay, cerraba los ojos y volvía a conectar con los recuerdos de amigos y familiares. En mi mente, volvía a conectar con la humanidad para mantenerme vivo.

La naturaleza es tan hermosa. Pienso en el parque Tilden de Berkeley y en todos sus árboles, en cómo suenan cuando los atraviesa el viento. Nuestra disposición humana natural es ser sociables. Nos necesitamos unos a otros. Estos hermosos árboles que he tenido el privilegio de ver, tocar, oler, escuchar, me enseñan una lección inestimable: somos mucho más que una persona individual y funcional. Somos micelio, una red que crea y sostiene la vida y el crecimiento. No estamos solos; no, estamos muy conectados.

Ahora que soy un hombre libre, pongo mucha atención a nuestra madre (la Tierra); tiene mucho que enseñarme sobre mi lugar aquí y sobre cómo puedo marcar la diferencia. Espero que con esas experiencias compartidas podamos seguir siendo ese micelio humano que gravita hacia el crecimiento, la esperanza y las relaciones significativas.

SUGERENCIA PARA HOY:

¿Cuál es la red invisible que te ayuda a prosperar y florecer? ¿Quién forma tu micelio humano?

La que da regalos

Beth Kephart

Mi madre creía en los cumpleaños. Un pastel, dos pasteles, tres (algunos altos y otros cuadrados, algunos con monedas cubiertas con papel encerado deslizadas entre las capas). Creía en los globos, los listones y, durante un tiempo, cuando sus tres hijos eran pequeños, creía en acompañar el gran día con algo esponjoso y hecho a mano, algo que había elaborado quién sabe a qué hora en su confiable Singer.

Mi esponjoso Humpty Dumpty estaba (según la leyenda) encima del pastel (¿tenía yo tres o cuatro años?), aunque seguro había algo de papel para emplayar o de aluminio entre su trasero en forma de huevo y el glaseado, porque ahí, en ese único lugar, no hay manchas que lo delaten. Las manchas, la suciedad, los años, están por todas partes (marcas de agua y costuras rotas, una sonrisa que perdió un pedazo de labio, una cinta perdida en el tobillo). Hoy, ese andrajoso Humpty ocupa su lugar de honor en un viejo carro de madera traído de la infancia de mi marido en El Salvador. Humpty no va a ninguna parte en su carro.

Con el paso de los años, intenté igualar el regalo de mi madre: encontrar, en tiendas de recuerdos, Humpties lo suficientemente intrincados e interesantes como para sorprenderla, quiero decir complecerla. A lo largo de décadas, solo encontré cuatro Humpties elaborados de forma ingeniosa que compré, envolví y le regalé; nunca importó cuándo ni en qué estación. Cuando falleció, me llevé sus Humpties a casa.

Mi madre murió hace diecisiete años. Las fotografías no me la recuerdan de forma tan vívida como la pequeña colección de Humpties (esos huevos en distintas fases). En fechas recientes, extrañando a mi madre, superando todas las complicaciones que definieron nuestra relación, he reflexionado sobre Humpty, ese humilde personaje de canción infantil que, falible y destrozado, no podía recomponerse. Ni por los caballos del rey. Ni por los hombres del rey.

Pienso en cómo mi madre debió pasar horas cosiendo su Humpty para mí. Pienso en las horas que pasé buscando Humpties para ella. Pienso en cómo al final todo se rompe, pero cómo el primer deseo del amor es hacer que lo roto vuelva a estar completo.

SUGERENCIA PARA HOY:

Escribe sobre un regalo que hayas recibido y que, de algún modo, haya definido tu relación con otra persona. ¿Dónde está ahora ese regalo (o adónde se fue)? ¿Qué te dice sobre en quién te has convertido?

Carta a una desconocida

Jennifer Leventhal

Querida madre en la sala de espera del Centro Oncológico Memorial Sloan Kettering:

Llevo más de un año pensando en ti y en tu hijo. Estábamos sentadas en sofás una frente a la otra, yo con la cabeza calva de mi hija adulta apoyada en mi hombro mientras daba unos mordiscos a su sándwich de huevo y aguacate. Tú con la cabeza rizada de tu hijo adolescente en el regazo mientras dormía.

Sonreíste con timidez, te inclinaste hacia mí y susurraste:

—¿Dónde encontraste ese desayuno? No consigo que coma nada.

De repente, me sentí validada, como si algunas de las cosas que había aprendido durante los últimos dos insoportables años pudieran ser útiles para otra persona.

—Eggstravaganza —susurré con demasiada emoción—. Es un camión de comida para desayunar que está a dos calles, junto a la iglesia de San Bartolomé, en Park Avenue.

—¿Es caro? —me susurraste.

Tuve que controlarme antes de responder. Era un sándwich de huevo, pero habría pagado lo que fuera con tal de alimentar y dar unos minutos de placer a mi frágil hija.

—Tengo uno extra en la bolsa y no quiero que se desperdicie. Por favor, tómalo.

—Que Dios te bendiga, muchas gracias —murmuraste mientras tomabas el almuerzo y posabas los ojos en la alfombra.

Aparté la mirada e intenté no escuchar cuando una trabajadora social vino y se sentó a tu lado, pero fue imposible. La oí preguntar si tenías problemas para llegar al hospital sin coche y, luego, sugerir el programa Access-a-Ride. Dijo que te había sacado una cita con la Oficina de Asistencia Financiera, que podía ayudar a las familias que no tenían seguro. Eché un vistazo a tu hijo dormido, alto y larguirucho, pero con cara de niño, y me avergoncé de todas las veces que había sentido lástima por nuestra familia durante la interminable guerra contra el cáncer.

Era, y sigue siendo, inconcebible para mí que tuvieras que enfrentarte a una batalla tan insuperable sin los recursos que yo daba por sentados. Quería abrazarte y decirte tres cosas: que estabas haciendo todo lo posible por tu hijo, que estabas en el mejor lugar posible para cuidarlo y que todo saldría bien. Pero me quedé inmóvil, incapaz de darte consuelo. Sabía que las dos primeras eran ciertas, pero no la tercera. Nadie de los que estábamos sentados en aquella sala de espera, ese club al que nadie quiso unirse nunca, podía saber si todo saldría bien.

SUGERENCIA PARA HOY:

Escribe una carta a un desconocido: alguien imaginario, a quien conociste una vez o solo conoces de lejos. Cuéntale cualquier cosa: cuándo lo viste por primera vez y qué ha pasado desde entonces; cómo te gustaría que empezara o acabara el día; qué te ronda por la cabeza; escríbele una historia sobre un momento en el que algo difícil te llevó a un lugar inesperado, interesante, incluso maravilloso. Di lo quieras, lo que creas que necesita oír.

Capítulo 6

SOBRE EL CUERPO

Nuestra cultura dice que el cuerpo es un problema a resolver. La juventud, la delgadez y el resplandor son el ideal y, para conseguirlo, basta con tomar ese suplemento, llevar esa faja o usar esa crema facial milagrosa. Día tras día, año tras año, perseguimos ese estado perfecto de ser. El cuerpo debe ser manipulado, mantenido y mejorado de forma constante.

Pero en algún momento, la vida se entromete, desenmascarando la ilusión que nos venden los complejos industriales de la belleza y el bienestar. Mi liberación comenzó a finales del verano de 2011. Estaba de vuelta en mi ciudad natal tras dos meses en el hospital, más enferma que nunca. Para anticipar el inicio de un ensayo clínico, los médicos me enviaron a casa para descansar y recuperarme, para agarrar fuerzas.

Volver a la antigua vida en mi ciudad natal fue vertiginoso. Estaba tan cambiada de forma física (calva, sin cejas ni pestañas, mi saludable talla seis se había reducido a una doble cero) que cuando caminaba por la calle, la gente se me quedaba mirando. Pero deseaba con desesperación aferrarme a mi esencia, a la joven "normal" que había sido meses antes. Así que un día hice un esfuerzo especial para estar guapa. Aquella mañana, húmeda y calurosa, me dejé la calva al descubierto, me puse un vestido de verano, me maquillé y fui a mi lugar favorito de la infancia, la biblioteca pública. Me sentía bien hasta que, al salir del baño, una niña me señaló con el dedo y gritó.

Su madre, que estaba junto a ella, se sintió mortificada, y yo me quedé estupefacta e inquieta, por supuesto. Pero no culpé a la niña. Sabía que era una reacción sincera, quizá la misma que sentían todos los adultos que me rodeaban, solo que habían aprendido que no era apropiado señalar y gritar. En el hospital, observé cómo me transformaba, cómo mi piel se volvía translúcida y se manchaba con moretones y vasos sanguíneos rotos por el bajo recuento de plaquetas. Cuando se me caía el cabello, con obsesión me pasaba las manos por el cuero cabelludo y me quedaba mirando los mechones sin vida entre los dedos. Sabía cómo me veía: como algo monstruoso. Pero el grito de la niña fue la primera vez que me di cuenta de que los demás también lo veían.

Cuando salí después de aquello, me puse una peluca, oscura, gruesa y ondulada, muy parecida al pelo que había perdido. Me la puse cuando mi familia y yo fuimos a ver el New York City Ballet en el Saratoga Performing Arts Center, un anfiteatro al aire libre situado al borde de nuestro extenso parque estatal. Aquel día hacía un calor sofocante y, al poco de empezar el espectáculo, empecé a sentirme mal. Intenté respirar hondo para superar las náuseas, pero pronto me di cuenta de que no podía. Fui volando al baño, aunque no lo bastante rápido como para entrar en una cabina. En lugar de eso, vomité en un bote de basura.

Mientras lo hacía, un grupo de mujeres jóvenes que se arreglaban en los espejos empezaron a reírse. Era claro que pensaban que había bebido demasiado alcohol. Me apoyé en la pared, con el cuero cabelludo picándome, el sudor goteándome bajo la peluca, por la cara y el cuello, y sentí una oleada de rabia. Quería mandarlas a la mierda. En lugar de eso, me arranqué la peluca de la cabeza y sus risitas cesaron de inmediato. Nunca volví a ponerme esa peluca.

En las semanas siguientes me empezó a crecer el pelo en mechones suaves como el plumaje de un patito; también las pestañas y las cejas. Me puse más fuerte y los médicos programaron el trasplante de médula ósea. Pronto volvería a perder el pelo. Pero en lugar de sentirme traumatizada por la transformación o intentar esconderlo de las miradas de los extraños, decidí utilizarlo como una invitación para probar peinados salvajes que nunca me habría atrevido. Primero me lo decoloré, aunque lo hice yo misma, lo cual es un error de novata si tienes el cabello oscuro y no sabes de tintes. Salió del color naranja más brillante que jamás hayas visto, así que fui a un salón de belleza del centro comercial, donde hice que el estilista me lo tiñera de oscuro otra vez y me afeitara los lados para hacerme una cresta. Luego fui a Magic Moon, la tienda hippie de Saratoga que vende cristales, libros de hechizos Wiccan, pachulí, pantalones de paracaídas, y compré un tinte de pelo Manic Panic en un tono llamado bruma púrpura. Llevé un peinado punk-rock durante las siguientes semanas.

Unos días antes de que me ingresaran en el hospital para el trasplante, fui a Astor Place Hairstylists, una emblemática barbería del East Village. Planeaba cortarme el pelo como medida preventiva contra la quimioterapia de inducción, que me dejaría tan calva y sin cejas como antes. Mi barbero sugirió ir un paso más allá y hacerme tatuajes en el pelo. Con su navaja de afeitar, empezó a esculpir espirales en pelo rapado. Las espirales serpenteaban como enredaderas desde la sien hasta la nuca.

Nunca me había sentido tan guapa como cuando salí de aquella peluquería y, unos días después, entré en la unidad de trasplante de médula ósea. No buscaba mi yo del pasado, ni intentaba tener el aspecto que tenía antes. En lugar de evitar u ocultar mi nueva realidad, la acepté y la hice mía.

Es una lección que tendría que aprender una y otra vez. Siempre me habían elogiado el cabello, las cejas pobladas y las pestañas. Eran parte importante de mi identidad, feminidad y sexualidad. Cuando me volvió a crecer el pelo, nunca fue igual, ni tan espeso ni tan brillante, y me costó aceptarlo, porque me veía imperfecta, menos atractiva. Cuando nuestro aspecto no coincide con las nociones idealizadas, es fácil caer en los binarios. Igual que hacemos con la salud y la enfermedad, igual que con la alegría y la tristeza, clasificamos las partes de nuestro cuerpo, nuestros rasgos y todo nuestro ser en "bello" y "feo".

Pero estas categorías no son verdades objetivas; de hecho, de manera objetiva no son nada, algo de lo que la poeta Lucy Grealy habló de forma muy elocuente en sus memorias, *Autobiografía de un rostro*. El libro relata su experiencia con el sarcoma de Ewing en la infancia y los efectos desfiguradores del tratamiento que le quitó la mitad de la mandíbula. "Las cosas por las que pasé eran tan desproporcionadas que, de un modo extraño, me permitieron ver más allá", dijo en una entrevista. Podía cuestionar los mensajes sociales sobre la belleza de una forma que no habría sido posible si no hubiera enfermado, si no se hubiera sentido tan fuera de los cánones de belleza. Le proporcionó una especie de distancia psicológica que le permitió reflexionar: *Un momento, tengo mis reservas sobre esto*. Fue un paso enorme ganar esa distancia, la cual le permitió fijarse en etiquetas como bello o feo. "Son etiquetas", dijo Grealy. "No son cosas reales".

Eso no quiere decir que los cambios corporales que se producen, ya sea por una enfermedad, un accidente o la edad, no sean difíciles de superar, sobre todo cuando son poco superficiales o, al menos, más complejos. Uno de los cambios con los que tuve que luchar tras el tratamiento fue la infertilidad inducida por la quimioterapia y la menopausia precoz, de las que mi equipo médico no me había advertido. Nadie me había explicado todas las repercusiones del tratamiento oncológico en mi salud sexual y reproductiva. No me comentaron que podía beneficiarme de la orientación durante este proceso, a pesar de que el hospital tenía una clínica de salud sexual. De hecho, me enteré de que existía *después* de escribir en mi columna del *New York Times* sobre la conmoción que me produjo la menopausia a los veinticuatro años, cuando alguien que trabajaba en la clínica me alcanzó y dijo que debería pasar a saludarlos.

Así que me enfrenté a la menopausia con un vacío de información. Fue desconcertante y difícil, de manera física y psicológica. Tenía todos los síntomas, empezando por los bochornos. Me despertaba en mitad de la noche empapada en sudor, me quitaba las sábanas y corría al baño para sumergir la cabeza bajo un chorro de agua fría.

Pero como escribe Mary Ruefle en "Pause" [Pausa], su ensayo lírico sobre este cambio de vida: "Se oye hablar mucho de los sofocos, pero son lo de menos, totalmente intrascendentes en todos los sentidos: te calientas como una plancha de vapor en momentos raros, ¿y qué? Los medios de comunicación te quieren hacer creer que los bochornos son el síntoma más significativo hacia el que debes dirigir tu atención y los negocios de sus productos, pero cuando pienso en la menopausia no pienso en sofocos; no estoy aquí para hablar de bochornos".

En su lugar, Ruefle habla de su diario de llantos en el que registraba cada vez que lloraba en abril de 1998. Una muestra de tres días: "Jueves Cx1, Viernes Cx1 *muy mal,* Sábado Cx4 *muy mal*". [La "C" representa la palabra *cried*, que en inglés significa 'lloré']. Habla de cómo la menopausia te hace querer cambiar de vida: emprender una causa desesperada, dejar a tu pareja, irte a Canadá, vender tus posesiones más preciadas. "Por tus venas corre una especie de sangre de bosque salvaje", escribe.

Leí ese ensayo cuando llevaba un año fuera de tratamiento, más o menos en la época en que puse mi vida patas arriba con aquel viaje en solitario de veinticinco mil kilómetros a través del país como conductora novata. Me reí y sentí un destello de reconocimiento y un intenso alivio. Las palabras de Ruefle me ayudaron a comprender que las cosas que había experimentado no eran defectos personales, sino una experiencia común y compartida, lo cual fue un paso crucial para hacer las paces con los cambios de mi mente y cuerpo.

Quizá aún más importante fue hablar de esos cambios con los amigos. La primera vez que ocurrió fue en una conferencia para jóvenes adultos con cáncer. Asistí con varios de mis compañeros y, una noche, en la habitación del hotel, salió el tema del sexo. Uno a uno compartimos nuestras experiencias: lo sensibles que estaban nuestros cuerpos, cómo la quimioterapia y la radiación habían dificultado, incluso hecho dolorosas las relaciones sexuales, lo complicado que se sentía todo desde que empezamos el tratamiento.

Hasta entonces, no había hablado de eso con nadie. Estaba tan aislada, tan avergonzada. No solo había perdido las cosas que el mundo consideraba bellas (mi cabello, mis curvas), sino que mi cuerpo estaba enfermo y estéril. No solo me sentía indeseable, sino que me sentía menos mujer. Pero hablar de eso fue como si la luz del sol entrara en una habitación oscura y me revelara que no estaba sola, sino rodeada de otros seres humanos en circunstancias similares. Escuchar a mi amiga Melissa, a la que yo consideraba la mujer más hermosa del mundo y, desde luego, no menos deseable por lo que había pasado, decir que ella sentía lo mismo, me ayudó a ver que la historia que me había estado contando a mí era una ficción.

La relación con el cuerpo, como tantas otras cosas, evoluciona de manera constante. Conforme pasa el tiempo, se nos presentan innumerables oportunidades de profundizar en la práctica de la aceptación, de evitar el pensamiento binario de bello y feo. Tras mi segundo trasplante de médula ósea, se me presentaron varias oportunidades, una de ellas fue sufrir una complicación llamada enfermedad de injerto contra huésped y tuve que tomar esteroides durante varios meses. En vez de perder dieciocho kilos como en el primer trasplante, engordé treinta y durante un tiempo no pude reconocerme. Evitaba los espejos y la ropa con cierres. Sentía que mi cuerpo no me pertenecía.

Disociarme del cuerpo es un reflejo conocido. Ha sido una herramienta de supervivencia útil para mí en muchos momentos, en especial cuando sentí un gran dolor físico. Me permitió disfrutar tiempo con amigos, viajar, reír para escapar de una realidad corporal que a veces me resultaba insoportable. Aunque mi cuerpo se sentía fatal, mi mente no tenía por qué hacerlo. Pero la disociación no es una estrategia saludable a largo plazo. A menudo pensamos que la mente y el cuerpo son entidades separadas (un dualismo tentador, pero con consecuencias). Cuando estaba más enferma, me enojaba con mi cuerpo porque me quitaba y no me daba. Pensaba: *Ya estás ocupando mucho espacio*. Cuanto mayor era la brecha entre mi mente y mi cuerpo, más quería cortar por lo sano, ignorar por completo mi cuerpo y su interminable lista de necesidades. Comer bien, hacer ejercicio, invertir en un nuevo guardarropa que me quedara bien, requeriría trabajo, energía que no tenía en mí. No quería gastar más dinero, atención ni tiempo. Cuidar el cuerpo me parecía un desperdicio de mi ya limitada energía. Pensaba: *Ya me siento fatal. ¿Para qué intentarlo?*

Por aquel entonces conocí el trabajo del psiquiatra Phil Stutz, creador de "Las Herramientas", técnicas sencillas que ayudan a salvar la distancia entre la percepción y la acción. Una de ellas consiste en alimentar la fuerza vital, que es la parte de uno mismo que puede guiarnos cuando estamos perdidos. Según Stutz, hay tres niveles de fuerza vital, dispuestos en forma de pirámide. El nivel inferior, es decir, la base, es la relación con el cuerpo físico. Encima está la relación con los demás. El nivel más alto es la relación contigo.

Eso me pareció interesante por un par de razones. La primera era que, desde que volví a enfermar, mi pirámide se había invertido. Me había centrado en intentar salir adelante de forma emocional y en mis relaciones con los demás, pero había descuidado mi cuerpo por completo. La segunda fue la idea de que no necesitaba cambiar mi cuerpo, sino mi relación con él. Me di cuenta de que debía cuidarlo, me refiero a lo esencial, como dormir lo suficiente y comer alimentos buenos y nutritivos, no para alcanzar un número en la báscula o verme de cierta manera en el espejo, sino por mi bienestar general.

Así que empecé a buscar formas sencillas de sentirme bien, de recordar el placer, como una manera de reconciliar mi cuerpo y mi mente. Empecé a lavarme la cara todas las mañanas y a aplicarme un aceite facial aromático, no solo lo aplicaba, sino que hacía de ello un verdadero ritual. Luego me peinaba la pelusa provocada por la quimioterapia y me aplicaba bálsamo labial. Cuidar mi cuerpo de una forma que iba más allá de cepillarme los dientes y tomar las medicinas se sintió como un pequeño acto de amor.

Esas lecciones de aceptación e integración fueron cruciales para hacer las paces con los cambios del cuerpo. Pero alrededor de un año después del segundo trasplante, me di cuenta de que era posible ir un paso más allá y no solo aceptar los cambios, sino encontrar la belleza en ellos. Viajé a la Ciudad de México con mi marido: él iba a grabar un video musical y yo iba a ver a Frida Kahlo, a quien admiraba desde hacía mucho tiempo. Cuando era adolescente, también tenía una sola ceja y una sombra en el labio superior, y hasta que vi la película sobre su vida, lo único que deseaba era decolorarlas, depilarlas y borrarlas hasta el olvido. Pero Frida hizo lo contrario y celebró lo que podría haberse considerado "imperfecciones", desde su uniceja y su bigote hasta sus dolencias físicas, las secuelas de un ataque de poliomielitis en la infancia, agravado por un terrible accidente de tranvía a los dieciocho años.

En la Casa Azul, su casa convertida en museo, hay una exposición dedicada a su ropa: un pequeño edificio lateral lleno de coloridos vestidos, prendas tradicionales mexicanas, batas de hospital salpicadas de pintura, fajas ortopédicas y corsés de escayola. Hay una bota alta roja con cordones; es para el pie derecho, que hacia el final de la vida de Frida tuvo que ser amputado. En la puntera hay un trozo de seda verde bordado con flores moradas y un dragón amarillo. En los cordones lleva atada una campanilla de plata, de modo que, a cada paso, su pie amputado cantaba como una canción. Parecía un acto tan radical: en lugar de intentar ocultar su discapacidad estaba llamando la atención sobre ella, convirtiéndola en un objeto de arte. De nuevo esa lección: lo que otros querrían ocultar u oscurecer, ella lo celebraba. "Todo puede tener belleza", decía Kahlo, "incluso el peor horror".

Un par de meses después de mi segundo trasplante de médula ósea estaba sentada en el porche de mi casa. Estaba más calva que nunca y sin cejas ni pestañas. Oí el clic del pestillo de la puerta del nuevo vecino y salió una niña (la hija del vecino, supuse). Todavía no nos conocíamos y me preguntaba qué pensaría. Nos miramos a los ojos y le dije: "¡Hola!", a lo que ella respondió lo mismo. Cuando se retiró a la casa, me pregunté si mi apariencia la habría asustado. Más tarde, su madre me dijo que había entrado y había preguntado: "¿Quién es la princesa tan poderosa de al lado?".

No pude evitar compararlo con aquel día, una década antes, en la biblioteca. Puede que la hija de mi vecino sea una niña genial. Tal vez creció en Nueva York y ve cosas mucho más raras todo el tiempo. Pero creo que parte de la razón por la que reaccionó de manera tan cómoda fue la forma en que me comporté. Estaba relajada. Me sentía cómoda. Estaba confiada. Había hecho las paces con mi calvicie y, más importante aún, había llegado a quererla, incluso a celebrarla.

En las páginas que siguen, encontrarás el cuerpo en muchas formas. Que estos diez ensayos te ayuden a aceptar tu cuerpo tal y como es. Que refuercen la conexión entre tu cuerpo y tu mente. Y que te lleven a celebrar lo corpóreo en todas sus gloriosas y variadas formas.

Entra en tu cuerpo

Ruthie Lindsey

Anduve disociada de mi cuerpo la mayor parte de mi vida. Cuando estaba en el último año de prepa, me atropelló una ambulancia que iba a sesenta y cinco kilómetros por hora. Se me rompieron dos cervicales (las vértebras superiores del cuello). Después del accidente, todo lo que mi cuerpo debía hacer lo hacía alguien o algo más. Una máquina respiraba por mí. Las enfermeras me diluían la sangre con pequeñas inyecciones en la panza. Era un robot con piel.

Casi una década después, sufrí un dolor debilitante. Al final supe que el alambre usado para reparar mi lesión medular se había roto y me había perforado el tronco encefálico. Pasé varios años postrada en cama, dependiente de los analgésicos. Disocié la mente del cuerpo. Mi dolor físico y mental era demasiado fuerte, demasiado grande. Pensé que me tragaría entera.

Pero a medida que la vida se desenredaba, me di cuenta de que necesitaba aprender a volver a mi cuerpo. Necesitaba volver a aprender la alegría, cambiar la morfina por pequeños momentos de belleza: una puesta de sol, un campo de flores silvestres. Ha sido el acto más duro, hermoso y curativo de amor propio. Y sé que no soy la única. Muchos de nosotros andamos por ahí disociados a causa de traumas. Para muchos de nosotros, nuestros pequeños y dulces sistemas nerviosos se sienten disparados, ya sea por los efectos agravantes del dolor físico, el duelo no atendido o los cambios vertiginosos del mundo que nos rodea. Una forma sencilla de calmarnos es respirar profundo.

SUGERENCIA PARA HOY:

Respira profundo varias veces. Conéctate con tu cuerpo. Mantén la atención en el esternón y las manos. Las piernas y los pies. ¿Dónde sientes la electricidad? ¿Sientes calor o frío? ¿Cómo está tu corazón? Si experimentas una emoción, ¿dónde se manifiesta en el cuerpo? ¿Cómo es la sensación? ¿Hay un color, una forma o una temperatura? ¿Qué tan grande es?

Entra en tu cuerpo todo lo que puedas y luego escribe sobre la experiencia: lo que notaste, sentiste, encontraste y aprendiste.

Hacerse un ovillo

Alain de Botton

Nos causamos mucho dolor a nosotros mismos fingiendo ser adultos competentes, omniscientes y hábiles mucho después de que, idealmente, deberíamos haber pedido ayuda. Sufrimos un amargo rechazo amoroso, pero nos decimos (y a nuestros conocidos) que nunca nos importó. Oímos rumores hirientes sobre nosotros, pero nos negamos a rebajarnos al nivel de los adversarios. Descubrimos que no podemos dormir por la noche y que estamos agotados y ansiosos durante el día, pero seguimos insistiendo en que hacer espacio para descansar es solo para los débiles.

Todos venimos originalmente de un espacio muy reducido, parecido a una pelota. Durante los primeros nueve meses de nuestra existencia, estuvimos hechos un ovillo, con la cabeza en las rodillas, protegidos por la posición de nuestras extremidades de un mundo más peligroso y frío que nos rodeaba. En los primeros años, sabíamos muy bien cómo recuperar esa posición fetal cuando las cosas se ponían difíciles. Si se burlaban de nosotros en el patio de recreo o nos malinterpretaba un padre irritable, era instintivo subir a la habitación y adoptar la posición fetal hasta que las cosas volvían a ser más llevaderas. Solo más tarde, en la adolescencia, algunos perdimos de vista ese valioso ejercicio de regresión y, entonces, perdimos la oportunidad de cuidarnos y recuperarnos.

Las ideas dominantes sobre lo que cabe esperar de un adulto sabio y maduro tienden a carecer de realismo. Aunque por fuera tengamos veintiocho o cuarenta y siete años, de manera inevitable, en el interior, seguimos llevando a un niño para el que un día de trabajo será agotador de manera insostenible; un niño incapaz de calmarse con facilidad después de un insulto; un niño que necesitará que lo calmen y reafirmen tras cada pequeño rechazo; que querrá llorar sin saber muy bien por qué y que, con bastante regularidad, necesitará que lo "abracen" hasta que se le pasen los sollozos.

Un signo de la sabiduría suprema de los niños pequeños es que no tienen vergüenza ni reparo en ponerse a llorar. Tienen un sentido más consciente y menos orgulloso de su lugar en el mundo que un adulto normal: saben que son seres muy pequeños en un mundo hostil e impredecible; que no pueden controlar gran parte de lo que ocurre a su alrededor; que su capacidad de comprensión es limitada; y que hay mucho por lo que sentirse angustiado, melancólico y confuso.

A medida que envejecemos, aprendemos a evitar ser, a toda costa, esa criatura, aparentemente repugnante, filosófica a nivel profundo: el llorón. Pero los momentos de perder el valor pertenecen a una vida valiente. Si no nos permitimos ocasiones frecuentes para doblegarnos, correremos un riesgo mucho mayor de que un día nos quebremos para siempre.

Cuando nos asalte el impulso de llorar, debemos ser maduros lo suficiente para ceder a él como lo hicimos cuando teníamos cuatro o cinco años. Debemos irnos a una habitación tranquila, ponernos el edredón sobre la cabeza y dejar que el abatimiento se salga con la suya. En realidad, no hay madurez sin una negociación adecuada con lo infantil y no existe un adulto que no anhele con frecuencia ser consolado como un niño pequeño.

Si hemos llorado como es debido, en algún momento de la miseria una idea, por pequeña que sea, entrará por fin en la mente y nos dará un argumento provisional a favor del otro bando: recordaremos que sería muy agradable y posible tomar un baño caliente; que alguien una vez nos acarició el pelo con amabilidad; que tenemos un buen amigo en el planeta y un libro interesante por leer, y sabremos que lo peor de la tormenta tal vez ya está pasando.

SUGERENCIA PARA HOY:

Piensa en tu relación con el llanto. ¿Te lo permites o te resistes? ¿Sientes determinadas emociones en torno al llanto (como vergüenza o frustración, alivio o rendición)? Escribe sobre cualquier historia o sentimiento emblemático que tengas en relación con el llanto. También escribe las maneras en que podrías beneficiarte de una perspectiva diferente de un sollozo adecuado.

Amor/odio al cuerpo

Natasha Yglesias

No conozco a una sola persona que no tenga una relación complicada con su cuerpo o a la que no le hayan enseñado a que ciertas partes de él no le gusten. De ese modo, la autocrítica y la insatisfacción con nuestra imagen son algunos de los puntos en común más unificadores entre humanos. Mi complicada autoimagen es tan a menudo mi centro de atención que muchos de mis relatos cortos en realidad nacieron de momentos de frustración, tristeza o añoranza por mi cuerpo. Solo cuando empecé a enfrentarme a lo que me hacía sentir insegura aprendí más sobre esas inseguridades y desenterré sus raíces.

Ahora, cuando creo personajes, suelo empezar por el cuerpo, y a menudo me inspiro en mis inseguridades. ¿El personaje tiene los pies planos o la boca caída? ¿Qué busca siempre con las manos? ¿Cómo le afecta la gravedad? ¿Tiene huellas de su entorno en la piel o bajo las uñas? ¿Todo el tiempo se jala la ropa? ¿Cómo es su postura?

Aunque esos momentos de consideración corporal no han exorcizado el dolor y la toxicidad de la visión que tengo de mí misma, me han dado el poder de nombrar y explorar mi malestar más a fondo. Me han mostrado cómo la relación con mi cuerpo afecta la forma de moverme y existir en el mundo, mi manera de relacionarme con los demás y mis expectativas de intimidad y aceptación. Ese aprender y desaprender sobre mi cuerpo me ayudó a entender mejor a los demás y a mí, lo que mejora mi escritura y fortalece la construcción de mis personajes.

SUGERENCIA PARA HOY:

Escribe sobre el malestar o la amargura que has sentido por tu cuerpo. No temas nombrar las cosas por su nombre, reconocer su presencia e intentar descubrir sus raíces. Explora cómo tu relación con el cuerpo afecta la forma de moverte por el mundo y cómo influye en tus relaciones con los demás.

Retrato del artista como un pie derecho

Bianca Bosker

Hace unas semanas, frustrada por una historia en curso que parecía estar prolongándose, me obligué a alejarme del escritorio. Revisé el refrigerador varias veces (excelente remedio para el bloqueo del escritor) y miré Instagram otras tantas (terrible remedio para el bloqueo del escritor). Pasé la aspiradora. Al final acabé en el sillón con lo que descubrí que era una compañía estupenda: mi pie derecho. Durante media hora, mi pie posó, de manera muy paciente, mientras yo dibujaba su retrato. No suelo pasar mucho tiempo examinando esos cinco dedos, pero cuando lo hice fue como explorar un barrio nuevo en una ciudad nueva, lleno de sorpresas y de la emoción del descubrimiento. ¡Las venas! ¡Las protuberancias! ¡Los misteriosos pelos, bultos y uñas! Una aventura.

Más tarde, mientras revisaba las notas para un libro que estoy escribiendo, encontré una cita que había garabateado en un cuaderno. Era el consejo de un artista: "Para llegar a algún lugar que se sienta fresco y nuevo, hay que romper lo que se espera". Pensé en mi pie, que he visto todos los días durante décadas. Pero mirar no es lo mismo que examinar. Y examinar no es lo mismo que transmitir. Ese ejercicio de traducir, en palabras o imágenes, por ejemplo, la esencia de lo que percibimos puede llevarnos a un lugar fresco y nuevo, sin levantarnos del sillón. Yo lo experimenté y espero que ahora sea tu turno.

SUGERENCIA PARA HOY:

Dibuja un retrato de tu pie derecho (o, si lo prefieres, de la pata derecha de cualquier cosa: una silla, una mesa, una mascota) con el medio que prefieras. Cuando termines, escribe una descripción del pie como si fuera un personaje que estás presentando: sus atributos físicos, pero también su personalidad y su comportamiento. ¿Quién es? ¿Dónde ha estado? ¿Qué quiere? ¿Cómo es?

Sillas

Lisa Ann Cockrel

Paso mucho tiempo pensando en las sillas. Son una elegante tecnología, una genial obra de la ingeniería que nos permite levitar, relajar el cuerpo en el aire. Una silla no desafía a la gravedad, sino que se adapta a sus exigencias (a veces con fuerza en un sillón reclinable de cuero, a veces con timidez en una silla volada). Y a veces esa negociación se rompe y acabas con el trasero en el suelo.

Como persona muy gorda, paso mucho tiempo pensando en las sillas porque nunca doy por sentado que pueda sentarme. Rara vez las sillas se fabrican pensando en cuerpos como el mío y, como resultado, acabar en el suelo siempre es una posibilidad real. He roto sillas en la casa de un amigo, en mi fiesta de cumpleaños y en una entrevista de trabajo (aun así, conseguí el trabajo). Me he apretado en asientos de teatros y aulas que me dejaron magullada. Me gustan las sillas y al mismo tiempo desconfío de ellas.

Las sillas pueden levantarnos o hundirnos. También pueden unirnos o separarnos. El diseño de una silla podría ser la unidad más pequeña de la estructura de la sociedad: en ese mueble encontramos el ADN que ayuda a determinar quién puede pasar tiempo en qué espacios y a qué precio. Si no puedes sentarte, tienes que seguir adelante. Si no puedes sentarte, no eres bienvenido de verdad. Pienso en esto cada vez que me siento en una banca pública que tiene los reposabrazos colocados de forma incómoda para imposibilitar que la gente sin vivienda pueda acostarse.

Hace años que no rompo una silla, no porque haya adelgazado, sino porque aprendí a abogar por mi derecho a tener un lugar en la mesa, literalmente, y también uno en sentido figurado. Y espero que cada vez se me dé mejor abogar por otras personas. Espero mejorar imaginando cuerpos que no son como el mío y abasteciendo mi mundo con todo tipo de sillas. Levitemos juntos un rato. ¿Qué podría ser mejor?

SUGERENCIA PARA HOY:

Imagina las sillas en las que te sientas de forma habitual (en casa, en público, cómodas o incómodas). Ahora elige una y escribe una oda, considerando las sensaciones físicas y emocionales que te evoca. ¿El apoyo lumbar alivia la tensión en la parte baja de la espalda? ¿Te recuerda la de tu querido abuelo? ¿Es bonita? Intenta hacer visible o evidente la dinámica de sentarte a la que te has acostumbrado tanto que ahora es invisible.

Tierno y fuerte

Nell Diamond

A los trece años, mi cuerpo se sentía como un enemigo.

Me senté en el suelo de la bañera con todas las luces prendidas y me propuse tener un aspecto diferente. Odiaba el pelo largo y enmarañado, la piel tan pálida que mostraba venas azules, la carne que colgaba por encima de la cintura de mis *jeans* Miss Sixty. Luché contra mi cuerpo con apio y pavo frío en rebanadas. Jalé y cepillé y lloré cuando no se dobló. La humanidad se derramaba fuera de mí y yo la trapeaba hambrienta, desesperada por encajar en el mundo. La sensación continuó durante toda la adolescencia, hasta la edad adulta.

Diecisiete años después, me senté en una fría habitación del Upper East Side y vi cómo aparecían dos círculos oscuros en la pantalla de una ecografía. Gemelos. "Alto riesgo", dijo la doctora con el delineador de ojos de gato. "Esto va a ser difícil". Aquella tarde caminé por la Séptima Avenida y le supliqué perdón a mi cuerpo. Le rogué que encontrara fuerzas para traerme a mis bebés.

Durante nueve meses me multipliqué, mis células bailaron. Mi piel se estiró para dar cabida a dos cerebros, dos corazones, veinte dedos de manos y pies. En septiembre, mis órganos se acurrucaban como amantes en invierno. Era redonda como un globo, como una pelota de playa, como un planeta girando en el tiempo y el espacio.

Vi cómo mi cuerpo cambiaba y crecía como un jardinero cuidando un rosal. Lo alimenté con pan y mantequilla, limonada dulce y almibarada, platos de pepinos espolvoreados con sal. Lo abracé incluso cuando los vómitos parecían interminables, incluso cuando tuve que dormir sentada. En la mayoría de los casos, me apartaba y lo dejaba trabajar. Confiaba en esa cosa robusta con mente propia, esos montones de carne y hueso.

Juntos llegamos a octubre. El día que di a luz sentí un propósito de otro mundo. Estaba segura de la capacidad de mi cuerpo para salir adelante.

En una sala con veinte médicos y enfermeras, cerré los ojos, curvé la columna y empujé con todo lo que tenía dentro hasta que me encontré con mis bebés. Cinco kilos de vida saltaron por los aires. Cuando sostuve sus pegajosos cuerpecitos sobre mi pecho, sentí una alegría ardiente, como un sueño febril de secundaria. Mi cuerpo estaba abierto, en carne viva y destrozado, pero me mantenía respirando, me mantenía despierta para sentir el cálido aliento de mis dos bebés en el cuello.

Hoy me regocijo en las estrías de color púrpura intenso de la cadera y los muslos, en los pelos negros y ásperos, en los huesos que aún siento frágiles y blandos. Mi cuerpo es muy tierno y me perdonó por no confiar en él.

SUGERENCIA PARA HOY:

Piensa en algún momento en el que hayas experimentado un cambio en la relación con tu cuerpo. ¿Qué provocó ese cambio? ¿Fue duradero?

Respira

Sarah Ruhl

Un verano, estaba en Maine con mi madre visitando a una amiga. Estábamos cenando en el porche y hablábamos de una amiga de la familia, una ministra congregacional muy querida que se había atragantado con un filete en un restaurante. Aunque se le practicó la maniobra de Heimlich y el filete salió, murió en el hospital dos días después.

Pasamos a otros temas y saqué un pastel de pistache. Mi madre le dio un mordisco y empezó a toser sin control. La miré alarmada y corrí a la casa para traerle un vaso de agua. Tomó un sorbo, empezó a resollar y a escupir y tomó un pañuelo de un bolsillo de su suéter. Mi mente se agitó; ¿debía intentar la maniobra de Heimlich, que nunca había hecho con un adulto? Mi madre tosía y jadeaba al mismo tiempo. Entonces, de repente, escupió un pequeño objeto azul; era un trozo de hilo de su suéter, que se había apelmazado y se había colado en un pañuelo que había usado para sonarse la nariz. Debió de resollar y se le metió en la garganta. Todas nos relajamos y mi madre bebió un poco de agua.

Aliviada, bromeé sobre cómo una se preocupa toda la vida de que alguna terrible enfermedad pueda matarle, sin darse cuenta de que iba a ser destruida por su suéter. El suéter asesino, dijimos todas, riendo. Pero tras el alivio de la risa, mi madre empezó a toser de nuevo. Se puso de pie y la tos se convirtió en un silbido aterrador. No podía hablar ni recuperar el aliento. Mi amiga dijo: "Se está poniendo azul". Y en efecto, tenía el color de un arándano. Llamé a gritos a un médico, sabiendo muy bien que en el Maine rural no habría ninguno corriendo a salvarnos. El tiempo pareció detenerse mientras la cara de mi madre se ponía morada e intentaba respirar.

Llevaba trece años sin hacer un curso de reanimación cardiopulmonar y no me fiaba de mí para hacer compresiones torácicas. Mi madre entraba en pánico. Todo lo que tenía a mi disposición era mi formación en meditación, e intenté encontrar un pequeño mar de calma bajo la creciente marea de pánico. "Mamá", le dije, poniéndole la mano en la espalda. "Intenta concentrarte en la exhalación en lugar de en la inhalación. Si puedes exhalar, tu respiración se relajará. Solo una larga exhalación". De milagro, me escuchó y empezó a exhalar en lugar de jadear buscando una inhalación difícil de encontrar. Los jadeos de mi madre se calmaron. El color morado de su cara empezó a desaparecer. Estaba tomando oxígeno. Su cara volvió a sonrosarse.

A lo largo de los años he aprendido varias técnicas de meditación. Una de ellas es la sencilla 5-7-5: inhalas contando hasta cinco, exhalas contando hasta siete y vuelves a inhalar hasta cinco. Exhalar durante dos segundos más que inhalar relaja el sistema nervioso. Cuando aprendí la técnica, pensé: *Vaya, es como el haiku en forma de respiración: 5-7-5 sílabas.* Durante la pandemia aprendí que el haiku puede ser una forma de diario y una práctica que puedes hacer todos los días, con gran beneficio. Me gusta enseñar a mis alumnos esa técnica de meditación 5-7-5 y hacer que todos escriban un haiku después.

SUGERENCIA PARA HOY:

Comienza con una breve secuencia de meditación: cierra los ojos durante un minuto y cuenta tus respiraciones: cinco al inspirar y siete al espirar. A continuación, mira a tu alrededor y escribe un haiku sobre lo que más te preocupe. Puede ser lo que te ha pasado ese día, lo que pasa al otro lado de la ventana, lo que tienes delante o lo que siente tu cuerpo en ese momento.

Por ejemplo:

Suéter de punto
Recuerda exhalar siempre
Madre, no mueras

Más que alimento

Jenny Rosenstrach

Recibí un mensaje de mi marido alrededor de las tres de la tarde de un miércoles gris de octubre. Estaba en su despacho. "Llamaron del hospital. Ahora voy a la casa y, después, me voy a Virginia".

Virginia era el lugar donde creció, donde había vivido su padre y donde, los últimos ocho años, lo atendían del Parkinson. Ya habíamos recibido esta llamada varias veces, pero aquel día parecía más urgente. Improvisé un plan para que cuidaran a nuestros dos perros (nuestros hijos están en la universidad, así que no había problema), empaqué una bolsa de viaje con unos *jeans* y ropa para correr, luego fui a la cocina para preparar algo de comida para el camino.

Me gano la vida escribiendo sobre comida (en especial sobre cenas), lo que puede hacer más fácil entender por qué la mezcla de especias (canela, comino, pimentón ahumado, curry) que había planeado utilizar en una sartén con camarones para cenar ya estaba mezclada y esperando en la barra. Me pregunté si debía abortar el plan y preparar unos sándwiches de crema de cacahuate. Parecía ridículo seguir adelante con ese tipo de receta, preocuparse por las especias y los sabores, incluso por cenar, teniendo en cuenta lo que estaba pasando. Pero solo me llevaría quince minutos, así que empecé a cocinar: herví agua para el cuscús en cinco minutos, salteé los camarones con un poco de mantequilla, añadí las especias, le agregué yogur y lo empaqueté todo en recipientes para llevar que había guardado de una tienda de delicatessen. Los metí en una bolsa de Trader Joe's con dos galletas y una cerveza para el pasajero (es decir, para mí).

Horas más tarde, con una cuchara, le daba de comer en la boca a mi marido su cena de camarones, asegurándome de que cada bocado incluyera un poco de todo, mientras manejaba hacia el sur por la I-95. Estaba oscuro y empezaba a lloviznar. Ya casi llegábamos a Delaware, la autopista estaba abarrotada con el tráfico de hora pico y los camiones que echaban gases por el escape. Pero estaba sonando "How Lucky Can One Man Get", de John Prine, y sentí una oleada de gratitud. No iba a ser un fin de semana fácil; mi suegro moriría tres días después. Pero en ese preciso momento, con esa canción sonando y esa cena de camarones y cuscús innegablemente deliciosa, me sentí privilegiada de estar ahí, haciendo mi pequeña parte para cuidar al cuidador.

Esa noche, y muchas otras veces, cocinar me hizo sentir útil, en control cuando las cosas no lo estaban.

SUGERENCIA PARA HOY:

¿Cuándo la cocina, o la comida en general, ha significado para ti algo más que el simple alimento?

Me enamoro
David Sutton

Justo ahora, me he enamorado profundamente del hombre de la cortina *séparée* contigua a la mía en la zona de recuperación aquí en el Hospital Cedars-Sinai. Se está recuperando de su tercera cirugía cerebral. Cuando llegó aquí, gemía, suspiraba de dolor y estaba confundido por su incómodo catéter. Cada vez que emite un sonido o habla, miro hacia su dirección de manera reflexiva, pero no lo veo. En su lugar, veo la cortina beige con estampado de mariposas posadas en lianas.

Hoy estoy aquí recuperándome de la anestesia necesaria para realizar una prueba de imagen de la columna vertebral llamada mielograma. Mi amada, Mary Beth, y yo estamos pasando un poco más de tiempo en recuperación, porque mi neurocirujano quiere ingresarme en el hospital para la operación de mañana y debemos esperar a que nos consigan una cama. El hospital está repleto de profesionales compasivos y altamente cualificados. Se llaman Noz, Kat, Jasper, Wouter, Tati, Rachel y Marcel.

Y ahora me he enamorado de la enfermera de neurología de mi vecino, a la que escucho, pero nunca veo, quien ha sido asignada a mi vecino Dilaudid. Le quitó el dolor y convirtió sus gemidos en canciones. Le está dando respuestas deliciosamente tontas y dignas de improvisación a su cuestionario de evaluación neurológica y preguntas sobre sus necesidades. Tararea mientras ella le pregunta y luego responde con voz cantarina.

Enfermera: ¿Quiere un poco de helado?
Él: ¿Es Häagen-Dazs?
Enfermera: Claro. Helado Häagen-Dazs. (Pausa.) ¿De qué sabor?

Él: Miseria.
Enfermera (más tarde): ¿Quiere más Häagen-Dazs de miseria?
Él: Sí.
Enfermera (más tarde): ¿Cómo se siente?
Él: Bueno, me duele la cabeza. Me duele la mano. Y me duele el ánimo. (Con deleite): ¡Eso es todo!

Estoy muy agradecido. La enfermedad que padezco es poco común, sin duda, y afecta la columna vertebral y el cerebro. Empezó en 2007 y me persiguió y dificultó las cosas durante cinco terribles años, mientras los médicos intentaban descifrarla. Por fin descubrieron una fuga de líquido cefalorraquídeo e hicieron una reparación eficaz.

Entonces me sentí bien. Pasó una década increíble de crecimiento y felicidad. Cada vez que alguien me preguntaba cómo estaba, respondía "bien", consciente como nunca de la profundidad y el significado del bienestar, de la gracia que supone estar en condiciones de decirlo.

Hace poco, reapareció la enfermedad. Me siento ansioso.

Pero ahora estamos al tanto. La mía es una enfermedad sencilla, bien diagnosticada y con un camino claro. Mi cuidador esta vez es el mejor que hay. Tiene un sentido del humor dulce, seco y holandés, y unos ojos azules amables. Mi plazo para el tratamiento es ahora. El tiempo de recuperación es de semanas, no de meses ni años. Mis perspectivas, a diferencia de las de mi vecino, son de una recuperación completa, casi garantizada.

Habrá incomodidad, sin duda, pero será una incomodidad que nacerá como el batir de las alas nuevas contra las paredes de una crisálida sagrada. Saber eso, tener a mi amor a mi lado e imaginar los próximos diez años hacen que el dolor sea mucho más llevadero.

SUGERENCIA PARA HOY:

Escribe sobre algo que antes dabas por sentado pero que ya no haces.

Oda a una parte marginada

Melissa Febos

A veces pienso en volver atrás. Imagino que invierto la película de mi persona, que enrollo la bobina para encontrar el único fotograma en el que todo cambia. Como si hubiera un turbio cuadrado de celuloide en el que me arrebataran mi cuerpo. No solo mi cuerpo, sino todas las súplicas que pasaron por él. Una mano que entrara en el cuadro y me lo arrebatara todo: el escozor del agua salada en las rodillas despellejadas, el dolor de la palma de la mano ablandada por la corteza de un roble, la grava contra mis pantorrillas cuando mi bicicleta volaba cuesta abajo, el zumbido de las piernas tras correr todo el día, mi voz sonando en una catedral de pinos, la perfecta libertad de preocuparme solo por lo que mi cuerpo podía hacer y nunca por cómo me veían.

No habría solo un cuadro, por supuesto. Eran muchas cosas. Las chicas delgadas salpicadas por todas las pantallas de cine. La televisión que mi madre intentaba mantener fuera de casa. Los resbaladizos números de *Teen Magazine* que empezaron a llegar a nuestro buzón. Aquella compañera de clase en su fiesta en la piscina comentando en silencio mi figura precozmente desarrollada. La niña rica que me pellizcó el muslo y señaló que era mucho más grueso que el suyo.

Heredé mucho de mi madre, aunque lo primero que reconocí fueron mis manos. Tenemos dedos largos, palmas anchas y uñas fuertes. En los quioscos de los centros comerciales no venden nuestras tallas de anillos. Compramos guantes en la sección masculina de los grandes almacenes. No nos molestamos en llevar pulseras. En la adolescencia, me parecía injusto porque mi madre era guapa, de facciones finas y pómulos de vértigo. Nadie se iba a distraer de su cara por sus manos. ¿Y a mí? Mis manos me delataban. Yo no era una cosa con pétalos. Yo no era una bailarina. Yo era tercera base; un tirador, un empujador, un corredor, un escalador, un nadador, un agarrador, un olfateador, un degustador, un generador de risa. Usaba las manos, que eran marcadas por cosas y que dejaban marcas. Nunca me dejarían convertirme en el tipo de chica que había aprendido que debía ser.

La historia de cómo aprendí a amar mis manos es larga, pero basta decir que me ayudó el hecho de que resulté ser *queer*. Todos los años de terapia ayudaron. Me ayudó recordar, de adulto, que mis manos habían sido y seguían siendo los conductos de tanta alegría y conexión.

Al principio de mi relación con la que ahora es mi mujer, hice un comentario despectivo sobre el tamaño de mis manos y mis pies. Ella volteó a verme, muy seria.

—¿Sabes qué más tiene manos y pies grandes? —preguntó ella.

Negué con la cabeza.

—Un tigre bebé —dijo—. Son muy fuertes y ágiles. Son excelentes nadadores y trepadores, además, son superlindos.

Es cierto que ahora me aman justo por las cosas que he intentado borrar de mí, pero esta no es una historia sobre el amor que me enseña a amarme. Ni siquiera se trata de la decisión de amarme. Amarme nunca fue algo que lograra hacer solo por decidirlo. Es algo que aprendí a hacer a través de una intensa autorreflexión. Escribiendo y haciendo arte. A través de un estudio minucioso de lo que da alegría y sentido a mi vida.

SUGERENCIA PARA HOY:

Escribe sobre la relación con tus manos. ¿Cómo has pensado en ellas, cómo las has usado o incluso cómo has abusado de ellas a lo largo de los años? ¿Y ahora?

Capítulo 7

SOBRE LA RECONSTRUCCIÓN

Hace solo unos años, me sentí bastante desorientada. Estaba en el precipicio de una serie de grandes cambios. Intentaba terminar mis estudios de posgrado, mi primer libro y hacer planes para siempre con mi pareja, Jon. ¿Nos casaríamos? ¿Y dónde viviríamos? ¿Tendríamos hijos? ¿Y cuántos cachorros rescatados podría obligarle a adoptar?

Así que le hablé a mi amiga Hollye (o mi "mamá Pato", un apodo que surgió de forma natural después de que ella empezara a llamarme "Patito", ya que tiendo a caminar detrás de ella, mirándola para que me oriente y me vea). Hollye fue enfermera de cuidados paliativos pediátricos en los primeros años de su carrera, y tiene una claridad, una serenidad y un conocimiento de todo que la hacen muy adecuada para ese trabajo. No tiene miedo de hablar de las cosas más difíciles, lo que la convierte en la amiga perfecta a la que recurrir cuando uno se encuentra entre dos aguas. Cuando la llamaba, solía salir a pasear con su precioso labrador negro, Romeo, y hablábamos de todas las variables y posibilidades, de lo que estaba en juego, de lo que podía perderse o ganarse.

Hollye escribía su diario con regularidad y sabía que yo también lo hacía. En un momento dado, me dijo: "Deberías probar este ejercicio que he estado utilizando. Escribe sobre un día en la vida de tus sueños, no sobre un día festivo o una ocasión especial, sino sobre un día normal". Me dijo que le había cambiado la vida.

Debo decir que desconfiaba un poco. Sonaba un poco cursi y demasiado bueno para ser verdad. Pero entre mi confianza en ella y mi confusión sobre cómo navegar por estas encrucijadas, le hice caso. Cada mañana, abría el diario y escribía sobre un día ideal a cierta distancia en el futuro. Descubrí que una y otra vez describía la que sería mi casa: una vieja granja con suelos de tablones de pino, una estufa de leña y una bañera con patas. Añadía detalles, como que estaba enclavada en una hectárea de terreno con bosques y senderos cercanos, y evocaba a sus otros habitantes, como mis dos perros, mi cachorro de carretera, Óscar, y otro desaliñado rescatado al que aún no conocía, y nuestra rutina diaria de dar un paseo matutino por los senderos del bosque, y cómo, al volver, me guardaba para trabajar en la oficina: en mi mente, una casita en el patio trasero, donde podía escribir en paz y tranquilidad.

Si escribieras tu diario siguiendo la sugerencia de Hollye, o debería decir *cuando escribas*, ya que aparece en las páginas siguientes, podrías centrarte en otras cosas, como tu trabajo, tus amigos y tu familia, o lo que haces en tu tiempo libre. Pero yo he estado obsesionada con el concepto de hogar toda mi vida; desde niña, hacía dibujos de mi futuro hogar y escribía sobre él en mis diarios de forma compulsiva. Como mi familia se mudaba tanto, mi sueño era asentarme en un lugar y no irme nunca.

Pero esa sensación de arraigo resultó esquiva, ya que pasé la primera mitad de mis veinte años deambulando entre la casa de mi infancia, habitaciones de hospital y departamentos prestados. El vagabundeo de mis años infantiles había resurgido de la forma más dramática. Cuando por fin salí del tratamiento y estuve en condiciones de buscar esa estabilidad, tuve dificultades. Elegir un lugar donde vivir, enamorarme de nuevo y emprender una carrera profesional eran cosas que deseaba con desesperación, pero la perspectiva de tenerlas y luego perderlas me aterrorizaba. En mi mente, la recaída era inminente. De nuevo me asaltó ese viejo temor: *¿De qué sirve poner los cimientos, levantar una estructura, invertir tiempo, atención y esfuerzo en construir una vida, si luego volverá a derrumbarse?*

Esa indecisión me atormentó durante una década. Me volcaba en el trabajo, pero era todo lo contrario a estar asentada. En la barra de mi cocina tenía un cuenco azul de cristal esmerilado que, con los años, se llenó hasta arriba de llaves de varios departamentos, de modo que parecía la portera de edificios más prolífica del mundo, aunque lo único que quería era tener una sola llave.

Luego vino la pandemia, que me convirtió en un auténtico ser itinerante, pero también me llevó a casa. Ocurrió lo siguiente: me fui de Nueva York en los primeros días de COVID-19, primero a casa de mis padres y luego a una cabaña en los bosques de Vermont. Pero en aquella remota zona de las Montañas Verdes, el internet y el servicio de telefonía móvil eran casi inexistentes y, a medida que la pandemia se extendía, Jon y yo necesitábamos una solución más conectada. A finales del verano de 2020, aterrizamos en una residencia para artistas en el valle del río Delaware. Pronto nos dimos cuenta de que nos encantaba el lugar: tanto la residencia, una casa estilo gótico rural con vistas a un cementerio raro, como la zona, verde y montañosa, que alternaba entre extensos campos de maíz y encantadores pueblos ribereños. Paseábamos a Óscar por el camino de sirga junto al río, frecuentamos las pintorescas tiendas y restaurantes de la ciudad y empezamos a crear comunidad.

Aun así, el pensamiento me atormentaba*: es solo temporal.*

Por aquel entonces empecé a seguir la sugerencia de Hollye de escribir un diario (déjame decirte que lo hice de manera casi religiosa). Al mismo tiempo, navegaba por sitios web inmobiliarios, mirando casas por toda la zona. Poco después, una amiga me presentó a una agente inmobiliaria local, una detective de policía jubilada de Nueva York llamada Barbara a la que le encantan los perros y las casas tanto como a mí, y empecé a ver algunos de esos anuncios en persona. Visitamos de todo, desde una robusta casita de campo junto al río que al final se consideró un riesgo por las inundaciones hasta una escuela de dos aulas que figuraba como la antigua morada de un famoso artista, pero que resultó ser un auténtico nido de hámsteres acaparadores (cientos y cientos de animales disecados, algunos suaves y otros taxidérmicos), pasando por una antigua fábrica de productos lácteos que tenía tanto encanto que casi me quedo con ella, pero al final no pude soportar el retrete de composta. Visitamos tantas casas que empecé a preocuparme de que Barbara pensara que la estaba haciendo perder el tiempo. Cuando se lo compartí, me dijo con su brusco acento neoyorquino: "¿Bromeas? Me encanta esta mierda. Y no lo hago por dinero".

Así que seguimos durante meses, yo investigando en los sitios web inmobiliarios, Barbara organizando la visita y presentándose en su pequeño Volkswagen Jetta dispuesta a amar u odiar la casa. Fue estimulante y frustrante a partes iguales, ya que cada casa empezaba siendo prometedora y luego resultaba ser demasiado grande o pequeña o suponía mucho trabajo o se salía del presupuesto.

Un día, encontré el anuncio de una pequeña granja roja que acababan de publicar esa mañana. Se ajustaba al presupuesto, estaba en un terreno de cuatro mil metros cuadrados y tenía una casita en la parte de atrás. En un par de horas ya estaba allí. Lo primero que visité fue la casita, que un propietario anterior había transformado en estudio de cerámica. Estaba mal aislada, no tenía aire acondicionado ni calefacción, solo una estufa de leña, y los antiguos cristales de las ventanas estaban ondulados y llenos de burbujas. De inmediato pensé: *Esta es*. Luego recorrí la casa principal y, ¿qué encontré? Suelos de tablas anchas y una bañera con patas en el cuarto de baño. También tenía una enorme chimenea antigua en la cocina y un patio lleno de altísimos arces, olmos y magnolias. Recuerdo que pensé: *Esta es una casa feliz*. Hice una oferta en el acto y el vendedor la aceptó con un apretón de manos.

De inmediato me puse a buscar muebles en tiendas locales de segunda mano y en Facebook Marketplace. Encontré un sofá de terciopelo verde para el salón, una cama antigua, me traje unas alfombras tunecinas del ático de mis padres para el dormitorio y unos sillones desgastados para colocarlos alrededor de la chimenea de la cocina, donde pensaba sentarme a escribir en mi diario cada mañana antes del amanecer. Jon y yo nos mudamos justo antes de Navidad. Una de nuestras primeras noches en la casa nevó, y a la mañana siguiente me desperté con gritos de risa. Miré a través de las ventanas de la habitación a un gran campo inclinado que había al otro lado de la carretera y vi a varios niños abrigados con sus chamarras subiendo a la cima de la colina con sus trineos. Sin duda, una casa muy feliz.

Las últimas piezas de mi visión de "Un día en la vida de mis sueños" llegaron un mes más tarde, cuando mi hermano me llamó para decirme que su perra, Loulou, estaba pasando apuros en la ciudad en su nuevo estado de ceguera, y que necesitaba un hogar nuevo en algún lugar tranquilo y apacible. Yo ya estaba enamorada de ella, así que no lo pensé dos veces. Por aquel entonces, mis vecinos de la granja de enfrente vinieron a darnos la bienvenida al barrio con bombones y una amable nota. En ella había un mapa dibujado a mano de su propiedad. Mostraba una serie de senderos en el bosque; me invitaron a pasear a los perros por allí siempre que quisiera.

He pensado mucho en eso y quiero dejar constancia de que no creo que haya sido un milagro de "manifestación", al menos no en el sentido de conjurar algo de la nada. Fue más bien que el ejercicio de escritura me permitió aclarar lo que de verdad quería, para así reconocerlo cuando surgiera. Cuando vi la casa, no lo dudé. Estaba segura de que era el lugar perfecto para empezar esa nueva etapa de la vida.

Durante el año siguiente, me dediqué a anidar. En las tiendas de antigüedades locales encontré óleos antiguos para colgar sobre la chimenea, y en un vivero cercano compré plantas para colocar en los rincones del salón. Cuando llegó la primavera, me puse a trabajar en el jardín: podé los setos, iluminé el sendero con farolillos solares y planté hortensias, bojes y camas de peonías y ajos ornamentales. Me sentí tan feliz, asentada y bien. Estaba echando raíces, no solo geográficas, también con Jon. Empezamos a hablar en serio de casarnos y del futuro, a hablar de niños y de más perros, incluso de gallinas. Después de años conteniéndome, temiendo que el techo se viniera abajo, por fin estaba reconstruyendo mi vida.

Lo irónico es que el techo se derrumbó unos meses después y, cuando lo hizo, no pensé: *Dios mío, ¿por qué hice todo eso?* Fue traumático, por supuesto. Cuando supe que la leucemia había vuelto, sentí como si se abriera un cenote y se lo tragara todo. De inmediato Jon y yo empezamos a despejar nuestras agendas y a hacer las maletas y a buscar gente que cuidara a nuestros perros. Recuerdo con una claridad elemental la última vez que vi a Óscar, a quien dejé al cuidado de un querido amigo; cómo acurrucó su cabeza en mi pecho, como si comprendiera lo que se avecinaba. La última noche que estuvimos en casa, dejamos que Loulou durmiera en la cama con nosotros, y al día siguiente la llevamos a casa de la familia que había aceptado cuidarla. Sentí que tenía que mostrarme alegre y agradecida, así que esa fue la máscara que llevé ese día, aunque estaba destrozada por completo.

El proceso de desmontar nuestras vidas duró menos de setenta y dos horas. Le dimos las llaves a nuestro vecino Jody y partimos hacia Nueva York, donde pasaría los siguientes meses entrando y saliendo del hospital para recibir tratamiento. Cuando salimos de la cochera, miré hacia nuestra querida casita e hice una foto mental. No sabía si volvería.

Pero por muy desgarrador que fuera todo, no me sentía sin timón como cuando tenía veinte años y enfermé por primera vez. De hecho, fue todo lo contrario. Aunque mi segundo trasplante de médula ósea fue en muchos sentidos más duro, la curación fue más fácil, porque me conocía y sabía lo que necesitaba. Porque por mucho que siempre hubiera querido estar asentada, aprendí a sentirme a gusto en el ínter. Porque había aprendido a sobrellevar los momentos tristes fijándome en las pequeñas alegrías cotidianas. (Pienso en la luz del sol moteada; pienso en una tarde en el sofá con una almohadilla eléctrica y un buen libro; pienso en dormir con el sonido de mi marido tocando Beethoven al piano). Porque aprendí a contrarrestar mis miedos futuros plantando semillas de alegrías futuras, y lo digo de forma literal. Cuando, casi un año después, volví por fin a la granja, lo hice a un jardín repleto de flores que le había pedido a mi amiga Sharon que plantara, con la esperanza de seguir viva para verlas.

He tenido muchas ocasiones de reconstrucción forzosa, después de que todo es arrasado de forma repentina, dramática y completa, desde los planes que tenía para mi carrera hasta mi vida romántica, pasando por el literal rebrote de mi médula ósea. Pero también hay momentos en que la brújula interna nos dice que es hora de cambiar de rumbo, de dejar algo atrás y construir algo nuevo. "La destrucción es esencial para la construcción", escribe Glennon Doyle en *Indomable*. "Si queremos construir lo nuevo, debemos estar dispuestos a dejar que arda lo viejo".

Reconstruir no es fácil. Resulta tentador mantener el *statu quo*, permanecer en un estado de inercia. Reconstruir puede ser un trabajo duro, agotador y sucio, no solo porque conocemos el dolor de la pérdida, sino porque llevamos las huellas de esas pérdidas, tanto las nuestras como las de nuestros antepasados (como nos dicen los descubrimientos en el campo de la epigenética). No empezamos de cero, sino que nuestras vidas son un palimpsesto con las huellas de lo que nos precedió.

Pero para mí, reconstruir se desarrolla al mismo tiempo que convertirse. Es crucial, si queremos seguir evolucionando y floreciendo, deshacernos de las cosas que ya no nos sirven y dejar espacio para que crezca algo nuevo. Que los diez ensayos y sugerencias de las páginas siguientes te den la fortaleza para hacerlo. Que te ayuden a imaginar y a hacer realidad incluso los sueños más atrevidos.

Un día en la vida de mis sueños

Hollye Jacobs

Hace unos años estaba a medio camino de manera profesional.

Estaba preparada para un nuevo capítulo, pero me encontraba sin timón, sin saber qué rumbo tomar ni cómo proceder. Me sentía tambaleante e incómoda en la incertidumbre. A lo largo de mi vida, siempre había sentido una atracción magnética hacia determinadas líneas de trabajo, desde mi época en Ralph Lauren hasta la enfermería hospitalaria y el asesoramiento en el duelo, pasando por escribir un libro sobre mi experiencia con el cáncer. Encontrar sentido al trabajo siempre había sido algo natural, pero de repente desapareció.

En su ausencia, mi reflejo fue sumergirme en una desesperación sin fondo. Eso implicaba autocrítica en un buen día y sentimientos de inutilidad en un día normal. Había adoptado por completo el edicto de esa cultura en la que, para ser digna y valiosa, debía producir, ganar mucho dinero, acumular elogios y cumplir con todas las exigencias. Vivir en ese estado creaba un círculo vicioso demasiado agotador. Me di cuenta de que necesitaba poner un tapón en esa succión de energía.

Lo hice mediante un ejercicio que llamo "Un día en la vida de mis sueños". Cada mañana, me servía una taza de café y me sentaba a escribir en mi diario. Apagaba el cerebro pensante y abría la puerta para que surgieran mis sueños.

Desde el momento en que empecé a escribir "Un día en la vida de mis sueños", mi perspectiva se iluminó y mi energía se aligeró. El estancamiento que sentía se evaporó. Para mi total sorpresa y deleite, descubrí que empecé a tener las experiencias exactas que se daban por casualidad en mi vida onírica. Como escribió George Bernard

Shaw: "La imaginación es el principio de la creación. Imaginas lo que deseas, quieres lo que imaginas y al final creas lo que quieres".

SUGERENCIA PARA HOY:

Imagínate en algún momento del futuro (tal vez dentro de un año, en cinco o diez) viviendo la vida de tus sueños. Se trata de un día normal, no uno festivo o especial, sino un día normal y perfecto. ¿Qué ves? ¿Qué sientes? ¿Qué oyes? ¿Qué pruebas? ¿Quién está contigo en el día de tus sueños? Describe el día en tiempo presente, desde que despiertas hasta que te acuestas. La creación comienza con la imaginación.

Lo que aprendí de los astronautas

Oliver Jeffers

Existe un fenómeno conocido como el efecto de visión de conjunto, por el que cualquier ser humano que haya estado lo suficientemente lejos de la superficie de la Tierra tiende a experimentar el mismo cambio de percepción. En los primeros días a bordo de la Estación Espacial Internacional, los astronautas empiezan a señalar sus ciudades natales, luego sus países y, por último, los continentes que representan su "hogar". Por último, una idea se instala en sus mentes con firmeza: este objeto, flotando en la catedral del espacio, es su hogar.

Crecí en Belfast, una ciudad violenta y dividida de manera política en el norte de Irlanda. Conozco demasiado bien las pautas destructivas de una mentalidad de "nosotros" y "ellos": cómo dos comunidades opuestas se aíslan y se ponen a la defensiva, cómo las identidades pasan a depender de la existencia de un enemigo. Con demasiada frecuencia, el "no sé quién soy, pero sé quién no soy" se convierte en violencia.

Criado como católico norirlandés, me encuentro en algún lugar en medio de esa turbulencia de la fortuna. Experimenté gran parte de la gracia y la ventaja que supone haber nacido en el cuerpo que habito. Pero también procedo de una colonia británica, de hecho, la colonia británica original. Durante la mayor parte del siglo xx, los católicos norirlandeses fueron tratados como ciudadanos de segunda clase en su patria.

Pero a mediados de los ochenta, el origen de todo ese conflicto se me había escapado. Siempre me pareció obvio que nunca se trató de una guerra religiosa y, a mediados de los noventa, tampoco estaba claro que hubiera surgido de una lucha de clases. En parte porque me habían contado algunas de las historias, en parte porque no me habían contado otras, y en parte porque había comparado esas historias con otras a lo largo y ancho, parecía más terrorismo político en dos frentes que otra cosa. Gansterismo sofisticado con buenas relaciones públicas.

Años más tarde, cuando me mudé a Nueva York, me sorprendió y dolió que nadie al otro lado del Atlántico pareciera conocer o preocuparse por la historia dividida y violenta de mi lugar de origen. Pero cuando supe que los británicos, incluso los irlandeses del sur expatriados en Nueva York, también ignoraban ampliamente nuestra situación actual, alcancé un nuevo nivel de frustración. Nos matábamos por formar parte de una identidad irlandesa o británica más amplia, pero fuera de los pocos cientos de kilómetros cuadrados de nuestra provincia, a nadie parecía importarle. ¿Qué sacar de este mensaje tan desalentador?

No mucho, hasta que empecé a leer sobre astronautas.

Estaba investigando para mi libro *Here We Are* [Aquí estamos] y, de inmediato, me di cuenta de que la forma en que describían la Tierra desde el espacio era la misma que yo había usado para hablar de Irlanda del Norte desde el otro lado del océano Atlántico.

El verano siguiente al nacimiento de mi hijo, la violencia crecía en Belfast. Al ver las noticias que llegaban desde el otro lado del océano y comprobar que, al igual que cuando era niño, los jóvenes secuestraban y quemaban autobuses, lanzaban bombas molotov, se amotinaban unos contra otros y contra la policía, me pregunté qué sabían esos adolescentes del conflicto de ocho siglos de antigüedad. La realidad: quizá no sabían mucho. Solo habían heredado la historia de sus padres, validada por sus compañeros. Les habían dicho a quién tenían que odiar. Me dije que esa no era la historia que le iba a contar a mi hijo sobre su origen. Y como artista, fue quizá mi mayor epifanía: que lo más poderoso que podemos hacer como seres humanos civilizados es cambiar la historia. Siempre, siempre, podemos cambiar la historia.

SUGERENCIA PARA HOY:

Piensa en una historia heredada que necesite un cambio en tu vida, familia, ciudad natal o país. ¿Cómo te la han contado? ¿Cómo la contarás de otra manera?

Ese día empaqué del carajo

Nadia Bolz-Weber

Cuando contesté al teléfono un viernes por la mañana de agosto de 2021 y mi hermana dijo: "Alguien ha matado a Henry" (su hijo), mi mente rechazó las palabras. Sabía lo que significaban de forma individual; sabía lo que significaba "alguien" y lo que significaba "matado" y lo que significaba "Henry". Pero juntas eran indescifrables.

Así que dije: "No".

Lector, no estoy segura de cuántas veces seguidas dije que no, pero fueron muchas, muchas veces. "No" fue la única respuesta que mi mente tuvo a las palabras "alguien", "matado" y "Henry", una tras otra. Así que mi mente tomó el NO más grande que pudo encontrar, lo colocó entre sus manos y trató de mantener esas tres palabras imposibles fuera.

No funcionó.

Un par de días después estaba haciendo las maletas para volar al lugar donde Henry había vivido (mi marido y yo íbamos a vaciar el departamento para mi hermana) y me di cuenta de que ya no sabía qué meter en la maleta. Soy una viajera experimentada y, hasta ese momento, mi mente había sido superbuena con esa tarea. Sabía cuántas blusas incluir, qué tamaño de pasta de dientes está permitido y dónde está mi neceser. Pero esa vez, falló. Yo fallé. Ese día hice una maleta del carajo.

Supongo que una forma de verlo es que había perdido la cabeza. Pero otra forma es la siguiente: mi mente tuvo que surcar los cielos, dar la vuelta al mundo y cavar un agujero en el que descansar para poder volver a mí.

Así que, dulce lector, ¿cómo hacer el duelo sin perder la cabeza? No se puede.

La pobre mente está sufriendo una prolongada actualización de software. Porque entiende el mundo de una manera, como un mundo en el que los sobrinos no son asesinados a tiros, y ese mundo ya no existe.

La mente tiene una forma de entender un mundo en el que tu mejor amigo no te traiciona de repente; un mundo en el que otras personas tienen cáncer, pero tú no; un mundo en el que tu marido todavía te quiere, y ese mundo ya no existe.

Así que, si tu mente no se acuerda de meter la ropa interior en la maleta, de cómo seguir yendo al trabajo o del nombre de la persona que te corta el cabello, intenta ser amable con ella. Volverá, pero tanto ella como tú cambiarán.

Nadie escapa a eso, amigo mío, lo cual es terrible. Pero también es un consuelo, porque no estás solo en esta locura. Y nosotros, que también hemos perdido la cabeza por el dolor, haremos la maleta por ti. Por si acaso.

SUGERENCIA PARA HOY:

Escribe sobre cómo ser amable contigo en el duelo. Tal vez sobre un momento en el que te concediste la gracia. Puede ser un momento en el que otra persona apareció y te ayudó a empacar (literal o figurado). Quizá sobre una ocasión en la que no fuiste amable, pero cómo piensas serlo la próxima vez.

Ciudades, bosques de verano

Ashleigh Bell Pedersen

En el invierno de 2020, me sentía festiva. Acababa de cumplir treinta y siete años, estaba pensando en mudarme de Austin, Texas, donde había vivido durante una década, a Nueva York, y estaba presentando mi novela a los agentes. La vida rebosaba de posibilidades. Mi propósito de Año Nuevo era (con toda seriedad) organizar más fiestas. Esa primavera, por supuesto, llegó la pandemia. Y un día después del cierre de Austin, me diagnosticaron cáncer de mama.

Como paciente de cáncer, disfrutaba cada hito: el punto medio de las rondas de quimioterapia, los resultados de las resonancias magnéticas que mostraban que mi tumor estaba reduciéndose. La tarde de mi última quimioterapia, unos amigos y yo nos reunimos en un parque con champán. Me sentía hinchada por todos los líquidos intravenosos, pero exultante de alegría por celebrar el final de lo que creía que sería la parte más dura del cáncer.

Pero después de la quimioterapia, me embarqué en un año de cirugía, radioterapia y quimioterapia de mantenimiento, y mientras navegaba por el continuo aluvión de tratamientos médicos y citas, las emociones empezaron a alcanzarme. En lo peor de la quimioterapia, rara vez había admitido (o me había permitido experimentar) miedo, tristeza o enfado. Insistí en mantener una actitud positiva, yendo de hito en hito. Pero al siguiente año me sacudieron fuertes oleadas de dolor. Fue la época más solitaria de mi vida y profundamente frustrante. Había sobrevivido solo para sentirme más lejos que nunca de mi antigua yo, cuya vida había parecido tan ilimitada.

Ese invierno, conforme me acercaba al cumpleaños número cuarenta, el hito trajo otra oleada de dolor. De pronto me di cuenta de que había pasado un tercio de mis treinta sobreviviendo al cáncer y a sus secuelas emocionales. La revelación me destruyó. ¿Cómo había podido perder un periodo tan valioso?

Entonces, días antes de mi cumpleaños, descubrí un poema.

En "Es difícil hablar de la noche", Jack Gilbert describe su cambiante relación consigo a medida que envejece. Las últimas líneas dicen:

> Tengo cuarenta años y es diferente.
> De repente, a mitad de camino
> entro en mí. Broto de
> manera gigantesca. Un imperio produce
> de forma inesperada: ciudades, bosques de verano,
> satrapías, caballos.
> Una soledad: una enormidad.
> Gracias Dios.

El poema llegó en el momento justo, como si me lo hubiera enviado un amigo que sabía que me vendría bien un regalo. Sentí tanta afinidad en la confesión de soledad de Gilbert y me asombré de sus descubrimientos internos. ¿Qué "ciudades, bosques de verano" me esperan mientras navego a mitad de camino? ¿Qué semillas hay dentro de mí, anhelando brotar de manera gigantesca?

SUGERENCIA PARA HOY:

¿Qué ciudades y bosques de verano te esperan? ¿Qué semillas anhelan brotar de manera gigantesca?

Doce minutos

Linda Sue Park

Estar atascada es horrible.

Hace unos diez años, estaba bastante segura de haber resuelto el problema de la escritura. Había publicado más de una docena de libros para jóvenes lectores y tenía una floreciente carrera como profesora y conferencista en congresos, talleres y licenciaturas de escritura.

Y entonces me quedé atascada.

Durante meses.

Por "atascada" me refiero a los dedos congelados por completo, inmóviles, la página tan en blanco como mi mente. Semana tras semana, alternaba el pánico y el entumecimiento. Desesperada, empecé a leer docenas de relatos sobre cómo otros creadores se enfrentaban al bloqueo del escritor.

Uno de los remedios que descubrí fue el Método Pomodoro, que consiste en programar un temporizador de veinticinco minutos ("pomodoro" por el icónico temporizador de cocina con forma de tomate) y escribir sin distracciones durante ese tiempo, para luego tomarse un breve descanso. Me pareció una solución perfecta. No me pedía que escribiera todo el día, ni siquiera medio día.

Veinticinco minutos. Podría hacerlo.

Excepto que no pude.

No sé cuántas veces lo intenté. Incluso si conseguía empezar, nunca podía aguantar los veinticinco minutos. Pero había cientos de testimonios de gente (incluidas personas destacadas como Elizabeth Gilbert) que decían lo bien que les funcionaba este método. ¿Por qué a mí no me servía?

Seguí intentándolo. Pensando que un periodo más corto podría ayudar, fijé el temporizador durante veintidós minutos, luego veinte. Seguía sin funcionar. Entonces empecé a descontar un minuto cada vez. Diecinueve minutos... dieciséis minutos... catorce...

Por fin, a los doce minutos, ocurrió algo extraño. Escribí durante doce minutos sin parar. Me quedé de piedra cuando se apagó el temporizador. ¿Fue casualidad? Volví a intentarlo. Y otra vez. Y otra vez...

Doce minutos fueron una especie de punto de inflexión para mí. Una y otra vez, descubrí que podía escribir con concentración y determinación durante doce minutos. Y si las cosas iban bien, solo pulsaba "reiniciar" en el temporizador y hacía otros doce minutos. Había días en los que pulsaba el botón de reinicio cuatro veces seguidas, lo que significaba que escribía durante casi una hora seguida. Pero solo podía hacerlo engañándome a mí, diciéndole a mi cerebro que solo estaba escribiendo por doce minutos.

De manera paralela a las sesiones de doce minutos, e igual de importante, me doy permiso para escribir auténticas porquerías. De hecho, me animo a hacerlo: "Vamos, doce minutos de escritura terrible". La presión desaparece.

Desde entonces, he presentado ese método a muchas personas en mis talleres. Un comentario típico: "¡De verdad se puede hacer algo en esa cantidad de tiempo!". Otro, aún más alentador: "Eso ha cambiado mi vida de escritor".

Y lo más importante: puedo encajar una sesión de escritura de doce minutos en casi cualquier día. De viaje, en aeropuertos y aviones. En eventos del trabajo, entre una conferencia y otra. En casa, cuando estoy enfrascada en tareas domésticas, en especial al cuidado de los niños.

Llevo años escribiendo poemas, libros ilustrados, cuentos y novelas enteras en sesiones de doce minutos. Hace poco escribí un ensayo corto utilizando este método.

Acabas de leerlo.

SUGERENCIA PARA HOY:

Pon un cronómetro y escribe durante doce minutos sin parar. El tema puede ser un trabajo en curso, una historia de tu infancia o un flujo de conciencia. Si todo va bien cuando suene el temporizador, vuelve a empezar y escribe otros doce minutos. Repítelo cuantas veces quieras.

Habilidades de supervivencia

Quintin Jones

Sentado en esta celda de ejecución del corredor de la muerte de Texas, con una cámara vigilando todos mis movimientos, pienso en la aceptación y en la supervivencia. Hace años, llegué a entender y ejercer ese poder: "Cambia lo que puedas. Acepta el resto". La última parte no significa que te rindas. Pero al aceptar las cosas como son, eres capaz de ganar una cierta cantidad de control sobre dicha situación. ¿Me entiendes?

También pienso en cómo acabé en esta situación, de dónde vengo y todo lo que soporté y sobreviví en mis cuarenta y un años de vida aquí en la Tierra, más de la mitad de ellos encarcelado. Crecí sintiéndome mal recibido, no querido y no amado por mis padres; lidiando con el abuso mental y físico a manos de otros, así como a las mías. A pesar de lo que crecí sintiendo y creyendo sobre mi fuerza, tiendo a sacudir la cabeza y darme palmaditas en la espalda por haber sobrevivido a tanto durante tanto tiempo.

SUGERENCIA PARA HOY:

¿Cuándo fue la última vez que de verdad notaste tu fuerza interior? ¿Qué estabas haciendo o atravesando? ¿Hubo algún momento en el que te diste cuenta de que habías dado por sentadas tus habilidades de supervivencia?

El riesgo de florecer

Paulina Pinsky

Que te resulte familiar no significa que sea bueno para ti.

El pasado diciembre, mientras conducía de Nueva York a Nueva Orleans para pasar Navidad con la familia de mi prometido, el hombre con el que se suponía que iba a casarme empezó a gritarme sus creencias antinatalistas: que tener hijos no era ético. Me agarré al volante para contener las lágrimas.

Lo había oído despotricar todos los días de nuestros siete meses de compromiso. Me resultaba familiar.

Por primera vez en los dos años y medio de relación, nos quedamos sin hierba. Durante cinco años, había fumado diario y, ahora, al tercer día sin ella, ya no me sentía anestesiada. Y aunque su problema me resultaba familiar, aunque yo me había dicho que estaba acostumbrada a su rabia, ya no podía convencerme de que era seguro.

Me sentí obligada a ver la verdad: había permanecido en una relación volátil de forma emocional porque me había convencido de que lo familiar era seguro.

Pero ya no me sentía segura.

De repente me di cuenta: lo familiar no siempre es seguro.

Llevo nueve meses sobria. Ya no estoy comprometida y vivo feliz en mi casa de Pasadena, California. Permitirme romper con lo conocido me llevó a un cambio enorme, que transformó mi vida y la conservó. Estoy agradecida por haber creído que podía probar algo nuevo, que merecía algo más, algo mejor. Aunque no podía ver lo que me esperaba, mi vida ha crecido más allá de mis sueños más descabellados porque me elegí a mí, porque elegí el cambio.

Ahora estoy conectada con mi intuición y sé cómo escucharla. Ya no anestesio, emboto ni destruyo mi instinto visceral. Encuentro consuelo diario en la escritura y en pequeños actos nutritivos como la rutina de cuidado de la piel. Ya no permito que la familiaridad eclipse mi juicio. Me comprometo de manera activa con lo que me repone y reanima. Ya no defiendo mi destrucción. Estoy a salvo.

La familiaridad es una forma de comodidad, pero solo porque sea familiar no significa que no sea destructiva.

Me fui porque ya no tenía miedo a la incomodidad. Y descubrí que quedarse quieta era más incómodo que sumergirse en lo desconocido.

SUGERENCIA PARA HOY:

Pregúntate: *¿Qué te incomoda admitir?* ¿Es una relación que se ha vuelto tóxica? ¿Un hábito que se ha vuelto poco saludable? ¿Una vieja historia a la que te aferras y te está frenando?

Entonces, sin juzgarte, llamando a la compasión, sigue adelante y admítelo.

SUGERENCIA EXTRA:

Crea una lista de pequeños actos nutritivos. Asigna uno a cada día de la semana.

Esta soy yo

Rebecca Rebouché

Hace poco sufrí una ruptura amorosa. Me sentí envuelta en ella, como si una nube de angustia me rodeara y me costara imaginar que alguna vez se disiparía. Pero no dejaba de repetirme que soy más que esa experiencia, algo que todos tenemos que recordarnos a veces. Cuando nos rodea una nube de incertidumbre, miedo y pérdida, es difícil ver hacia delante o hacia atrás, a la izquierda o a la derecha.

Hace unos años viajé sola por la península ibérica y pasé tres semanas en varias islas de las Azores. En Pico, alquilé un monopatín, empaqueté mi pequeño set de pintura y pasé un día explorando el paisaje volcánico, navegando por las montañas con un inútil mapa de papel y sin señal de celular. Pasé horas sin ver a otro ser humano y fue humillante ver cuántas veces me perdí, cuántas veces me detuve entre vacas y caballos para consultar mi mapa.

También había momentos en los que me encontraba tan alto en las montañas que la densa capa de nubes se asentaba sobre el suelo, envolviéndolo todo. Cuando entraba en una nube, la niebla blanca y esponjosa era tan densa que solo podía ver lo que tenía enfrente. Disminuía la velocidad y avanzaba con cuidado para no salirme de la carretera.

Ese día grabé muchos videos, todos comenzando con las palabras "Esta soy yo…". Esta soy yo perdida de nuevo. Esta soy yo dando la vuelta. Esta soy yo parando a tomar un tentempié. Esta soy yo en una nube. En aquel momento, esos diarios me parecían una tontería, pero ahora los aprecio porque me recuerdan una época en la que estaba sola y perdida, pero en medio de una aventura. Me recuerdan que, por muy desorientador que sea moverse por una nube, emerger es emocionante. De repente, puedes ver lo que siempre estuvo ahí, pero que estaba oculto. Lo desconocido se vuelve conocido: las montañas, el océano y los frondosos campos verdes se revelan con detalles nítidos y vívidos.

SUGERENCIA PARA HOY:

¿Cuál es la nube que te rodea ahora? Escribe sobre una situación o un sentimiento tan envolvente que te resulte difícil ver hacia delante o hacia atrás, a la izquierda o a la derecha.

Si quieres, usa el estribillo "Este soy yo…" para anclarte en el momento presente y describir la experiencia con detalles concretos.

No ahí, sino aquí

Mariah Z. Leach

El 30 de diciembre de 2021, el incendio Marshall arrasó por completo nuestro vecindario cerca de Boulder, Colorado. Aunque estaba llena de gratitud porque mi familia y mis vecinos estaban a salvo, no fue fácil contemplar las cenizas del único hogar que mis tres hijos habían conocido. Darme cuenta de que todos los objetos que habíamos atesorado (los adornos de la primera Navidad de cada uno, las colchas de bebé cosidas a mano, los anillos de boda, las fotos familiares) habían quedado reducidos a la nada fue devastador. Fue crudo. Sentí una punzada de dolor en el vientre. Podía sentirlo en la garganta.

Pero también me resultaba vagamente familiar esa sensación de que todo había cambiado para siempre. Quince años antes, la enfermedad había interrumpido la trayectoria de mi vida. Aunque empezó en la universidad, llegué casi hasta el primer año de Derecho antes de enfermar demasiado como para ignorarlo, y a los veinticinco años me diagnosticaron artritis reumatoide grave. No sé cuántas veces me dijeron que era "demasiado joven" para tener artritis, mientras me pasaba la segunda mitad de los veinte atada a intravenosas, aprendiendo a apuñalarme con agujas, lidiando con los efectos secundarios de la quimioterapia (aunque en dosis mucho más bajas que para el cáncer) y buscando un tratamiento que me ayudara a "recuperar mi vida".

Mi vida desde el incendio está algo borrosa, pero los recuerdos son claros. Diciéndoles a mis hijos pequeños que lo habían perdido todo. (Mi hijo de siete años lloraba por sus peluches, mi hijo de nueve lloraba por sus libros, mi hijo de tres no entendía por qué no volvíamos a casa). Buscando con desesperación un alojamiento temporal con otras mil familias devastadas. Visitando centros de donación y apoyándonos en la comunidad para cubrir necesidades básicas como ropa, zapatos y pasta de dientes. Evaluando todas nuestras opciones y, al final, tomar la desgarradora decisión de reubicarnos en lugar de reconstruir.

Pero cuando las cenizas de nuestra antigua vida se asentaron y pudimos empezar de nuevo, me di cuenta de que habíamos soportado el temporal y habíamos salido más o menos enteros. En parte, me di cuenta de que ya llevaba más de una década practicando la resiliencia frente a la enfermedad crónica.

Después de mis luchas como madre primeriza con artritis reumatoide, siempre quise escribir un libro sobre el embarazo y la crianza de los hijos con una enfermedad crónica, pero creo que estaba esperando algún tipo de conclusión para mi historia, como si de forma mágica fuera a llegar a un punto especial donde mis experiencias vitales culminaran en un final resonante. Pero desde el incendio, pienso que quizá lo importante no sea una "conclusión" en absoluto. Tal vez lo que debo hacer es escribir sobre el viaje y los inevitables altibajos a los que me enfrenté en el camino. Quizá nunca llegue ahí; puede que "ahí" ni siquiera exista. El objetivo solo es averiguar cómo prosperar aquí.

SUGERENCIA PARA HOY:

Escribe sobre un viaje inacabado: dónde empezaste, dónde te encuentras ahora, cómo esperabas que fuera cuando llegaras ahí y cómo puedes prosperar aquí.

Vivir bien

Hanif Abdurraqib

Al principio de la pandemia, creé un grupo de amigos por correspondencia. Todos eran personas que, como yo, vivían solas y convivían con la depresión y/o la ansiedad. No conocía a la mayoría; fue un ejercicio de gracia, tanto para mí como para los demás. Sabía que había niveles de aislamiento que me parecían insostenibles, insuperables, por lo que seguro eran insostenibles e insuperables para los demás.

La primera reunión fue una llamada por Zoom. Las llamadas por Zoom todavía no eran insufribles; seguía siendo una delicia ver las caras de la gente en cualquier formato, aunque solo fuera a través de pequeños recuadros digitales. La primera pregunta que les hice a todos fue: "¿Qué necesitarías para vivir *bien* hoy?". En mis peores episodios depresivos, debo reducir el tiempo. Necesito sobrevivir en horas, a veces minutos, ocasionalmente segundos. Y así, con el ánimo de vencer eso, la idea era que dijeran qué podían tomar, en ese momento, que les ayudara a sobrevivir todo el día.

Las respuestas fueron deliciosas y sencillas de formas sorprendentes: un cuenco de fruta, una lista de reproducción hecha por alguien que me quiere, la llamada de un ser querido, un animal deseoso de que lo acaricie.

Fue refrescante. Fue un recordatorio de lo que estaba al alcance de la mano, y de lo que sigue estando al alcance de la mano para muchos, incluso cuando sentimos que una sensación brillante está demasiado lejos para tocarla. Claro, eso no es una solución para todo. La pregunta nos remite a lo que necesitamos, más que a lo que nos gustaría ver. Enmarcarlo de ese modo reduce la petición a una simple urgencia, lo que puede hacer que el resultado sea más alcanzable.

Poco después de nuestro primer encuentro, empecé a escribir sobre eso, incluso inspiró una serie de poemas. Tal vez haga lo mismo contigo.

SUGERENCIA PARA HOY:

¿Qué necesitas para vivir *bien* hoy? Asegúrate de que la respuesta sea algo concreto y a tu alcance. ¿Qué te ha impedido (o te está impidiendo) conseguir lo que necesitas?

Capítulo 8

SOBRE EL EGO

Me fascinan las historias de personas que se dedican a la creación cuando ya son mayores. Muchos tenemos la sensación de que, con el paso del tiempo, a medida que envejecemos, se nos cierran ciertas perspectivas. Has girado a la derecha en la bifurcación y ya no puedes volver atrás: tu vida debe continuar, paso a paso, por esa misma ruta. Como escribió Robert Frost: "El camino lleva al camino". Pero entonces pienso en alguien como la Abuela Moses, la artista popular estadounidense a la que de niña le encantaba pintar, pero no tuvo tiempo ni medios para dedicarse a ello. La Abuela Moses tuvo una vida dura. A los doce años empezó a trabajar como empleada doméstica para familias adineradas del norte del estado de Nueva York. Más tarde se casó, tuvo diez hijos y trabajó muchas horas como esposa en una granja. No fue hasta finales de sus setenta, cuando sus manos estaban demasiado artríticas para trabajar, que volvió a pintar, su pasatiempo favorito de la infancia. Durante el cuarto de siglo siguiente, hasta su muerte a los ciento un años, realizó más de mil quinientas obras de arte. En ese tiempo, su nombre se volvió muy conocido y sus cuadros se imprimieron en tarjetas Hallmark, estampillas de correos y se colgaron en instituciones sagradas como el Museo de Arte Moderno y el Smithsonian.

La Abuela Moses es un ejemplo extraordinario de artista tardía. Por supuesto, no todos los que toman un pincel en sus años dorados consiguen tanta atención y reconocimiento. Pero historias como la suya me dan esperanza y un sentido de posibilidad. Me encanta la idea de que puedes despertar partes dormidas de ti, partes que quizá ni siquiera sabías que estaban ahí. Me recuerda que nunca es demasiado tarde para cambiar el rumbo de tu devenir.

Por ejemplo, la agente inmobiliaria, que se volvió mi querida amiga Barbara, que a sus setenta años nos inscribió en un curso de cerámica para principiantes. Cuando le pregunté por qué cerámica, me contestó con naturalidad: "Algo que hacer". Barbara estaba acostumbrada a un ritmo de vida más ajetreado de lo normal en nuestra comunidad poco poblada. Vivió la mayor parte de su vida en Manhattan: de niña, en una casa de vecinos de Murray Hill; de adulta, en un departamento del East Village, no lejos de donde yo nací y pasé la década de mis veinte. La vida en la ciudad era bulliciosa, dice Barbara, y se vivía en la calle: en los parques, en los transbordadores, en los teatros, bares y discotecas. Así que, cuando se jubiló de su carrera como detective de policía y se trasladó al campo con su mujer, Donna, el estilo de vida le pareció lento y un poco solitario.

Pero una segunda carrera en el sector inmobiliario le permitió afianzarse. Se familiarizó con la zona y, con los años, conoció gente, incluida una mujer que tenía un estudio de cerámica en la calle principal del pueblo. Barbara no había asistido a clases de arte desde la prepa. Pero le encantaba y le preguntó a la dueña si podía organizar una clase con sus amigas: se imaginaba tardes juntas jugando con arcilla, bebiendo vino y disfrutando la compañía de las demás. La dueña aceptó, aunque de inmediato descartó la bebida.

A pesar de esa decepción, en el otoño de 2021, Barbara invitó a siete personas a unirnos a ella en ese curso de ocho semanas de arcilla hecha a mano. Nos reuníamos los lunes por la noche y empezamos a hacer vasijas moldeadas con pellizcos y cuencos. A la mayoría nos costó mucho trabajo al principio, pero Barbara se proclamó la peor de la clase. Sus cuencos se derrumbaban y, cuando lo hacían, se burlaba de sí de la forma más graciosa. Al final declaró que no iba a hacer "otro maldito cuenco", lo que nadie contradijo porque nadie contradice a Barbara. "Mis manos no quieren hacer cuencos", dijo. "Quieren hacer caras".

Mirando atrás, fue una elección instintiva; ella estaba escuchando a su intuición. Cuántas veces ignoramos esa voz que nos dice lo que queremos, lo que necesitamos, lo que puede traernos paz, consuelo o alegría. Cuántas veces la ahogan otras voces: el coro de expectativas sociales, los detractores y los críticos, o nuestra creencia de que tenemos que seguir las normas, ser buenos y perfectos.

Así que empezó a esculpir bolas de arcilla para darles forma de rostros humanos. Y aunque la profesora trató de darle consejos y le ofreció enlaces a videos en internet, Barbara no se fijó en los demás. Aprendió por ensayo y error. Pasaron las semanas y a sus caras les crecieron cuellos y orejas; sus ojos se abrieron. Además de los cambios en las cabezas de arcilla, notó diferencias en cómo veía las de verdad. "Como policía, siempre me fijaba en la gente, sobre todo en las manos, para protegerme", explicó. "Ahora me fijo en las orejas, la frente, la distancia entre el labio inferior y la barbilla, qué tan atrás están las orejas, si la nariz es fina o gorda".

"Es casi como si no pudieras equivocarte al hacer una cara, porque hay mucha variedad", continúa. "No importa lo que hagas, porque estás haciendo a alguien".

Sentí que se me erizaban los pelos de los brazos cuando Barbara dijo eso. Era emocionante en su sentido de la posibilidad, ¿y la idea de que en realidad no puedes cometer un error? Pura liberación. Ese pensamiento, de un solo golpe, elimina todos los obstáculos y trabas a la creación, todos los efectos obstaculizadores del perfeccionismo.

Admito que, en otro momento de mi vida, quizá hubiera pensado de otra manera. No habría confiado en mi intuición, en vez de seguir las reglas. Cohibida como estaba (y aún lo estoy a veces) por el perfeccionismo, habría pensado: "Si no soy buena en algo, ¿qué sentido tiene intentarlo?". En lugar de sentir la posibilidad o el permiso, puede que me hubiera resistido a la idea de que en el arte no existen los errores.

De hecho, quizá me habría inventado una excusa para ni siquiera intentarlo. Habría dicho: "Eso está muy bien para Barbara, pero yo no tengo tiempo para clases de cerámica". Y, de hecho, eso fue lo primero que pensé cuando ella me lo pidió. En aquel momento, estaba totalmente inmersa en el culto a la productividad. Cada día intentaba con todas mis fuerzas llegar al final de mi lista de tareas pendientes, solo para encontrarme con una lista de tareas pendientes más larga. Hasta el punto de que cosas que ni siquiera eran pendientes, como una cena con amigos, empezaron a parecerme otra cosa más que tachar de la lista. Me sentía abrumada y agotada. (Pronto me enteraría de que esto se debía, al menos en parte, a que mi leucemia había vuelto). Habría sido fácil decir que no y echarles la culpa a los plazos de entrega del trabajo y a otras responsabilidades: demasiadas cosas que hacer y poca energía.

En últimas fechas, he pensado en las historias que nos impiden tener una experiencia como la de Barbara, historias como "estoy demasiado ocupada"; "no voy a ser buena en eso"; "nunca lograré esto, así que ni siquiera debería empezarlo".

Al analizar esas historias, me viene a la mente la enseñanza budista de los tres venenos, el apego, la aversión y el engaño, que se consideran la raíz del sufrimiento. Por sufrimiento no me refiero al dolor físico o emocional, sino a cómo lo interpretamos, cómo nuestras creencias generan una capa secundaria, a menudo psicológica, de aflicción. Por ejemplo, en lugar de experimentar un simple placer, nos apegamos demasiado a él y nos atormentamos por el deseo y el ansia. O cuando pensamos que algo nos aniquilará (ya sea el dolor, un cambio indeseado o un fracaso lamentable) y necesitamos evitarlo a toda costa.

Muchas veces, el apego y la aversión funcionan como las dos caras de una moneda: nos aferramos a lo familiar porque nos aterroriza lo desconocido. En cuanto al tercer veneno, el engaño, se trata de una realidad errónea, de no ver el mundo tal y como es. Eso se manifiesta de diferentes maneras, pero empieza con nuestro miedo al cambio. Todo es efímero, todo pasa, pero insistimos en lo contrario (que hay algo que no morirá). Pensamos: *Tiene que haber algo permanente, algo en lo más profundo de nuestro ser que nunca desaparezca.*

Según los budistas, esa es la fuente del ego, no en el sentido de una autoestima exagerada, sino en el sentido de ser separado e individual, un "yo" solitario en lugar de formar parte del tejido más amplio de la conciencia y la creación. Del mismo modo que al ego le gusta separar "yo" de "ellos", al ego le encanta dividir el mundo en dualismos y binarios, etiquetar las cosas como deseables o indeseables, perfectas o defectuosas, buenas o malas, éxito o fracaso. ¿Y qué inspiran esas etiquetas? Caer otra vez en ese bucle, atormentados por el estira y afloja del apego y la aversión. Estamos desesperados por triunfar y aterrorizados por fracasar.

Un antídoto sencillo contra ese constante aferrarse y alejarse es lo que los budistas llaman "la mano abierta". Significa no aferrarse en extremo a las cosas que queremos y no empujar con demasiada fuerza las cosas que no queremos, sino aceptar lo que venga. Es una de esas lecciones eternas, y puede llevar toda una vida aprenderla. Para mí, ese descubrimiento comienza con una práctica creativa de bajo riesgo: en un cuaderno de bocetos, en un lienzo, en las páginas de un diario o en una clase de cerámica los lunes por la noche.

Hasta la fecha, Barbara ha hecho setenta cabezas y son impresionantes, no porque haya logrado una destreza técnica enrarecida, ni porque encarnen algún ideal de proporción o simetría. Creo que es por su energía orgánica, vitalidad y variedad. Tienen un rasgo común: todas miran hacia arriba, como fascinadas por un meteoro o un platillo volador (algo sorprendente en el cielo). Por lo demás, todas son diferentes. Algunas tienen las mejillas sonrosadas; otras, los párpados amarillo limón o los labios de color melocotón. Algunas tienen la piel ocre, varias son de un color moca cremoso. Un hombre es tan rubicundo que parece un viejo pescador desgastado por el viento con una petaca de whisky en la bota.

Una galería le pidió a Barbara que montara una exposición de arte, pero un requisito era venderlas y eso fue un obstáculo. No las venderá, ni a sus amigos (aunque se lo he suplicado muchas veces), ni a nadie. "Disfruto mirándolas", dice. "Me hacen sentir bien".

En *Libera tu magia*, el libro de Elizabeth Gilbert sobre la vida creativa más allá del miedo, escribe: "Tanto si nos dedicamos a ello como si no, todos necesitamos una actividad que vaya más allá de lo mundano y que nos saque de nuestros roles establecidos y limitantes en la sociedad (madre, empleado, vecino, hermano, jefe, etc.). Todos necesitamos algo que nos ayude a olvidarnos de nosotros durante un rato, a olvidar por un momento nuestra edad, sexo, trasfondo socioeconómico, obligaciones, fracasos y todo lo que hemos perdido y arruinado".

Cuando Barbara se dedicó a la cerámica, atravesaba una época difícil. Su anciana madre se enfrentaba a las vicisitudes de la edad y a su hermana pequeña le habían diagnosticado Alzheimer en fase inicial. Hacer cabezas de arcilla era relajante y terapéutico: luchar con la arcilla, usar su fuerza física, dejar que su subconsciente se hiciera cargo, sorprenderse por lo que surgía en el proceso. Varias son pelirrojas; a una le salen los mechones de la cabeza como llamas. "Mi hermana es pelirroja", dice Barbara. "Pienso: *¿Estoy haciendo a mi hermana una y otra vez?*".

Barbara no sabe la respuesta porque, sin importar qué piense o qué plan tenga, las cabezas de arcilla parecen tener voluntad propia y se convierten en lo que se convierten. Para ella, eso está bien. Todas tienen un lugar en el estante, incluso las que no le gustan tanto. Las sostiene todas con la mano abierta.

Ese es el valor de una práctica creativa. Nos ayuda a olvidar nuestro pequeño yo, el ego, y nos libera de las creencias autolimitantes. Permite que nos sintamos conectados con nuestro impulso creativo innato, que nos conecta con toda la creación. Que los diez ensayos y preguntas de las páginas siguientes te aclaren a qué te resistes y por qué. Que te ayuden a eludir el ego, a escapar de las garras del apego y la aversión y a sostener con la mano abierta los hechos crueles y hermosos de la vida.

Dibujar en los márgenes

Anne Francey

Parte de mi práctica como artista consiste en organizar murales comunitarios, en los que invito a todo el mundo, desde personas sin experiencia hasta artistas consumados, a contribuir con una imagen única. Durante las décadas que llevo haciendo eso, me ha fascinado la forma en que la gente se relaciona con la creatividad y algunos de los patrones que he observado.

A veces organizo estos murales en colegios. Alrededor del 99 por ciento de los profesores y el personal declaran: "No sé dibujar. Solo figuras de palitos y rayitas". Los directores son peores: se retiran a sus oficinas con los materiales y piden tiempo extra para hacer sus aportaciones. Una preguntó si podía hacer su imagen calcando un logotipo. Siempre me sorprende la resistencia, incluso el miedo de la gente. Todo el tiempo pienso: *Claro que sabes dibujar. Solo que nunca te enseñaron cómo o nunca te animaron a creer que podías.*

A los niños, el placer del proceso suele animarlos, pero no siempre. Algunos empiezan con soltura, pero pronto pierden la confianza. Tras echar un vistazo a los trabajos de sus vecinos, acaban replicando lo que ven, por lo general recurriendo a lo más genérico (¡oh, el contagio de los arcoíris y caritas felices!). Otros harán una pequeña marca, la mirarán, pedirán una goma y se enfadarán mucho antes de haberlo intentado. Los que prosperan de forma artística son los que aceptan todo lo que pasa en sus pequeños lienzos, dejando que la pintura les hable y guíe su imaginación hacia algo que ni siquiera habían planeado. Solo confían en que *pueden* hacerlo.

En mi estudio, experimento todo el tiempo con nuevas formas de fluir creativamente y de alejar la rigidez que viene con el miedo al fracaso. Tengo todo un arsenal de tácticas. Puede ser cambiar a una nueva rutina. Establecer reglas y limitaciones sencillas. Observar los minúsculos acontecimientos que ocurren en mi estudio: el sol que incide en un cuadro y me da la solución a un problema de composición, un insecto que se posa en el alféizar. Puede ser no tener rutina.

La mayoría de las veces, me doy cuenta de que las cosas importantes ocurren en los márgenes, es decir, en una zona de flujo libre en la que no hay tanto en juego y, de algún modo, soy capaz de acceder a lo esencial. Por lo general eso ocurre en la mañana, cuando caliento con un pequeño boceto, o al atardecer, cuando me relajo y me pongo a jugar porque ya terminé la jornada laboral. O cuando tengo tantas dudas sobre lo que he creado que lo rehago todo en un arrebato de desesperación, pensando que no hay nada que perder (¡entonces es cuando soy más libre!).

Variar el enfoque me ayuda a aliviar la presión y acallar la voz del "no puedo". Dibujar en los márgenes me libera del ego y desbloquea ese modo creativo fluido en el que simplemente hago.

SUGERENCIA PARA HOY:

Usa las herramientas que quieras (pluma, lápiz, ceras, rotuladores, acuarelas) y empieza a hacer marcas en los márgenes de tu diario. Deja que sea intuitivo y expresivo. Acepta lo que está sucediendo; resiste el impulso de juzgar. Permite que las marcas se extiendan y guíen tu imaginación hacia algo que ni siquiera habías planeado. Una gota accidental del café de la mañana en la página del diario puede ser la forma inicial. Los pétalos de una flor cercana, apretados entre los dedos y frotados en el papel, podrían ser tu acuarela. Durante diez minutos, confía en que puedes hacerlo.

El primer lector
Sharon Salzberg

Hace años, cuando trabajaba en mi libro *Faith: Trusting Your Own Deepest Experience* [Fe: confía en la más profunda de tus experiencias], recibí una gran lección sobre cómo no dejarse llevar por el ego. Me costó mucho escribir ese libro. Por un lado, se trataba de mi camino de fe, que incluía volver a contar los traumas de la infancia: la muerte de mi madre cuando solo tenía nueve años y la enfermedad mental de mi padre. Por otro lado, recibí una directiva desafiante de la editora. En un momento dado, hablábamos de los obstáculos a la fe, y ella señaló que la duda era lo contrario de la fe. Pero no es así en el budismo y le dije:

—Dudar, cuestionar e insistir en conocer la verdad por uno mismo se consideran aliados de la fe.

—Bueno, entonces, ¿qué es lo contrario a la fe? —preguntó.

—La desesperación —respondí.

—Entonces tendrás que contar una historia desesperada —dijo.

En realidad, yo no quería ser tan vulnerable y reveladora. Pero sabía que tenía razón.

Además, luchaba con la necesidad de redimir de alguna manera la palabra *fe* de sus asociaciones negativas, como ser silenciada. Pero esas elevadas expectativas me llevaron a ser superperfeccionista. Temía no hacer justicia al tema, así que me volví abstracta y filosófica. Dudaba en ser demasiado simple, así que escribía de forma elaborada y falsa. Tenía miedo del tema que había elegido (varias personas me habían advertido que no escribiera sobre la fe) y no dejaba de cuestionarme. Estaba atascada.

En un momento dado, hablaba con una escritora maravillosa, Susan Griffin, sobre mis aflicciones. Me escuchó y aconsejó: “Deja de pensar en ti como la persona que escribe el libro y obsérvate como la primera persona que lee el libro".

Tenía toda la razón. Verme a mí como "la autora que debe hacerlo perfecto" me llevó a una terrible lucha de ego. Cuando pensé en mí como la primera persona que leería la obra, me sentí muy feliz. Me aparté del camino, dejé que la escritura fluyera a través de mí y me sentí bendecida.

Sigo honrando el arte y aprendiendo nuevas habilidades para expresarme con más claridad y estar lo más presente posible mientras escribo. Pero cuando siento la tentación de crear desde el ego, recuerdo el comentario de Susan. Al final, lo más importante es la conexión de corazón a corazón. Si puedo apartarme del camino y verme a mí como la primera persona que va a leer la obra, encuentro mi corazón y todo se vuelve posible.

SUGERENCIA PARA HOY:

Piensa en una situación donde te encuentres atascado o con dificultades, tal vez un proyecto creativo, un problema familiar o un apuro laboral. Ahora cambia de una postura impulsada por el ego, en el que tú eres el que tiene todas las respuestas, todas las habilidades, toda la responsabilidad de perfeccionar o arreglar las cosas, a una postura más humilde de ser un aprendiz, un recipiente, incluso un beneficiario. ¿Puedes describir la diferencia entre lo que sientes? ¿Qué posibilita ese cambio?

La naturaleza de la infancia

Diana Weymar

Crecí en los páramos del norte de la Columbia Británica en los años setenta. Esa frase, por sí sola, llena un libro en mi mente. Empiezo contando lo que no tenía: cañerías, electricidad, vecinos, juguetes de plástico, pavimento, escuela, televisión, paredes en las habitaciones, visitas, juegos, un árbol de Navidad, Halloween, viajes para ir de compras... la lista es larga.

Y luego me preguntas cómo fue. (A veces con tono de preocupación). Y yo te digo que fue la mejor época de mi vida porque no sabía otra cosa. No había nada con qué comparar. No había nadie con quien compararme ni ningún otro tipo de referencia en el que tuviera que encajar. Simplemente era yo. Solo éramos yo, mis padres, un hermano pequeño, una cabaña de madera, un río, osos, redes de pesca, montañas, alces, una estufa de leña, herramientas, un equipo de perros, algunos viajes al pueblo o a la reserva y gallinas. (Mi mejor amiga fue una gallina hasta que fue la cena).

Te cuento todo lo que tenía porque no sabía lo que me estaba perdiendo. No solo eso. También conocía el sonido del río, el asiento de madera lisa de un retrete, la superficie de un camino de tierra bajo los pies descalzos, la ajetreada red de hormigas bajo una piedra y los diamantes en la nieve cuando salpicaba los lados de un trineo tirado por perros en un día soleado.

Intentaría hablarte del aislamiento, de lo salvaje y de que fue una época en la que nunca estuve más cerca de un mundo imaginario y del mundo real al mismo tiempo. ¿Siquiera sabía la diferencia? ¿Importaba? Y terminaría diciéndote que siempre buscaré esa sensación, esa conexión, y que las partes salvajes que hay en mí buscarán las partes salvajes que hay en ti.

SUGERENCIA PARA HOY:

¿Dónde encuentras lo salvaje dentro de ti? ¿Es un lugar nuevo o viejo? ¿Un lugar físico o espiritual? ¿Un lugar que recuerdas o que olvidas?

La sextina del ratón

Ann Patchett

La creatividad es un campo tan vasto y abierto que a veces me paralizo. (Ciervo. Faros). ¿Sobre qué puedo escribir? ¿Sobre cualquier cosa? No deseo un número infinito de opciones. Puede sonar contradictorio, pero a veces encuentro la libertad creativa aventurándome en los espacios más estrechos. No soy poeta, pero me gusta escribir poesía formal y restrictiva. Cuando debo concentrarme en contar sílabas y recorrer un número reducido de palabras, es casi como si mirara en otra dirección y las grandes ideas pudieran caminar hacia mí.

Empieza con un haiku sencillo y comprueba cómo te sientes. Tómate un tiempo para practicar. Si te gusta, prueba con un soneto. Hay muchos tipos de sonetos para elegir. Prueba unos cuantos a ver cuál te gusta. Mi forma poética favorita es la sextina. Es supercomplicada y divertida. No sabes la cantidad de veces que mi hermana y yo nos hemos sentado en un restaurante (en los viejos tiempos) a escribir sextinas en duelo en el reverso de manteles individuales de papel. Le encanta el sudoku y creo que usa la misma parte de su cerebro.

Quería escribir algo sobre ratones, así que escribí una sextina desde la perspectiva del ratón. Lo importante no era el poema, sino que intentaba meterme en la cabeza del ratón. Aunque suene raro, funciona para mí.

SUGERENCIA PARA HOY:

Elige una forma poética e inténtalo.

Las vueltas que damos

Lidia Yuknavitch

Confieso que sufro un poco de complejo de salvador, del cual he intentado recuperarme la mayor parte de mi vida adulta. Quizá me influyeron los intentos de enseñarme el catolicismo de pequeña, pero lo más probable es que naciera al aprender de mi hermana mayor sobre Juana de Arco. Yo tenía nueve años. Ella tenía diecisiete. El segundo nombre de mi hermana, que recibió al confirmarse, es Juana.

Juana de Arco, que oía voces y luchaba en guerras, me hipnotizaba. De niña viví la zona de guerra doméstica de una casa con un padre abusivo. Después de que mi hermana se fue a la universidad, esperé un tiempo con la esperanza de que apareciera algún salvador, pero no llegó ninguno. Mi hermana abandonó nuestra historia y se metió en la suya. Mi madre se ahogó en alcohol. Así que decidí tragarme entera la historia de Juana de Arco, meterla en mi cuerpo, como una hostia de comunión.

Al crecer, me sentía más viva cuando estaba sola o cuando ayudaba a alguien o algo. Pájaros bebés que habían caído del nido. Arañas que parecían perdidas y necesitaban que las acompañara de vuelta al exterior. Piñas y piedras que necesitaban que les hiciera pequeñas camas hechas con cajitas llenas de algodón. Una amiga que vivía en la casa de al lado, cuyo padre le dejaba marcas en la espalda. *Ven a dormir a mi casa.* No digo que fuera buena salvando a nadie ni nada. Solo no podía evitarlo.

El problema de la gente con complejo de salvador es el siguiente: para creer que puedes salvar a otra persona, debes pensar que eres más fuerte que ella, que estás haciendo algo noble, justo o que eres mágico. De niña, yo creía que era mágica, aunque no tuviera una opinión muy buena de mí. De alguna manera, la historia que se formó en mi cuerpo fue: *rompe las reglas, crea fuego, sal ardiendo de la casa de tu padre.* Aún no había descubierto cómo no quemarme.

Una de las muchas experiencias que me encaminaron hacia la readaptación del complejo de salvador ocurrió cuando ya era adulta: cuando formé parte de un equipo de carretera con diez hombres a los que nunca conocí más allá de las seis semanas de trabajo que compartimos. Todos habíamos sido condenados por delitos en el estado de California, ninguno de los cuales incluía mucho tiempo de cárcel, unos pocos días o semanas. No era mi primera detención, ni la última. (Me ha llevado mucho tiempo aprender la diferencia entre la resistencia sin una buena razón, que no es más que rabia invertida, y la resistencia hacia un propósito mayor). Nos asignaron servicio a la comunidad, en particular trabajo en la carretera.

Hombres trabajando. Y yo. Una configuración extraña. Hasta ese momento de mi vida, los hombres aparecían para acostarse conmigo o para joderme la vida. Con los del equipo de carretera, me sentí avergonzada. ¿Qué hacía alguien como yo, una profesora universitaria, trabajando con ellos en las vías del tren? ¡Qué graciosas criaturas demoniacas son nuestros egos! Al igual que los problemas de salud, de dinero, los amorosos, la violencia o la muerte, las malas decisiones y los errores nos afectan a todos, no importa quién te creas que eres. En realidad, nunca, nadie está por arriba o abajo de nadie. Todos estamos aprendiendo, olvidando y quizá volviendo a aprender a trabajar juntos.

Un día nos enviaron a mover unos durmientes de ferrocarril. Mis guantes de trabajo eran enormes. Ridículos. ¿Mi capacidad para levantar la mitad de un durmiente? Igual de ridícula. Yo no estaba por encima de nadie en ninguna parte. Para mover un durmiente, dos personas lo cargan, una en cada extremo, lo suben a los hombros, lo llevan hasta donde va y luego lo lanzan al mismo tiempo. Excepto que de vez en cuando, una mujer descarriada se golpea en ambas rodillas con una viga errante cuando se mueve a la izquierda en vez de a la derecha para quitarse del camino, las rodillas se descoyuntan por completo y su cuerpo cae al suelo como un peso muerto.

Esta podría ser una historia sobre la violencia de los hombres. Pero no es esa historia. Más rápido de lo que se puede decir "hombres trabajando", dos tipos se pusieron a mi lado en el suelo como si fueran corchetes humanos. Otro, primero murmuró "¡maldita sea!", en voz baja y, luego, "de acuerdo", entonces se puso en cuclillas entre mis piernas y me explicó lo que iba a hacer: poner mis rodillas en su lugar dándole un buen golpe a cada una. Dijo que me iba a doler, pero solo un instante. Habló con la calma y la franqueza con las que un padre, no el mío, le hablaría a una hija. Casi no podía verlos porque tenía los ojos llenos de lágrimas. Solo pensaba: *De ninguna manera voy a llorar delante de ellos.* Pero las lágrimas se derramaron.

¡Una, dos, tres! El hombre me reacomodó una rodilla en su lugar, luego la otra, mientras los otros dos me sujetaban el cuerpo y el cuarto, un larguirucho, más o menos de la edad de los universitarios a los que enseñaba en aquella época de mi vida, me traía una botella de agua. Los dos hombres a mi lado me levantaron con los brazos sobre sus hombros. Descansamos unos minutos bajo un árbol, la sombra como una pequeña gracia muda. Un rato después, volví a sentir las piernas como piernas, aunque tenía las rodillas hinchadas. Luego volvimos al trabajo, aunque me pusieron a cortar las malas hierbas con una podadora sin filo y los gigantescos guantes de trabajo, mientras los hombres que nunca conocería intercambiaban historias en el aire a mi alrededor.

—A Benny se le atascó el pie en una trilladora.

—Don una vez se cayó por un elevador de granos, maldita sea, casi se asfixia.

—¿Recuerdas cuando Ronnie fue atropellado por un coche en la I-5? —Todos se rieron—. Pensé que tendríamos que hacerle un torniquete en el culo.

Me quedé mirando al grupo de hombres. Ninguno de ellos era un santo o un salvador. Solo Dios sabe lo que ocurría en sus vidas cotidianas. Podemos desear que existan héroes que nos salven, como ocurre en los cuentos épicos y en las películas de superhéroes. Pero cuanto más deseamos que alguien nos salve, más renunciamos a la cualidad humana más importante que todos compartimos: la capacidad de ayudarnos unos a otros por turnos. Hacer sitio a los que luchan. Llevar agua. Palear mierda. Devolver el cuerpo a alguien. Atender a los que necesitan cuidados. Dar un beso de buenas noches a los niños y sentarse con ellos mientras duermen, protegiendo sus sueños.

Entonces, uno de los hombres, el que me había "salvado", dijo:

—Nos turnamos para arruinar las cosas. Nos turnamos para hacerlo bien. Así son las cosas, supongo.

No sé si era sabiduría o no, pero esa idea se me metió en el cuerpo como la sacudida que me dio cuando me puso las rodillas en su lugar. *Sí,* pensé, *nos turnamos*, una verdad que espero que todos aprendamos, o estamos fritos.

SUGERENCIA PARA HOY:

Escribe sobre un momento en el que aprendiste una lección importante de quien menos te lo esperabas (incluso de alguien ante quien te sentías superior) y a partir de la cual todo cambió.

Silencio

Kimbra

Los espectáculos iban muy bien, pero algunas noches me sentía vacía. Tenía el control total, pero seguía sintiéndome como un mono, subiendo al escenario y haciendo los mismos trucos que tan bien conocía. Los fans eran increíbles, los espectáculos se vendían con éxito, pero yo sabía lo que pasaba cuando dejaba de cantar. El público aplaudía. Yo sonreía. Empezaba la siguiente canción. Me movía. Ellos miraban. Hacíamos lo que siempre hemos hecho. Público e intérprete. Reverencia y ovación de pie.

Se acercaba mi actuación en la Ópera de Sídney y la gente no paraba de preguntarme si estaba emocionada. Yo, por supuesto, sonreía y decía que sí. Pero en el fondo, en ese lugar interior de conocimiento, había un no rotundo. En ese momento supe que algo necesitaba cambiar. La música era mi portal hacia lo sagrado. No podía dejar que las exigencias de la industria musical me robaran mi don y mi servicio, ni que el agotamiento me arrebatara mi mayor alegría. Levanté los ojos y pregunté al cielo: *¿Qué me entusiasmaría de tocar en este concierto?* Surgió una palabra interesante: silencio.

Imaginé la Ópera de Sídney zumbando con las vibraciones finales de una canción, el bajo fundiéndose en la distancia y la llegada del silencio, angustioso y grave. Esa ausencia segura, firme y amorosa en la que te encierra el silencio. Imaginé que escuchaba a los albañiles que habían puesto cada ladrillo. Ese zumbido espeso de la presencia humana. Esa rica espera. Llamé a mi banda y les conté el plan. Creamos zumbidos y ondas sinusoidales para ponerlas entre canciones y esbozamos un nuevo concepto de iluminación que ayudaría a crear una atmósfera de "espera".

El nuevo espectáculo estuvo listo justo a tiempo. Llegó la noche; las luces se apagaron. Subí al escenario con valentía, pero preparada para fracasar. Hice una invitación al público: no solo que retiraran sus teléfonos, también sus aplausos entre canción y canción. Tocamos la primera y, al terminar, los sonidos se transformaron en un largo zumbido, como un gong de meditación resonando por toda la Ópera. Poco a poco, los sonidos desaparecieron. Era inquietante. De vez en cuando, una palmada cortaba el aire y atravesaba el manto de silencio. La gente, torpe e incómoda, soltaba una risita y volvía a lanzarse al vacío.

Nos sobrepusimos a la incomodidad inicial de una unión tan pura hasta que la incomodidad se disipó y la enorme sala se volvió acogedora. Nuestras curiosidades se mecían unas con otras. El artista no estaba creando el espectáculo, estaba facilitando su llegada. Nos acomodamos en nuestro nuevo papel como un solo organismo vivo. Nos sentimos sostenidos. Descansábamos juntos. Todos los sonidos se desvanecieron y, juntos, un mar de dos mil personas bañado por una luz azul iridiscente se quedó en completa quietud durante seis respiraciones enteras después de cada canción.

Los aplausos al final del espectáculo fueron arrebatadores, gloriosos y muy significativos. Fue catártico para el público y me alimentó de nuevas maneras. Me sentí vista y conocida. Había compartido mi caos interior y mi larga espera con esos desconocidos. Habían confiado en mí. Nos habíamos tomado de la mano a través del extraño terreno y ahora la lluvia caía en el desierto… y bailábamos juntos bajo ella, celebrando la saciedad de nuestra sed de una presencia más profunda los unos con los otros.

SUGERENCIA PARA HOY:

Explora el silencio. Tal vez programar cinco minutos en un temporizador o solo sentarte en silencio durante seis largas respiraciones. ¿Te resistes? ¿Te dejas llevar por él? Escribe lo que te pasa en la espera.

Cuanto más malo, mejor

Adrienne Raphel

Mucho antes de sumergirme en la afición crucigramista (sí, ese es el término técnico para la obsesión por los crucigramas), siempre busqué restricciones en la escritura: cuantas más reglas haya que seguir, cuantos más obstáculos haya que superar, mejor. Como poeta, me encantan las formas complicadas, como los abecedarios (en los que la primera letra de cada verso desciende por el alfabeto). Padezco de un poco de perfeccionismo y trabajar dentro de una estructura me reconfortaba: me ofrecía el esquema para un ideal.

Pero recuerdo de forma vívida la primera vez que una regla me asustó. En un taller, un profesor nos dijo: "Escriban un mal poema". Mi reacción inicial fue de miedo. ¿Qué significaba eso? ¿No se supone que debo escribir lo mejor que pueda? ¿Por qué querría ir hacia atrás?

En realidad, lo que me asustaba era el desorden, la falta de habilidad, la fealdad, la escala completa de la indulgencia de la imperfección. Aceptar que no solo iba a fracasar, sino que *debía* hacerlo, fue revolucionario para mí. Había aprendido a conseguir la estrella dorada, pero también tenía que aprender quién era yo cuando no había un diez que ganar, ni reglas que me dijeran lo que debía hacer, ni nadie, ni siquiera yo, que mirara lo que había hecho y dijera: "Buen trabajo".

SUGERENCIA PARA HOY:

Escribe un poema malo. ¿Qué significa para ti un "mal" poema? Pregúntatelo. ¿Es un poema que suena como una tarjeta de felicitación ñoña, que empieza con "Las rosas son rojas" o "Cómo te quiero"? Quizá "malo" signifique algo sobre la forma para ti. Un poema con demasiada rima, de modo que cada verso es un sonsonete. O puede que un mal poema no tenga forma en absoluto, de modo que los versos vagan por la página, quizá con tu fuente menos favorita (¿Cómic Sans?), el color más vulgar (¿morado neón?) o la peor pluma (¿un plumín con la punta chata?).

O puede que "malo" no tenga nada que ver con la forma o la calidad de la escritura, sino con el contenido. Un poema "malo" puede significar decir las cosas que no deberías decir, sentir lo que no deberías sentir o admitir tus quejas más mezquinas, tontas y embarazosas. Deja que tu yo "malo" diga lo que no te permites decir. Si quieres decir palabrotas, dilas. Si quieres escribir la palabra NO una y otra vez durante veinte líneas seguidas, hazlo.

Cuanto más malo, mejor. Puede que sea tan malo que sea bueno.

Mira hacia abajo, agáchate, piensa en pequeño

Joanne Proulx

Un verano sufrí un horrible accidente de lancha que me postró en una silla de ruedas durante meses. De eso hace ya más de quince años y, por extraño que parezca, lo que más se me ha quedado grabado de aquella época es cómo el más mínimo desnivel lo cambiaba todo. Medio metro más abajo, vivía en un paisaje de entrepiernas, cara a cara con niños de primero de primaria, mi cara era un poste para las lenguas de los perros altos.

Durante los largos e inquietantes primeros días de COVID-19, tuve un cambio de perspectiva similar. Con las ciudades cerradas, los teatros clausurados y las amistades aisladas, me retiré a la cabaña familiar en Ontario, Canadá, donde empecé a pasar largas horas en el bosque. De niña recogía piedras, musgos y setas, construía exuberantes minimundos en cajas de zapatos y los poblaba con bellotas pintadas.

Esta vez llevé figuras humanas (escala 1/64) al bosque y me acomodé de rodillas en el suelo. Puse a una mujer con vestido amarillo sobre una capa de musgo y le tomé una foto. Encantadora. Pero pronto dejé a la gente diminuta y permití que el suelo del bosque contara su historia. Abajo, en ese entramado de las acículas de pino de ayer, dondequiera que mirara, belleza escalonada, tan fácil de pasar por alto estando de pie. Tocones como castillos de musgo, gelatinas marinas de color naranja brillante en los vientres de los troncos caídos, charcos que sostenían todo el cielo. Me acosté frente a los hongos. Su pequeñez. El capricho de sus sombreros… como una goma para borrar hilada con seda. Cómo crecían de la noche a la mañana, sin las ataduras del reloj humano. Pronto me enamoré de los líquenes milenarios. Grababa videos de arroyos y grillos para poder escuchar su balbuceo cuando los dejaba atrás.

Antes caminaba por el mundo con tanta certeza, convencida de lo que tenía delante. Ahora sé que la realidad se presenta en capas, complejas y deliciosas. Arrastrarme por el suelo del bosque me ha desacelerado, me ha acercado a la tierra y, de alguna manera, me ha hecho más valiente. ¿Cómo es posible que el mundo nos dé tanto miedo cuando hay más belleza y más sabiduría en un metro cuadrado de bosque de la que podrías esperar en una hectárea? Humilde, con el corazón abierto, deseosa, ahora, cuando salgo, miro hacia abajo, me agacho, pienso en pequeño.

SUGERENCIA PARA HOY:

Instrucciones para vivir una vida:

> *Pon atención.*
> *Asómbrate.*
> *Cuéntalo.*
>
> —Mary Oliver

Subir una escalera. O arrastrarse por el suelo de la cocina. Arrodíllate en el bosque, en el jardín, en el cuarto de huéspedes. Cuéntanos qué te asombra de la vida a otro nivel.

Replantear la virtud y la maldad

George Saunders

He descubierto que, si un escritor es bueno, casi cualquier sugerencia le sirve. Asignar un tema a ese tipo de escritor es como pedirle a un gran músico que "haga algo con" tres notas cualesquiera de la escala. Y no estoy seguro de que, en mis veintiséis años de docencia, se me haya ocurrido alguna vez un estímulo que, con toda seguridad, produzca una buena historia. Tengo la sensación de que, para que una historia dé lo mejor de sí, debe ser el resultado de la combinación de un impulso inicial por parte del escritor (una autopromoción espontánea, si se quiere), más el modo particular de ejecución de ese escritor. Creo que es en esa combinación de impulso y ejecución donde se produce la magia.

Por otro lado…

El talento de una persona es como el océano que se precipita alrededor de ciertas rocas. La energía es inherente; el artista solo busca algo que se interponga o incluso interfiera con ese talento, que lo desafíe, le dé forma, lo confine (es decir, algunas rocas).

Por lo general, creamos estos confines, a través de alguna "idea" inicial. Queremos escribir sobre esto o aquello; hemos tenido una idea genial; hemos presenciado algún acontecimiento memorable. Eso nos confina (nos limita).

Pero me encanta la idea de que, si en serio queremos conocer la verdadera naturaleza de nuestro talento, podríamos aplicarlo a… cualquier cosa. Algo que venga de fuera de nosotros y que, por tanto, no esté contaminado por la intención.

Porque la intención, según mi experiencia, puede ser limitante; la intención está muy cerca de la "idea demasiado rígida de lo que somos, artísticamente". Porque tenemos una intención, es posible que, en el proceso, nos alejemos de las fuentes de poder que no se ajustan a nuestra visión de nosotros (y qué pérdida puede suponer eso).

Así que, si ese tipo de sobredeterminación es el enemigo, un buen tema aleatorio puede ser nuestro amigo. ¿Qué dones tenemos que podrían prosperar libres de nuestra intención? ¿Hay aspectos de nosotros que estamos descuidando por servir con demasiada rigidez a esa idea de quiénes somos artísticamente?

Así pues, he aquí una tarea diseñada para trastocar la idea que tienes de ti y darte, tal vez, una visión algo más generosa de tus capacidades.

SUGERENCIA PARA HOY:

De manera ideal, hazlo en cuatro etapas:

Primera etapa:

Piensa en alguien (un tipo de persona o una persona real que conozcas) a quien detestes o le tengas una aversión sincera.

Ahora, escribe durante, digamos, diez minutos, con la voz de esa persona. No te preocupes por escribir una historia ni por inventar un incidente ni nada de eso. Solo trata de encontrar su voz. Intenta convertirte en esa persona de manera sincera. Es decir, no cargues los dados contra ella. Haz que sea inteligente, persuasiva, consciente de sí, encantadora; su mejor versión. En otras palabras, invócala desde tu interior: encuentra en ti mismo los microrrastros de aquello que hace que esa persona te resulte tan repelente.

Llamémosle "Persona Uno".

(Si eso te parece demasiado desalentador/general, elige a la persona y luego descríbela intentando hacer alguna pequeña tarea: elegir un pastel en una cafetería, regar una planta, ver caricaturas en televisión, lidiar con un auto que no arranca. Dale algo menor que hacer y luego obsérvala y descríbela haciéndolo).

Ya que escribiste durante diez minutos, reescribe lo que hiciste. Ajusta las cosas, mejora el lenguaje, haz los chistes más graciosos, etcétera.

Luego tómate un descanso.

Segunda etapa:

Ahora, imagina a alguien a quien la Persona Uno está a punto de amenazar o dañar de forma potencial.

Esta será la "Persona Dos".

Escribe, de nuevo durante diez minutos, desde el punto de vista de la Persona Dos, antes de que la Persona Uno la haya amenazado/hecho daño. (No incluyas a la Persona Uno en esta nueva redacción).

Otra vez: haz la mejor versión que puedas de la Persona Dos. Ponle algunos defectos o fallos: no queremos que la Persona Dos sea un santo o una mera víctima.

Y ahora, de nuevo, revisa lo que escribiste.

Después: otra pausa.

Tercera etapa:

Ahora: cruza los cables. Deja que la Persona Uno y la Persona Dos interactúen. Inventa una acción específica de la Persona Uno que amenace/perjudique a la Persona Dos. Haz que esa acción le parezca a la Persona Uno completamente razonable, incluso virtuosa. No tiene por qué ser algo que cambie el mundo. Tal vez sea algo tan pequeño como que la Persona Uno se pone delante de la Persona Dos en la fila.

Aquí la atención debe centrarse en la acción: quién está dónde, quién dice qué, etc. Evita lo filosófico; ponte del lado de lo realista y activo.

Es posible que tengas que hacer algunas tonterías a nivel mecánico, ponlas en el mismo espacio y ya. Hazlo con soltura, con mucha libertad. Si te atoras, haz que ambas entren en la misma cafetería u oficina de correos.

• • •

Ahora tienes tres partes: una descripción de la Persona Uno, una descripción de la Persona Dos, y una interacción entre ellas.

Debería ser bastante fácil unir esas partes en algo vagamente narrativo. (A modo de ejemplo, podría remitirte a una historia mía, "Las cataratas", escrita más o menos de esa manera. Notarás que en una sección de la historia estoy dentro de la cabeza del primer personaje; luego entro en la cabeza del segundo, y después, de forma muy mecánica, hago que sus caminos se crucen).

Cuarta etapa:

El incidente ha ocurrido. Ahora: escribe *una reacción* a ese incidente desde dentro de la cabeza de la Persona Uno.

Luego, desde dentro de la cabeza de la Persona Dos.

Sé lo más preciso y sincero que puedas. No intentes sacar conclusiones. Piensa: *De acuerdo, conozco muy bien a la Persona Uno y con más simpatía que cuando empecé, ya que, después de todo, yo creé a la Persona Uno. Por lo tanto, ¿qué está sintiendo ahora mismo la Persona Uno?* Cualquier respuesta es buena.

Piensa lo mismo con la Persona Dos. Tú las creaste. ¿Dónde están ahora, después de ese incidente en el café, la oficina de correos o donde sea? Sin restricciones. A la Persona Dos se le va a permitir (tú le vas a permitir) toda la gama de reacciones humanas.

• • •

Ahora bien, ¿el resultado de lo anterior es una historia? Más o menos. Conocimos a la Persona Uno, conocimos a la Persona Dos, se cruzaron, saltaron algunas chispas y, luego, ambas Personas tuvieron la oportunidad de reaccionar.

Podría ser peor, como punto de partida.

Por otro lado, es posible que ni tú ni el lector sientan demasiado el andamiaje ético-moral que les obligué a presentar. Pero este ejercicio puede ser útil, en primer lugar, como ejercicio de voz. Una oportunidad para salir de tus hábitos normales, una oportunidad para mejorar en la comunicación de matices sutiles de significado por medio de la sintaxis, el ritmo y el fraseo. Al fin y al cabo, la tarea principal es distinguir entre tus dos personas (y la voz es una forma vital de hacerlo).

En segundo lugar, aquí tienes la oportunidad, si quieres, de aprender lo que podríamos llamar tu Hábito Interno de Posicionamiento Moral. ¿Te pones del lado de la Persona Dos, contra la Persona Uno? (Eso sería natural, ya que lo establecí así). Pero (posible *etapa cinco*): ¿Qué pasa si inviertes las cosas? ¿Qué pasa si vuelves atrás e inviertes las cosas? ¿Dejas que la Persona Dos (tal y como has descrito a la Persona Dos en tu texto existente de la *etapa dos*) sea el agresor en la *etapa tres*? ¿Darle la vuelta a tu simpatía inicial hacia la Persona Dos y a tu aversión inicial hacia la Persona Uno?

En la vida real, la mayoría de los "malos", en mi opinión, no se ven a sí mismos como malos y, al menos, vistos desde dentro de sus cabezas, no son fáciles de descartar. Así que este ejercicio es una oportunidad para cambiar la forma habitual de asignar virtud y maldad, para romper esas categorías rígidas (bueno/malo; aversión/atracción), a través de la especificidad (¡y la reescritura!). Al hacerlo, aprendemos sobre el mundo, pero lo más importante, sobre nuestros hábitos de pensamiento.

Simplifica

Barbara Becker

Mi hermano y yo estábamos sentados en el suelo de la sala de la casa de nuestros padres, rodeados de montones de objetos: el contenido de los armarios, cuadros de las paredes, pilas de libros, ollas y sartenes. Nuestra tarea aquel fin de semana de invierno era vaciar la casa para dejarla lista para la venta.

Era un trabajo que a ninguno de los dos le gustaba. Nuestros padres habían muerto ese mismo año, con pocas semanas de diferencia. Por supuesto, eso hizo que el proyecto estuviera aún más cargado. Parecía que cada objeto que recogíamos estaba impregnado de un recuerdo y nos esforzábamos por ordenarlos en nuestras cajas etiquetadas a la perfección: "Conservar", "Tirar" o "Donar". No estaba segura de querer deshacerme de nada.

Entonces tomé el ejemplar de *Walden*, de Henry David Thoreau, que mi padre tenía muy manoseado. Lo abrí por una página llena de subrayados. En el centro de la página estaba la exhortación de Thoreau: "Simplifica, simplifica". Mi padre incluso había puesto una estrella a lápiz en el margen junto a esas dos palabras. Parecía nada menos que una visita de estos dos sabios, Thoreau y mi padre: un recordatorio de que si reducimos la complejidad de la vida (ya sean las posesiones materiales o el desorden de las ocupaciones innecesarias) llegaremos a lo verdaderamente esencial.

Con esa palabra repetida guiándome como un mantra, volví a la tarea con nueva determinación y un poco más de soltura. Desde entonces, nunca me ha abandonado.

SUGERENCIA PARA HOY:

Simplifica, simplifica. Si tuvieras que desprenderte de tres cosas antes de acostarte esta noche, ¿cuáles serían? ¿Qué ganarías dejándolas ir?

Capítulo 9

SOBRE EL PROPÓSITO

Siempre he sido una luchadora. Cuando era pequeña, lo llevaba como una insignia de orgullo, algo que ahora recuerdo con un poco de vergüenza. A los doce años, le dije a mi madre que era mi último año de "precocidad" y que había llegado el momento de "ponerme seria". Me metí de lleno en todo, desde el ballet hasta el contrabajo y la escritura. Llené diarios con historias ficticias y aspiraciones para el futuro, como una entrada que hice en secundaria llamada "Metas y predicciones". Una muestra:

> *Ser la primera contrabajo en una orquesta de alto nivel.*
>
> *Viajar escribiendo mensajes filosóficos y políticos en los asientos de los baños bajo el nombre de D. Seus.*
>
> *Morir y, una fracción de segundo después, darme cuenta de que lo que pensaba que "era"... no es.*
>
> *Crear un "traje de contrabajo" haciendo agujeros para los ojos y las piernas en la funda de mi contrabajo.*

Así que tal vez tardé un poco en refinar con exactitud lo que significaba "ponerme seria", pero sin duda lo había conseguido cuando llegué a la universidad. Comprendí los sacrificios que mis padres habían hecho para pavimentarme el camino, sobre todo mi padre, cuyos padres nunca aprendieron a leer ni a escribir, y fue el único de sus siete hijos que abandonó la tierra natal de Túnez. Me parecía importante honrar esos sacrificios haciendo algo por mí.

¿El único problema? No estaba segura de qué era ese algo. Había oído el viejo dicho: "Haz lo que amas y no trabajarás ni un solo día de tu vida". Escribir era eso para mí, pero no me parecía práctico. Por lo que sabía, para ser escritor había que conseguir un trabajo como ayudante de redacción en una revista con un salario muy bajo o, peor aún, unas prácticas no remuneradas, esperar el momento oportuno, perfeccionar el oficio y ascender poco a poco en el mundo literario… y eso en el mejor de los casos. Ahora comprendo que muchos de mis compañeros de clase que aceptaron esos puestos tenían algún apoyo complementario, como dinero familiar o una situación de vida subvencionada. Pero por aquel entonces, yo estaba angustiada y confusa sobre cómo hacerlo funcionar. Todo me parecía muy arriesgado.

En el último año de universidad, seguía luchando por "encontrar mi propósito" (esa exhortación bienintencionada, pero capciosa, de los consejeros escolares y los entrenadores de vida), y mi ansiedad por el futuro estaba alcanzando un punto álgido. Eso contrastaba con muchos de mis amigos, a los que veía seguros de sí, haciendo planes con rapidez y confianza. Los que no se mudaban a Manhattan para trabajar en *Cosmo* por unos veinte mil dólares al año firmaban lucrativos contratos plurianuales en consultoras y bancos de inversión. O continuaban sus estudios de posgrado en derecho, medicina o política internacional. En mi mente, todos habían elegido un camino, con un mapa claro que trazaba la ruta entre donde estaban y su destino final. Yo no tenía nada parecido a ese tipo de claridad o certeza.

La graduación no esperó a que me diera cuenta; llegó en la primavera de 2010, junto con miles de familiares que me deseaban lo mejor y una serie de actos de celebración. Uno de ellos fue el discurso de graduación, pronunciado por el fundador de Amazon, Jeff Bezos. Con toga y birrete, me senté en la grandiosa vidriera de la capilla de la Universidad de Princeton y escuché a Bezos desde el púlpito. "Mañana, en un sentido muy real, comienza su vida, la vida que crean desde cero ustedes mismos. ¿Cómo usarán sus dones?

¿Qué decisiones tomarán? ¿La inercia será su guía o seguirán sus pasiones?".

Nos dijo que nos asombraríamos de los descubrimientos que los humanos harían en los años venideros, de las maravillas que inventaríamos, desde energía limpia hasta síntesis de la vida. Para insistir en el tema de la elección, planteó preguntas con alternativas dramáticas: ¿Seguiríamos el camino trillado o seríamos originales? ¿Egoístas u orientados al servicio? ¿Frágiles o fuertes? Y concluía así: "Cuando tengas ochenta años y, en un momento de reflexión, narres solo para ti la versión más personal de la historia de tu vida, la narración más compacta y significativa será la serie de elecciones que has hecho. Al final, somos nuestras elecciones".

Mirando hacia atrás, no me sorprende que sintiera casi pánico por mi siguiente paso. El mensaje que me llegaba de todas partes era que la vida real era inminente y que cada decisión que tomara era importante. Necesitaba encontrar y perseguir mi propósito singular, uno que fuera significativo para mí, que tuviera un impacto en los demás y que también le dijera al mundo que *soy una persona valiosa*. Necesitaba elegir el camino correcto, de preferencia ayer, pero al menos mañana. Mis ochenta años dependían de ello.

Por supuesto, las cosas no se desarrollaron así. Casi un año después de la graduación, ingresé en el hospital para empezar la quimioterapia. Y quizá no haga falta decirlo, pero cuando te han dado un 35 por ciento de probabilidades de supervivencia a largo plazo, es difícil imaginarse a uno mismo a los ochenta años reflexionando sobre su vida, alabando todas las decisiones cruciales y significativas que ha tomado en el camino. Parecía absurdo, incluso arrogante asumir ese tipo de estabilidad.

Mi diagnóstico fue un momento de caída de escamas de los ojos, como si estuviera experimentando una versión de mi fumada predicción de secundaria: "Morir y, una fracción de segundo después, darme cuenta de que lo que pensaba que 'era'... no es". Toda esa presión por encontrar mi propósito se evaporó de repente. La pregunta dominante no era *¿Qué voy a hacer con mi vida?* sino *¿Qué necesito para sobrevivir hoy?* Y la respuesta era sencilla. Necesitaba a mis amigos, a mi familia, algunas comodidades cotidianas, como una almohadilla eléctrica, el arroz con leche de mi madre y la salida creativa en la que siempre confié para compañía y consejo: escribir un diario.

Llevaba un diario sin ninguna expectativa de lo que esas páginas llegarían a ser. Más tarde, el diario se convirtió en fuente de la columna en el *New York Times* sobre la experiencia de la enfermedad en la juventud, pero eso fue secundario al impulso creativo original. Cuando lancé "Life, Interrupted" desde la cama del hospital no pensé: *¡Eh, por fin encontré mi camino!* No era el primer paso de un gran plan que pretendía guiarme a una exitosa carrera de escritora. Todo lo contrario. Lo hice porque estaba a punto de someterme a un trasplante de médula ósea y las probabilidades de sobrevivir estaban en mi contra, y sentí que no tenía nada que perder. Solo quería compartir historias que tuvieran sentido para mí y que esperaba que pudieran ser útiles para otra alma joven que se sintiera tan perdida y sola como yo.

Tal vez, sin la pausa forzada de la enfermedad, habría encontrado el camino hacia la vida que tengo ahora, la que imaginé de joven, en la que puedo hacer un trabajo creativo que paga las facturas y me llena de manera profunda. Pero la verdad: no estoy segura. A menudo, nuestra valía se mide en función de lo que el escritor David Brooks llama las virtudes del currículum: "las que valora el mercado contemporáneo", como nuestra *alma mater*, el título del trabajo, el salario y los galardones. Enfrentarme a mi mortalidad a una edad tan temprana reorganizó mis prioridades, pasando de las virtudes del currículum a lo que Brooks llama virtudes del elogio: "los aspectos del carácter que otros alaban cuando la persona no está cerca para oírlo: humildad, amabilidad, valentía".

Me gustaría regalarles un poco más de la sabiduría que mi amiga Elizabeth Gilbert compartió conmigo hace unos años. Estábamos impartiendo un taller y una persona del público preguntó cómo manejar la tensión que sentía entre cumplir lo que le habían enseñado que era su propósito como mujer (ser buena esposa, madre y apoyar a todos los demás) y perseguir sus deseos (hacer arte). Liz se emocionó y preguntó: "¿Puedo dar mi discurso sobre el propósito?".

Todos asintieron con entusiasmo. Empezó así: "El mensaje cultural en una sociedad con una ética protestante, trabajadora y capitalista es que todos tenemos un don que nos ha dado el universo. Y tu trabajo en la vida consiste en descubrir cuál es ese don, cultivarlo, convertirte en el mejor de todo el mundo, rentabilizarlo y expandirlo para que cambie la vida de otras personas. Sin presiones, pero ese es el maldito resumen".

Todos seguíamos asintiendo. Puedes verlo, ¿verdad? Una descripción perfecta de los discursos de graduación de todo el país. "Es un manual de instrucción brutal", dijo Liz, y nada como la experiencia desordenada, cambiante, alterada por las circunstancias e impulsada por el corazón de una vida humana. Como contrapunto, contó una pequeña anécdota. Dijo que solo unos meses antes, caminaba por Venice Beach cuando vio a un hombre en lo alto de una escalera tambaleante pintando un toldo. Pensó: *Eso no parece seguro.*

Y como Liz es alguien que teme por la seguridad física de casi todo el mundo, se detuvo y sujetó la escalera del hombre. Pasó un minuto, luego cinco, luego diez. El hombre no miró hacia abajo, siguió pintando. Veinte minutos, luego treinta. Liz pensó: *Esta es una forma muy agradable de pasar la tarde*. Al final, sintió el ruido de la escalera. Había terminado y estaba bajando. Tras comprobar que estaba a salvo, pero antes de que se diera cuenta de su presencia, se escabulló.

Mientras Liz caminaba por la calle, pensó: *Ese podría haber sido todo el propósito de mi vida. Por lo que sé, en el gran esquema del universo, nací, viví y morí para que un día de octubre pasara frente a una escalera y la sostuviera, para que aquel hombre, cuya vida era importante por otras razones, no se cayera. Y cada cosa que he hecho en mi vida antes de eso, o después de eso, fue solo matar el tiempo. No lo sé.*

Es un experimento mental salvaje, que encuentro muy liberador, y no porque crea que ese era el único propósito de Liz, o que sus libros no importan (porque sí importan), o que la sabiduría que comparte con todos nosotros no importa (sí importa), o que su bondad y generosidad con sus seres queridos no tiene importancia (sí la tiene). Me encanta porque sustituye esa sensación de certeza por la curiosidad. Es una forma más suave de encontrar un propósito en los actos más pequeños y sencillos.

Hoy, si alguien me preguntara: "¿Cuál dirías que es tu propósito?", quizá diría que no tengo ni idea. Otra forma de responder sería: "No me limito a un único propósito: cambia cada día". Me permito la libertad de ser curiosa, evolucionar, crecer tentáculos que se extienden en todas direcciones, transformarme y adaptarme, aparecer y servir como solo yo puedo hacerlo. Pero si intentara desentrañar la línea que une los momentos de mi vida en los que me he sentido más útil, vería que en esas situaciones estaba alineada con mis valores y escuchaba mi intuición. Y siempre me esfuerzo por alinearme más con esos valores y sintonizar más con esa intuición.

Estos días, el propósito puede consistir en poner especial cuidado en envolver en su manta favorita a Lenteja, mi nueva cachorra rescatada que es mayor, no tiene pelo y siempre tiene frío. Puede que sea tomarme la tarde libre, aunque esté en fechas de entrega, hacer un picnic con mi marido en la orilla del río porque está teniendo un día duro. O pintar acuarelas, que me hace sentir viva.

De manera tradicional, así no es como uno piensa en el propósito, pero para mí, es mucho menos presionante, mucho más humano. Como dice Liz: "Puede que no te guíe hacia una vida en la que vas a rentabilizar tu talento y cambiar el mundo y ganar un Premio Nobel. Solo significa que tendrás una vida agradable". ¿Eso no es algo?

Que los diez ensayos y sugerencias de las páginas siguientes te ayuden a ampliar tu sentido de la posibilidad en torno a tu propósito. Que te hagan más abierto y curioso, más atento a tu intuición y a tus valores. Que te conduzcan hacia una vida agradable, al final de la cual alguien pueda decir: *Fuiste amable. Fuiste humilde. Fuiste valiente. Qué buen sostenedor de escalera fuiste.*

Lista de "cosas que sentir"

Sky Banyes

Todos buscamos un propósito. En mi caso, la búsqueda consistía en rellenar mi currículum, mi agenda y mis listas de tareas. Me esforzaba por conseguir logros, pero nunca me sentí realizada de manera profunda.

Hace tres años empecé a ilustrar como una forma divertida de dar sentido a las cosas. Con el tiempo, se convirtió en mucho más. Con la reflexión, la vulnerabilidad y las posibilidades nutritivas del lápiz y el papel como herramientas, emprendí una búsqueda esencial de sentido. Ha sido una inmersión exploratoria profunda y en las profundidades de cada zambullida descubrí sentimientos. Incluso en responsabilidades cotidianas como el trabajo y la familia, me di cuenta de que la corriente ascendente de cada "hacer" era en realidad un "sentir": útil, segura de manera económica, cariñosa, amada.

Ahora, primero me centro de forma consciente en mis *sentimientos* (en lugar de en mis *acciones*) y permito que guíen mi camino. Eso ha puesto en tela de juicio los cimientos sobre los que construyo mi vida. La experiencia ha sido transformadora.

SUGERENCIA PARA HOY:

Escribe una lista de "cosas que sentir". Empieza nombrando tus anhelos y aspiraciones más profundos. Después, date un tiempo para reflexionar sobre cada uno, para estudiar tu brújula de los sentimientos y extraer los matices de cada uno con mayor profundidad y especificidad. Puedes hacer la lista en forma de fila, columna o una esponjosa nube de ideas. Siéntete libre de usar colores y de ser creativo.

Ahora, echa un vistazo a tu lista. ¿Tus prioridades, hábitos y rituales están al servicio de esos sentimientos? ¿Qué medidas puedes tomar para respetar los elementos de tu lista de “cosas que sentir”?

Lo que no puedes dejar de hacer

Connie Carpenter-Phinney

Cuando me describo, digo que soy humanista, feminista, artista, escritora, científica, empresaria, madre, compañera, amiga y atleta. Soy más conocida por lo último, ya que gané la medalla de oro en ciclismo de ruta en los Juegos Olímpicos de Los Ángeles, 1984.

En realidad, empecé mi carrera olímpica antes. En los Juegos Olímpicos de 1972, cuando solo tenía catorce años, competí en patinaje de velocidad. Por eso, la gente suele idealizar mi historia. Hablan de mi talento precoz, de cómo me casé con otro atleta olímpico (Davis Phinney, bronce, 1984) o de cómo nuestros hijos se convirtieron en atletas de élite.

No idealizan todo lo desconocido, las dudas implacables, los contratiempos, las lesiones y los innumerables fracasos. No se centran en el hecho de que, cuando estaba en la salida de una carrera olímpica, solo era yo, ahí, sabiendo que había trabajado duro, pero nunca sabiendo ¿fue suficiente?

Cuando era niña, la gente preguntaba a mis padres cómo lograron que trabajara tan duro. La respuesta de mi madre: "¿Cómo conseguimos que pare?". Eran los años setenta, cuando nadie corría como ahora, y yo corría de noche por mi barrio para que no me viera nadie conocido.

Durante los últimos cinco años he trabajado de forma esporádica en unas memorias para intentar explicar esa parte de mí, ese impulso. Llevo escritas más de setenta y cinco mil palabras, solo para descubrir que pienso empezar de nuevo. A medida que envejezco, me doy cuenta de que todavía estoy aprendiendo mi historia, encontrando mi voz. Sigo buscando las palabras adecuadas para contar mi verdad. Mi mentor de escritura dice que ese deseo de volver a empezar es el signo de un verdadero escritor. Creo que se trata más bien de que sigo buscando, explorando y, con suerte, creciendo. También creo que es porque valoro más el trabajo que el resultado.

Así que me pregunto, ¿qué te motiva?

SUGERENCIA PARA HOY:

Escribe sobre lo que te motiva, no sobre lo que te pagan ni sobre lo que otros quieren que hagas. Escribe sobre lo que no puedes dejar de hacer.

Deja tu nombre en la puerta

Alexa Wilding

Cuando mi hijo Lou fue hospitalizado por cáncer, me pasaba las noches en vela escribiendo canciones. Las melodías se repetían en mi cabeza, al igual que algunas letras, como "*red river run, red river run*" (corre río rojo), mientras miraba el East River y las vías intravenosas rojas, las interminables transfusiones de sangre. Los bucles me recordaban a una cinta analógica girando en un estudio de grabación, mi hábitat natural: un lugar del cual me sentía profundamente lejos.

En aquel momento, tenía tanto miedo de perderme a mí como de perder a mi hijo. No sabía cómo compartir ese miedo con nadie porque podrían pensar que era una mala madre. La amenaza de borrarme solo se veía reforzada porque el bienintencionado equipo médico nunca me llamaba por mi nombre. "¿Todo bien por aquí, mamá?", me preguntaban las enfermeras. "¡Sí!", mentía, escondiendo el teclado que me había prestado Servicios de Vida Infantil de NYU Langone bajo las ásperas mantas del hospital. Sabía que el protocolo consistía en llamarme solo mamá, pero yo tenía un nombre y ansiaba oírlo.

A veces las madres nos reuníamos en el pasillo con pretzels y refrescos. Había un padre, Brian, cuya mujer "no podía soportarlo". Nos fascinaba esa madre ausente. "No es una madre de verdad", insistía María de la habitación 902. Pero quizá ella era más real que todas nosotras por admitir que aquello era demasiado para una madre.

Como cuidadoras de enfermos de cáncer, tuvimos que dejar nuestros nombres en la puerta. Y con razón; estábamos liderando la batalla para salvar la vida de nuestros hijos. Pero bajo nuestras armaduras había seres humanos complejos con profundos deseos, esperanzas y sueños, y un hambre de algo más que nuestras crisis.

Sacié esa hambre trabajando en mi tercer álbum. María compró cristales por internet. A Felicia le gustaba dar largos paseos por el río. Brian parecía estar obsesionado con Mary, la enfermera de la noche. Algunos bebíamos. Hubo aventuras y otras decisiones equivocadas, ya que uno no tiene la cabeza bien puesta cuando está aterrorizado. Aunque éramos pacientes y nos perdonábamos entre nosotros, temíamos que el mundo exterior no lo hiciera.

Una parte de mí sigue paseándose por el pasillo del hospital con pretzels y refresco, aunque hayan pasado cinco años desde que Lou dejó el tratamiento, aunque esté prosperando. Siempre que canto "*red river run, red river run*", u otras canciones de aquella época, pienso en los padres que conocí en el camino. Digo sus nombres: María, Brian, Felicia. Espero que se hayan perdonado, como yo, todo lo que hicimos para sobrevivir a las enfermedades de nuestros hijos. Y espero que se permitan todo lo que necesiten para aliviar sus corazones aún en proceso de curación.

SUGERENCIA PARA HOY:

Escribe sobre un momento de tu vida en el que luchaste por mantener tu autoestima. ¿Qué hiciste para sobrevivir y quién te ayudó? ¿Fuiste capaz de perdonarte los errores? ¿La persona en la que te convertiste en ese momento de crisis sigue formando parte de tu identidad?

Bifurcaciones en el camino

Jedidiah Jenkins

Al mirar atrás, la vida cuenta una historia. La secuencia de días se encadena en una narración moldeada por las decisiones que tomamos en momentos cruciales, algunos grandes, otros pequeños.

En secundaria, se burlaban de mí por tener voz de niña. Me llamaron "maricón" varias veces, pero no sabía lo que significaba, solo que era malo. Un chico (todavía recuerdo su nombre completo de la forma en que siempre recordamos el nombre de quien nos hizo la vida de cuadritos) me acorraló en el pasillo y dijo que era un "maricón feo". Él era bajito, cómicamente chaparrito, y eso lo volvió malvado. Yo medía quince centímetros más que él, pero era blando, tenía las mejillas sonrosadas y estaba muerto de miedo. Tras ver mi miedo, feliz de su poder, me dejó de pie en el pasillo. Temblé y una rabia ardiente me subió del pecho a la cara. Quería volverme cruel como él. Sabía que era inteligente y que, si usaba bien mis palabras, podría cortarlo en sashimi.

Pero mientras la ira me sonrojaba las mejillas, apareció un pensamiento: *¿Qué tipo de persona quieres ser? ¿Una mala persona o una buena persona? Si eres malo, puedes hacerle daño. Si eres simpático y divertido, quizá puedas ganártelo, incluso caerle bien.* Respondí la pregunta en mis pensamientos: *Ser mala persona me parece agotador. Prefiero ser divertido y simpático y demostrarle que debe ser amable conmigo y ser mi amigo. Seré tan simpático y divertido que se arrepentirá de haber sido malo.* Era como si el ángel y el demonio estuvieran sobre mis hombros y yo eligiera al ángel.

He aquí otra. Fue en preparatoria, cuando todos estábamos solicitando lugar en la universidad y soñando despiertos con lo que sería nuestra vida. Resulta que la revista *Time* nombró "universidad del año" a la Universidad del Sur de California. Tenían fotos de hermosos parques con chicos tocando la guitarra y jugando al *frisbee,* de futbol universitario y de hermosa arquitectura. Nunca había oído hablar de ella, pero gracias a esas fotos, hice de la USC mi primera opción. Si *Time* no hubiera elegido esa universidad y hubiera escogido otra, me pregunto si mi vida sería completamente distinta. Si hubiera plantado mi vida en Chicago, Nueva York o ¿quién sabe?

Pensar en eso me hace sonreír. Gran parte de mi vida es fruto de la casualidad o de una idea que me vino a la cabeza como de la nada. Me hace sentir agradecido y curioso por lo que significa estar vivo, tener una vida y participar en ella. Soy a la vez autor y lector de una historia fascinante. Una en la que tal pérdida llevó a tal triunfo. Determinada esperanza llevó a determinada decepción. Aquella nostalgia a este amor. Con un poco de distancia y la certeza de haber sobrevivido a lo que antes parecía difícil, incluso mortal, esos momentos pueden adquirir un significado mágico.

SUGERENCIA PARA HOY:

Identifica dos momentos decisivos en la vida. Describe qué te llevó a ellos, por qué elegiste el camino que elegiste y cómo te han llevado hasta ahora.

Carta desde un edificio en llamas

Susan Cheever

Los escritores no suelen dejar mucho dinero al morir, pero sus legados pueden incluir grandes tesoros. Mi padre era un escritor inspirado y célebre que odiaba darme consejos de escritura; esperaba que yo tuviera una vida más fácil que la suya. Pero sus deslices ocasionales han resultado ser oro macizo. Cuando, siendo una escritora joven, me preocupaba aceptar un trabajo en televisión, me dijo que siguiera adelante: "La vida de un escritor es una improvisación". Cuando le pregunté por la técnica, me sugirió que nunca usara una marca de diálogo. Si el diálogo tiene fuerza, no hace falta describirlo.

Lo mejor de todo es que heredé los ejercicios de escritura que utilizaba cuando enseñaba en Barnard y en la Universidad de Iowa. Pedía a sus alumnos que escribieran una historia que relacionara seis objetos dispares; su alumno Allan Gurganus lo hizo tan bien que su ejercicio acabó publicándose en *The Atlantic*. A lo largo de los años, he ido añadiendo ideas a las que dejó mi padre, recopilando ejercicios de escritores como Frank Conroy, Bret Anthony Johnston y John McPhee, pero el que sigo repitiendo, y el que más le gustaba a mi padre, es este: escribe una carta desde un edificio en llamas. ¿Qué escribirías si supieras que es tu última oportunidad de conectar con otra persona? ¿Qué escribirías si supieras que estás escribiendo tus últimas palabras? Las últimas palabras pueden cambiar el mundo. Un ejemplo: "No puedo respirar".

¿Cuáles serían las tuyas?

SUGERENCIA PARA HOY:

Escribe una carta desde un edificio en llamas. Estás atrapado y no podrás escapar. No hay rescate. Sabes que es lo último que escribirás. ¿A quién escribirás? ¿Qué dirás?

Un día de celebración

Marcus G. Miller

Una vez, mi padre me dijo que el éxito es el precio de admisión al siguiente reto. Me lo dijo tras recibir grandes elogios por dirigir con éxito un proyecto en el trabajo. En aquel momento pude detectar, aunque todavía no nombrar, varios colores emocionales que brotaban de sus ojos. Estaba el simple orgullo carmesí de un trabajo bien hecho, estaba la efervescente ebullición azul inducida por la promesa de un futuro brillante, estaba la contemplación marrón terroso de un guerrero que descansa y estaba el amor negro. El amor era negro porque él, en su negrura, era capaz de reclamar un nivel de victoria que eludió a tantos hombres de la generación de su padre, y de la suya. Y podía tomar esa lección, un modelo de vida para gestionar el éxito, y enseñársela (con todo el peso de la experiencia) a su hijo negro. Las palabras eran bastante ingeniosas como aforismo, pero lo que me transmitió fue todo el espectro de lo que significaba para él decir esas palabras. Casi me saltan las lágrimas.

Y así, cuando pienso en Juneteenth, ese brillante día dorado de 1865 en el que el general Gordon Granger cabalgó hasta Galveston, Texas, y proclamó la libertad de las mujeres y los hombres negros que estaban esclavizados ahí, aunque la Proclamación de la Emancipación había llegado dos años y medio antes; cuando pienso en su alegría y sus bailes, oigo las palabras de mi padre. Veo el rosa, el púrpura y el rojo confitado de su celebración, y veo el largo camino gris que queda por delante, a través de la historia, conectándolos con los ojos coloridos de mi padre, conectándolos conmigo.

Mantengamos en equilibrio el trabajo y la liberación. Neguémonos a trabajar sin descanso ni recompensa, pero tampoco vivamos comiendo, bebiendo y celebrando como si fuéramos a morir mañana. Marquemos cada logro con su merecido color, y no olvidemos mirar a los ominosos picos blancos nevados de las montañas que aún debemos escalar.

SUGERENCIA PARA HOY:

¿Quién te enseñó a trabajar? ¿Qué lecciones te transmitió? ¿Cómo equilibras tu trabajo con el descanso y la recompensa?

Despierta a tu genio original

Martha Beck

—Tengo buenas y malas noticias —dijo el investigador que acababa de analizar mis escáneres cerebrales—. La mala noticia es que tienes TDAH. La buena noticia es que es tratable.

—¿En serio? —le dije—. ¿Tengo déficit de atención? Pero... No tengo problemas para poner atención. A veces presto tanta a lo que estoy haciendo que me quedo despierta toda la noche sin darme cuenta.

—Eso se llama hiperfocalización —dijo—. Pones demasiada atención a algunas cosas y no la suficiente a otras. Tienes lo que llamamos un sistema nervioso "basado en el interés": prestas más atención a las cosas que te interesan que a las que no.

—Espera —dije—. ¿La mayoría de la gente pone la misma atención a todo, le interese o no? Dios mío, ¿cómo deciden siquiera qué desayunar?

—No, no, no —respondió—. La mayoría de la gente puede distribuir su atención de forma *óptima*.

—¿Óptima para qué?

—Funcionamiento en sociedad. Escuela. Trabajo. Seguro que todo eso ha sido duro para ti, pero como he dicho, podemos ayudarte.

Decidí que sería inútil y detestable decirle que tenía tres títulos de Harvard y un trabajo como profesora en una escuela de negocios. *Por otra parte*, pensé mientras me alejaba de la clínica, *no tengo ni idea de dónde están esos títulos*. Me refiero a los de papel. Sé que mucha gente los enmarca y todo eso, pero a mí no me interesaban.

Empecé a pensar en las otras cosas que no me interesaban. Quizá el TDAH era lo que me sumía en un sueño profundo e involuntario cada vez que mi contador intentaba explicarme la legislación fiscal. Quizá mi "discapacidad" era la razón por la que, en varias ocasiones, me salí de reuniones importantes porque alguien dijo que había un animal afuera: un alce en Alaska, una pitón en Singapur, una ardilla en Nueva York. Una ardilla albina. Quiero decir, ¿nadie dejaría una reunión para ver eso?

Parece que no.

En ese viaje me di cuenta de que me había tocado una parte de la lotería genética: nací con un TDAH grave y una curiosidad innata por todo lo que se enseñaba en la escuela. Solo después de mi diagnóstico me di cuenta de lo horrible que debió de ser la escuela para muchos de mis compañeros, sentados durante horas, forzando su atención en cosas que les aburrían o confundían.

En 1968, la NASA financió un estudio para identificar a los "genios creativos". Los investigadores descubrieron que alrededor del 2 por ciento de los adultos encajaban en esta categoría. Pero cuando examinaron a niños pequeños, el 98 por ciento de ellos eran genios creativos. Los investigadores culparon al sistema escolar por presionar, engañar y castigar a los niños para que abandonaran sus intereses y adoptaran un comportamiento complaciente que les permitiera funcionar bien en fábricas y oficinas.

Hay muchas probabilidades de que te haya pasado algo así. De manera profunda, creo que tu naturaleza esencial es un genio creativo. Y sospecho que te han enseñado a ignorar, reprimir, tal vez incluso odiar ese yo genial. Pero no se ha ido a ninguna parte. Aún puedes liberarlo.

SUGERENCIA PARA HOY:

Escribe sobre algo que intentaste aprender, aunque no te interesaba: una asignatura en la escuela, una doctrina religiosa, una conferencia de un compañero de trabajo con el carisma de un nabo. Recuerda la sensación en tu cuerpo cuando te concentraste en esa cosa, cómo te sentiste cuando te obligaste a ponerle atención. Nota la sensación de tener que empujar esa carga hacia adelante como si estuvieras caminando cuesta arriba.

Ahora escribe sobre algo que te haya gustado aprender. Puede ser una habilidad, el primer amor o un coche que deseabas tener. Recuerda lo que tu cuerpo sintió cuando lo descubriste o cuando pensabas en ello en momentos de ocio. Observa que te sientes atraído de forma casi magnética hacia él: tus ojos, oídos y demás sentidos le prestan una atención primordial.

¿Qué sientes hoy en tu vida como una "carga"? ¿Qué sientes como un "tirón"? Durante diez minutos, elige alejarte de algo que sientas como una carga y acercarte a algo que sientas como un tirón. Si lo haces con constancia, sentirás que tu genio original despierta, te guía y se expresa. Si la gente lo desaprueba, hazlo de todos modos. Conviértete en el genio que siempre has sido.

La promesa más infinita del mundo

Maggie Doyne

He pasado los últimos diecisiete años rodeada de niños todo el tiempo. Formo parte de un equipo que dirige un hogar de acogida en el medio oeste de Nepal, así como una escuela comunitaria para niños que viven en la pobreza, un centro de capacitación de mujeres, una clínica, programas de desarrollo familiar y hogares seguros. Rara vez pasa un día sin que interactúe con cientos de niños, cincuenta de los cuales viven conmigo y dos son míos de forma biológica.

Como la mayoría de los seres humanos, a veces lucho contra la salud mental. Mantener la esperanza, la cordura, la alegría a pesar de la tristeza, el sufrimiento y la violencia de este mundo es una lucha constante. Mi mayor deseo es un mundo en el que todos los niños estén seguros y sean amados, y mi mayor detonante es verlos sufrir. Pero con los años, durante algunos de los días más oscuros y los momentos más difíciles, empecé a darme cuenta de algo: cuando miro en los ojos de un niño, solo siento esperanza, me es casi imposible sentir otra cosa. Aunque el cerebro se agite por el miedo y la fatalidad se desplace por mi teléfono, miro hacia abajo y veo a un niño de tres años sosteniendo una piedra perfectamente lisa en su mano, con asombro y maravilla. Me pide que la guarde en el bolsillo. Mientras mi mente divaga y se preocupa, un niño de seis años me detiene, señala al cielo y dice: "¡Maggie, mamá! ¿YA VISTE LA LUNA?".

No hay nada más mágico para un niño que su primer diente flojo, encontrar la colina perfecta por la que rodar (una y otra vez) o probar su primer malvavisco. Siempre ven la catarina, la mariposa anaranjada revoloteando, el diente de león a punto de estallar. Las preguntas son mi parte favorita. Después de oír cantar a los pájaros, preguntan: "¿Pero por qué cantan siempre por la mañana?". ¿Por qué esto? ¿Por qué aquello? ¿Pero cómo?

Los niños han sido mis mejores maestros. Están anclados en el presente, en el asombro. Hay tantas veces que desearía poder embotellar la alegría, la inocencia, la pureza y la santidad de los niños. Los niños son sagrados para mí. Son la promesa más inagotable de nuestro mundo.

SUGERENCIA PARA HOY:

Escribe sobre una ocasión en la que un niño te haya enseñado o recordado algo importante en la vida.

Cara de descarada

Tatiana Gallardo

Recuerdo la primera vez que oí la palabra *descarado* en clase. Tenía doce años, era tímida y me impresionó el significado de la palabra y su poder. *Audaz y sin vergüenza.* Me parecía algo que yo nunca podría ser: audaz, capaz de hacer cualquier cosa, sin preocupaciones. Era más alta que toda la clase y que la mayoría de los profesores y tenía miedo de destacar más de lo que ya lo hacía. Me había acomodado en un rincón. Ahí podía suavizarme, a mí y a mi tamaño. Prefería ser discreta, creativa y estudiosa antes que ser ruidosa y llamativa.

Con la edad, por suerte, me sentí más segura de mi estatura, pero nunca me atreví a ser descarada con mis sueños. Cuando cumplí veinticuatro años, seguía sintiendo el miedo de cuando tenía doce. Me había graduado de la universidad, había conseguido el trabajo que esperaba, me sentía feliz en general, pero tenía la sensación de seguir arrinconada: tenía miedo de hablar, de arriesgarme, de perseguir lo que más deseaba, que era compartir mi trabajo creativo con el mundo de forma descarada.

Cuando entré en 2022, quería esforzarme por superar el miedo en todos los aspectos de mi vida: profesional, personal y creativa. Pero necesitaba combustible. Necesitaba fuerza interior. Necesitaba ser, de algún modo, descarada. Así que empecé a dejar que la palabra que más recordaba me inspirara en lugar de atormentarme. Cada vez que estaba a punto de hacer algo que me daba miedo (el corazón me latía con fuerza, el pecho se me oprimía, el peor de los escenarios se presentaba ante mí) me decía: *Pon cara de descarada.*

Al principio, empecé a decirlo mientras me preparaba para pequeños momentos de valentía, como matar una araña o decirle a alguien que no. *Solo ponte la cara de descarada.* Luego, el mantra apareció mientras me preparaba para dar pasos más grandes y aterradores hacia mis sueños. Como presentar un ensayo. Publicar un relato ilustrado. Dejar mi empleo para centrarme en mi trabajo creativo. *Pon tu cara de descarada, Tati.* Hay convicción en la orden, pero me la digo con suave amor. Es un recordatorio de que soy capaz de ser valiente. Que puedo convocar mi fuerza secreta.

Aparte del sutil enderezamiento de mi columna vertebral, mi aspecto no cambia cuando pongo mi cara de descarada: mi cara es la misma, literal. ¿Pero internamente? Hay una oleada de compostura. Una ráfaga de confianza. Una liberación del descaro que siempre ha estado ahí, listo para salir.

SUGERENCIA PARA HOY:

Escribe sobre la palabra que deseas encarnar. ¿Dónde la aprendiste por primera vez? ¿Qué significa para ti? ¿En quién te permite convertirte, qué te permite hacer?

La última página

Jonathan Miles

Nunca he escrito una novela o un cuento sin conocer el final. Parece un método poco común, al menos entre los escritores que conozco, pero no inaudito. Creo que fue el novelista Richard Russo quien comparó su proceso de escritura con arrojar una piedra a un estanque (la piedra sería el final) y luego nadar hasta encontrarla. Una de mis heroínas, Katherine Anne Porter, siempre escribía primero la última página y luego trabajaba para llegar a ella. "Sé a dónde voy", dijo una vez a un entrevistador. "Cómo llego hasta allí depende de la gracia de Dios".

SUGERENCIA PARA HOY:

Escribe el final de tu historia. Con esto no me refiero a tu final físico, a la escena de tu lecho de muerte, no, eso es espeluznante. Más bien, trata de imaginar el momento en que los hilos de tu vida se unen, cuando el arco de tu historia se resuelve. ¿Dónde estarás y quién estará contigo? ¿Qué sueños habrás hecho realidad? ¿Qué misterios habrás resuelto? ¿Cuáles serán tus mayores logros? ¿Y qué temes que pueda quedar sin hacer o sin decir (porque, recuerda, todos los grandes finales son un poco ambiguos)? Escribe la última página de tu historia, la piedra en medio del estanque. Y después, con la gracia de Dios, empieza a nadar.

Capítulo 10

SOBRE LA ALQUIMIA

Cuando era niña, mi familia y yo pasábamos los veranos viajando. Mi padre era profesor universitario y mi madre artista. Al final del año escolar rentábamos nuestra casa durante dos meses y usábamos ese dinero para viajar. Por lo general, visitábamos a la familia en Túnez o Suiza, pero a veces explorábamos nuevos lugares, como los veranos que pasamos montados en autobuses de pollos y acampando en playas de Centroamérica. En esos viajes, todos debíamos llevar poco equipaje: solo una mochila cada uno.

Había una especie de alegría en esa restricción; nos liberaba y obligaba a descubrir cosas nuevas. A menudo nos alojábamos en hostales y, cuando necesitaba algo para leer, sacaba un volumen de la estantería de la sala común. Si era bueno, lo pasaba al resto de mi familia y formábamos un club de lectura involuntario. En Túnez, los únicos libros en inglés que podía conseguir eran clásicos como *Anna Karenina*. Recuerdo que me pasaba horas leyendo tumbada en el suelo. Como no había nada que me distrajera (ni wifi, ni televisión, ni comodidades modernas), lo terminé en unos tres días.

Lo que llevamos con nosotros (y dónde, cuándo y por qué) suele parecer evidente, sin necesidad de explorar. Pero, de hecho, los objetos imprescindibles indican lo que valoramos, no solo en el sentido material. Ofrecen pistas sobre quiénes somos, dónde estamos en la vida, incluso sobre nuestras esperanzas y sueños. Eso es algo que entendí tras leer el ensayo que da nombre al libro *The White*

Album [El álbum blanco]. En él, Joan Didion escribe su lista de equipaje esencial para los viajes de reportaje:

Para empacar y usar:

2 faldas
2 maillots *o leotardos*
1 suéter
2 pares de zapatos
medias
bra
camisón
bata
chanclas
cigarrillos
bourbon
una bolsa con:
  champú
  cepillo de dientes y pasta
  jabón
  rasuradora, desodorante
  aspirinas, recetas, tampones
  crema facial, polvo, aceite de bebé

Para llevar:

cobija
máquina de escribir
2 blocs de notas
plumas
fólders
llaves de la casa

Didion decía que esa lista le permitía hacer la maleta sin pensar. Pero también sabía que los objetos en sí tenían un significado, que juntos contaban una historia. Escribió: "Eso puede ser una parábola de mi vida como reportera durante ese tiempo o del periodo en sí".

Cuando me preparaba para ingresar en el hospital para una estancia de varias semanas por mi segundo trasplante, empecé a pensar en lo esencial, en todos los sentidos de la palabra. Me pregunté: *¿Qué necesito? ¿Qué me ayudará a salir adelante?*

Muchas de las cosas que incluí en la lista de equipaje eran prácticas, como bálsamo labial y crema hidratante, junto con los calcetines más suaves, pantalones de chándal y gorros tejidos a mano para cuando se me cayera el cabello. Otras eran para embellecer mi entorno. Como antídoto contra las duras luces fluorescentes, compré unas velas, no de verdad, claro, sino unas falsas muy convincentes hechas de cera real con un suave aroma a vainilla y unas mechas LED que parpadeaban como una llama. (Eran tan convincentes que, cuando las enfermeras se asomaron a mi habitación desde el pasillo, se asustaron pensando que estaba a punto de prender fuego a todo el hospital).

Pero los artículos más importantes que metí en la maleta fueron los destinados a encender la chispa creativa. Compré una pañalera de fieltro gris en forma de caja y la llené de todo lo que se me ocurrió, como una especie de aventura creativa: novelas, libros de arte y cuadernos de dibujo; en los bolsillos, metí plumas y lápices de colores, pinceles y acuarelas. También llevé diarios, por supuesto. Escribir un diario me había salvado durante el primer trasplante tanto como el propio tratamiento. Tal vez suene atrevido decirlo, pero es cierto. En esas páginas aprendí que la supervivencia es un acto creativo en sí mismo.

Así que metí cuatro diarios en la pañalera, todos con distintos propósitos. Uno era para anotaciones médicas, para registrar las fluctuaciones de mi cuerpo, los resultados de las pruebas y las notas de las visitas médicas. Otro se titulaba "Observaciones desde la estación de enfermeras", una especie de cuaderno de reportero para anotar esbozos de personajes, conversaciones oídas y pequeñas anécdotas, por ejemplo: el empleado de la cafetería que se ofreció a ir al carrito de café y traerme un chai *latte* helado una vez (y luego otra y otra vez); el día en que mi amiga Behida me llamó desde la calle, estaba en la banqueta justo debajo de mi habitación y, cuando me asomé a la ventana, se puso a bailar un solo de lindy hop sin importarle las miradas de los transeúntes; o la noche en que mis enfermeras hicieron que mi marido, Jon, gastara bromas telefónicas a sus novios haciéndose pasar por un anciano de Brooklyn llamado Ernie que estaba desesperado por un vaso de leche. El tercer diario era para escribir cartas a Jon. No siempre podíamos vernos todos los días y, para mantenernos en contacto, prometimos seguir con nuestra antigua práctica de escribirnos cuando nos separábamos, poner una foto y mandarnos mensajes. El cuarto diario contendría todas las cosas que no podía decir en voz alta.

Coloqué la pañalera de fieltro en la mesilla de noche, al alcance de la mano, y la puse en práctica la primera noche en el hospital, cuando me desperté en la madrugada, ansiosa, aturdida y llena de miedo. Para mi sorpresa, no tomé el diario ni la pluma. En vez de eso, me puse a pintar un retrato surrealista, en el que una figura semiautobiográfica dormitaba de forma plácida en una cama de hospital acurrucada entre las ramas del árbol que había frente a mi ventana, detrás de la cual se veía el horizonte de Manhattan y un cielo estrellado.

No había pintado desde la infancia, cuando solía jugar con acrílicos y pasteles en el estudio de mi madre, después del colegio. Volver a pintar fue emocionante, pero extraño. Pronto se convertiría en algo esencial. Pocos días después de ese primer cuadro, me pusieron un goteo intravenoso de potentes medicamentos que me nublaban la vista y me dificultaban escribir. Así que seguí pintando esos seudorretratos: una joven recibiendo una transfusión de sangre con una jirafa como poste; nadando en aguas cobalto rodeada de narvales y otras criaturas marinas; o balanceándose sobre una sandía junto a un elefante que se levanta para arrancar una naranja sanguina de un árbol cargado. En la lógica onírica de mis acuarelas, mi cama de hospital se había convertido en una alfombra voladora que me llevaba en un viaje apocalíptico a través de escenas similares a las del último libro del Nuevo Testamento. En el lienzo, podía transportarme más allá de los confines de mi realidad corpórea. Podía desafiar las circunstancias, colapsar el espacio y el tiempo.

Cada día aparecía un cuadro nuevo. Mi madre lo colgaba en la pared junto a mi cama, transformando aquella cámara fría y estéril en una galería fantástica. Las enfermeras empezaron a quedarse en mi habitación, a preguntarme cosas sobre los cuadros, a deleitarse con los colores y las formas, ansiosas por la aparición del siguiente. El personal del hospital que venía a cambiarme la ropa de cama o a tomarme los signos vitales encontraba excusas para quedarse; una mujer me dijo que le encantaba la energía de mi habitación y que estaba deseando venir a limpiar el piso. Pero más que iluminar el espacio, para mí eran una especie de diario visual, un registro de cada día que había sobrevivido allí y de los miedos a los que me enfrentaba y que iba borrando pincelada a pincelada.

Al recordar aquella época, me siento casi predestinada, como si tantas cosas me hubieran conducido a esos cuadros. Quizá una mejor forma de decirlo es que se sentía intuitivo a un nivel muy profundo. Había estudiado el largo linaje de artistas y escritores, desde Ludwig van Beethoven y Marcel Proust hasta Frida Kahlo, que en medio de la enfermedad y la agitación transformaron el aislamiento en soledad creativa, que utilizaron sus limitaciones como trampolín y convirtieron sus circunstancias en forraje para nuevas búsquedas creativas.

También tenía amigos que habían modelado esto para mí, como Melissa Carroll, la brillante pintora que conocí una década antes en ese mismo hospital durante mi primer ataque de leucemia. Estaba en tratamiento por una recaída de sarcoma de Ewing y había pasado de pintar retratos al óleo a autorretratarse con acuarela. En las últimas semanas de vida, la medicación le nubló la vista, como a mí, pero siguió creando siluetas humanas envueltas en auras de colores. Sus primeros retratos eran artesanales y precisos, un individuo concreto representado de manera perfecta. En sus últimos cuadros, el esfuerzo por la semejanza humana había desaparecido. Eran figuras en transición. Parecían volver a entrar en el capullo y, al mismo tiempo, romperse y florecer. Eran de otro mundo.

Siempre me ha gustado la palabra *alquimia*. Me encanta cómo suena en la lengua, con su fusión de influencias árabes, griegas y francesas que apunta a cómo en manos (y bocas) humanas todo cambia y se transforma. Además, me inspira la idea de que es posible transmutar algo básico, algo considerado sin valor, en algo precioso, como el oro. Me atrae a nivel material, pero también a un nivel superior: como fusión o reunión con lo divino.

Una vez hablé con la teóloga Nadia Bolz-Weber y le confesé que no había crecido en un hogar religioso, por lo que nunca había rezado hasta la primera vez que me enfermé. Le conté que, en la primera noche en la unidad de trasplantes, me arrodillé y empecé a regatear con un poder superior, intercambiando mi buen comportamiento por supervivencia, como esto*: Si me dejas vivir, seré menos egoísta*. Descubrí que estaba haciendo una especie de apuesta de Pascal: *si me dejas vivir, creeré en ti.* La respuesta de Nadia fue muy reconfortante: "Rezas cuando lo necesitas. Las oraciones más poderosas nacen de la desesperación".

Eso siento por el arte nacido de la desesperación. A veces las formas más poderosas de expresión creativa surgen de un lugar salvaje, de la urgencia. Para expresar lo que necesitas expresar, tomas cualquier herramienta que esté a tu alcance y la haces realidad.

Hace poco encontré un ejemplo asombroso de ese tipo de evocación urgente en una carta escrita por un hombre llamado John Binkley a su difunta esposa, Sherrie, que acababa de morir de cáncer después de tres largos años de tratamiento. Llevaban casados casi medio siglo y él había sido su devoto cuidador durante ese tiempo. En los meses que siguieron a la muerte de su esposa, Binkley se sintió desolado y se consoló escribiéndole cartas.

"Querida Pook", escribe. "Todavía estoy en este lado. Como tú, a salvo en el otro lado, bien sabes". Le cuenta sobre una nota que su amigo oncólogo recibió de un paciente de diez años después de que el niño muriera de un tumor cerebral. El niño escribe como desde el más allá, dando las gracias a su médico, animándolo y diciéndole: "¡Acaricia a tu perro por mí!".

"Los niños tienen la capacidad de crear una nueva realidad donde antes no la había", escribe John.

Compuso una carta tras otra a su difunta esposa, para mantenerla viva, para seguir conectado a ella a través del abismo del espacio-tiempo. En el transcurso de nueve meses, escribió cuarenta y seis cartas, y eso le dio mucha luz, conexión y propósito.

En ese tiempo, su salud empezó a fallar. Una semana antes de morir, enseñó las cartas a sus dos hijas.

—Cuarenta y seis —dijo una de ellas.

—¿No era ese el número de años que conociste a mamá?

—Oh, no fue a propósito —respondió John—. Solo escribí hasta que sentí que había terminado.

Llámalo coincidencia si quieres. Pero como humanos, somos máquinas de crear significados y buscadores incansables de patrones, ritmos y rimas. No solo los sentimos como signos, sino que encontramos belleza en ellos. Al pasar a la página, John alquimizó su dolor. Transformó la pérdida del amor de su vida en una compañía continua. Cuando murió poco después, dejó a sus hijas un registro de esa conjura absolutamente hermosa a la que ellas mismas podían recurrir en busca de consuelo y conexión.

Este tipo de alquimia está al alcance de cada uno de nosotros. Solo hay que aprovechar ese rasgo místico, propulsor y aparentemente divino que existe en cada ser humano: la creatividad. Eso no quiere decir que sea fácil, ni que no haya momentos de terror. Uno no puede evitar sentirse vulnerable cuando todo ha cambiado, cuando las cosas escapan a tu control. Pero sé por experiencia que cuando me escondo de lo que me atormenta, me pasa como a los ratones: la oscuridad se extiende y se multiplica. Solo cuando convierto el terror de lo desconocido en la magia de lo desconocido recuerdo lo que es esencial. Tanto si escribes cartas como si llevas un diario, dibujas o pintas, que estos diez últimos ensayos y sugerencias te ayuden a transformar lo que parece de poco valor en oro precioso (o en un lindy hop en la banqueta).

A través del golfo del espacio-tiempo

John Binkley

6 de marzo de 2023

Querida Pook:

Todavía estoy en este lado. Como tú, a salvo en el otro lado, bien sabes. Al menos así es como te imagino. Han pasado solo dos largos meses desde que estuvimos en la misma habitación. Aún me cuesta aceptar que no puedo comunicarme contigo de la misma manera.

Debe de ser una sincronía lo que me recuerda a mi amigo neurooncólogo Paul leyéndome la carta que había recibido de un paciente de diez años.

> Estimado doctor F.:
>
> Si estás leyendo esta nota, significa que el tumor ganó y ahora estoy en el cielo... Te agradezco lo bien que me cuidas. Parece que te preocupas de verdad. Tienes ojos tristes. Creo que eres una persona "real"... Por favor, nunca sientas que fracasas si muere un niño... Algún día irás al cielo y todos tus niños con cáncer tendrán abrazos esperándote.
>
> ¡Acaricia a tu perro por mí!
>
> Tu amigo,
>
> S.

¿Cómo hizo ese niño para transportarse a través del espacio-tiempo e imaginarse hablando con su médico desde el otro lado? Si él puede hacerlo, yo también, ¿verdad? La forma en que pasa del tiempo presente al pasado y luego de nuevo al presente y al futuro expone su ambigüedad sobre dónde está él en el tiempo y qué es real. Yo experimento la misma fluidez temporal contigo. Pasado, presente, ¿quién sabe si futuro? Es irrelevante dónde estoy de manera espacial cuando encuentro la energía que creaste durante tu vida. ¿Soy lo bastante valiente para abrazarla, sea cual sea su forma, o tengo miedo de que me ridiculicen por comprometerme con una fuerza que nadie entiende? Nunca he tenido miedo de llevar la contraria. ¿Por qué empezar ahora?

Escribo para mantenerte viva. Quizá sea presuntuoso. Tal vez solo creo en la posibilidad. He pasado toda una vida impulsando ese sueño. Me diste tanto amor durante cuarenta y seis años que ha alimentado mi recuperación de la pérdida de tu compañía. Cambiaste mi vida. Desde el principio. Y estos últimos tres años, nos hemos acercado aún más el uno al otro mientras el insaciable cáncer intentaba sin éxito consumir lo mejor de cada uno de nosotros. Lo derrotamos. Nos convertimos en un equipo inseparable, decidido a vencer a la enfermedad y a preservar tu espíritu indomable durante todos los instantes posibles. Con el tiempo, dos personajes distintos se fundieron desde mi perspectiva en una identidad sin fisuras. Dos se convirtieron en uno. Luchamos como uno solo. El amor no necesitaba palabras. La esperanza y todos los dividendos del amor aparecieron cuando fue necesario y traspasaron fronteras cansadas con una facilidad infalible.

Ahora necesitamos la confianza de ese niño en que podemos seguir comunicándonos a través de la brecha definitiva. Piensa en ese niño de diez años imaginándose al otro lado y conjurando lo quiere decirle a su médico. Ni siquiera sé cómo calificar semejante hazaña. Pero digamos que me pasó el reto.

Si un niño puede transportarse a través del abismo del espacio-tiempo, seguro yo también puedo. Los pensadores racionales definen el espacio-tiempo como cualquier modelo matemático que combina espacio y tiempo en un único continuo. Yo quiero una variación espiritual del mismo fenómeno: una dimensión que permita a una parte u otra trascender cualquier frontera que pueda obstruir la mezcla de dos entidades espirituales. Lo refrescante de los niños es que no se molestan en justificar o razonar; solo saltan de una realidad a otra y esperan que los adultos los sigan sin cuestionar. Los niños tienen la capacidad de crear una nueva realidad donde antes no la había.

Malditos sean los escépticos. Aplasta las vallas. Trasciende la estática, cualesquiera que sean las interferencias, para permitirnos continuar el trabajo en equipo. La unidad. No necesito entenderla para abrazarla, para aceptarla. Para vivir de ella. Para aprovecharla. No hay reglas. No hay barreras. No hay huellas en la nieve.

Sé paciente, Sherrie, mientras aprendo cómo hacer esto. Muéstrame una vez más esa tolerancia que ha marcado nuestros cuarenta y seis años juntos, desde el principio.

Te amo.

Pook

SUGERENCIA PARA HOY:

Malditos sean los escépticos. Aplasta las vallas. Trasciende la estática. Transpórtate a través del abismo del espacio-tiempo.

Escribe una carta a un ser querido que ya no está de este lado. Comunícate a través de la brecha definitiva.

El encantado

Rene Denfeld

Salía de la prisión donde trabajaba como investigadora del corredor de la muerte exonerando inocentes y administrando a los culpables. Recuerdo aquel día de forma vívida: el sol primaveral, los patos en una madeja que cruzaba el cielo, y la voz que escuché mientras me dirigía al auto, llaves en mano.

La voz me habló al oído con claridad, como si fuera una persona real: *Este es un lugar encantado.*

Me di la vuelta. No había nadie. Solo estaban los altos muros y las decrépitas torres de vigilancia de la prisión, construida en 1866, una mazmorra de piedra, y yo, de pie, sola, con el olor de la desesperación todavía en la piel.

Seguí esa voz hasta casa y esa noche empecé a trabajar en mi primera novela, *The Enchanted* [La encantada]. Siempre había querido escribir una novela, pero me sentía encadenada por los miedos habituales: no tenía la formación y la gente no querría oír lo que tenía que decir. La voz me dio un sentido de la orientación y me infundió esperanza. Si una prisión podía estar encantada, yo también: yo podía ser una fuente de encanto.

Fue el comienzo de una nueva vida para mí. No solo de libros y premios, sino algo más profundo y mucho más importante. Entré en contacto con la alegría y el encanto absolutos de la vida, desde los peores lugares en los que podemos estar, como aquella prisión del corredor de la muerte, hasta los momentos más sublimes de esperanza. Empecé a unir los hilos de mi vida y, por primera vez, tenían sentido. Tenían poesía.

El encanto de todo ello.

Cada vez que la rabia, la ira o la desesperación amenazan con hundirme, vuelvo a unirme al encanto, y eso me mantiene en pie.

Cuando vemos el encanto en los demás y en nosotros, el mundo se abre de par en par. De repente, el cambio es posible. Crece el amor donde no lo había.

SUGERENCIA PARA HOY:

Busca un lugar especial para escribir. Puede ser al aire libre, en la naturaleza o en tu sillón favorito. Pero lo bonito del encanto es que solo necesitas las cuatro paredes de tu mente: allí puede crecer un mundo. Si quieres, toma un objeto especial. Yo tengo una colección de piedras y plumas que he encontrado en mis andanzas. Cualquier cosa que te conecte con una sensación de magia te ayudará.

Ahora, siéntate en silencio y pídele a la voz que llevas dentro (tu voz especial, que nadie más tiene) que te hable del encanto. ¿Quién habla dentro de ti con esa voz y qué tiene que contarte? ¿Qué le encanta? ¿Qué te encanta a ti? Escríbelo.

La escritura como exorcismo

Puloma Ghosh

Gran parte de mi impulso por crear arte siempre ha consistido en dar forma a los pensamientos que me atormentan y liberar mis obsesiones. Puede ser tan sencillo como hacer que un personaje coma algo que se me antojó o tan complejo como convertir una pesadilla recurrente en un relato corto.

Ha sido así desde que tengo uso de razón. De niña, escribía historias que imitaban los libros que me encantaba leer una y otra vez. De adolescente, hacía dibujos de personas que se parecían a las que me gustaban. De joven adulta, eso tomó un giro más oscuro, manifestándose en extrañas obras de arte que reflejaban mis pensamientos tumultuosos. A menudo nos reprendemos por fijarnos demasiado en una cosa, sobre todo si nos provoca una emoción fuerte. Pero el arte (la creación de palabras, imágenes, música, etc.) es un lugar seguro y privado para dejar salir los fantasmas, bellos y feos.

Hay noches en las que no puedo dormir si no he exorcizado en papel lo que habita en mis pensamientos. Pero una vez fuera, puedo ver mis obsesiones por lo que son en realidad y mantener una conversación con ellas, lo que me ayuda conectar con el *porqué* de mis preocupaciones. Solo entonces puedo comprenderme mejor (las esperanzas, miedos y pasiones que me mueven) y reconocer el contexto de mi trabajo creativo.

SUGERENCIA PARA HOY:

Escribe para exorcizar lo que te atormenta. Escribe sobre cualquier cosa que no puedas sacarte de la cabeza: una persona, un lugar, un miedo, una escena de ficción, un recuerdo de tu pasado, una fantasía para tu futuro. Permítete pensar de forma obsesiva y descarada solo en esa cosa durante el tiempo que necesites para plasmarla en papel.

Algo que no puedes hacer solo

Hanif Kureishi

Desde que un accidente me dejó sin el uso de brazos y piernas, nunca había estado tan ocupado. Anoche, alrededor de las nueve, vi unos minutos de *The Glass Onion*, la cual disfruté. Luego perdí la conexión y todo se oscureció. Me dormí, desperté a la una y estuve consciente el resto de la noche. Tenía muchas ideas, pero como no puedo usar las manos y tomar notas, tuve que gritárselas a mi pobre hijo Carlo, que intentaba dormir un poco. Así es como escribo estos días; lanzo una red sobre pensamientos más o menos aleatorios, los dibujo y espero que surja algún tipo de patrón.

En la escritura de mi libro *Shattered*, donde Carlo me está ayudando, quedó claro lo placentero que es escribir con otra persona. Trabajamos desde las diez de la mañana hasta la una de la tarde y terminamos unas cinco páginas de edición y reescritura. Cortamos, reformulamos y ampliamos los mensajes, los mantenemos en tiempo presente y discutimos sobre las mejoras. Me recuerda al trabajo en obras de teatro y películas con directores y dramaturgos, donde hay un montón de cotilleos divertidos sobre política y deporte, incluso mientras trabajas. Como escritor es reconfortante trabajar solo, pero es estupendo tener compañía y bromas.

La abuela de mi esposa Isabella, una guionista que escribió muchas películas (*El gatopardo* y *Rocco y sus hermanos* para Luchino Visconti y *La princesa que quería vivir* para William Wyler), dijo en una entrevista que la mejor manera de escribir comedias era trabajar con otros, ya que puedes probar el humor sobre la marcha. La voz crítica interna, la que te dice que no eres bueno, se acalla cuando hay otros que te animan.

La música y el cine surgen de alianzas creativas, desde los Beatles hasta Miles Davis, de Alfred Hitchcock a Robert Altman. ¿Habríamos oído de Lennon o McCartney si nunca se hubieran conocido? Quizá lo más importante que puede hacer un artista es ir a la escuela con la gente adecuada o tener la capacidad de reconocer un talento compatible. Un artista puede entonces hacer algo que no puede hacer solo.

SUGERENCIA PARA HOY:

Escribe sobre alguien (un familiar, un amigo o un colaborador creativo) que silencie tu crítico interior. ¿Qué te permite hacer que no puedas hacer solo?

Una ruptura

Salman Rushdie

Llevo muchos años impartiendo un seminario de posgrado sobre no ficción en la Universidad de Nueva York. En varios de los libros que leemos y comentamos, surge un tema común. Los habitantes de una comunidad pacífica, a menudo un lugar remoto y rural, se enfrentan de repente a una intervención funesta en sus vidas. Dos ejemplos son la novela policiaca *A sangre fría,* de Truman Capote, y *Voces de Chernóbil,* de Svetlana Aleksiévich. Capote dijo que cuando leyó por primera vez sobre los asesinatos de la familia Clutter en Holcomb, Kansas, una pequeña ciudad en el centro de Estados Unidos, estaba más interesado en descubrir los efectos de los asesinatos en la gente de Holcomb que en los crímenes en sí. Mientras tanto, Aleksiévich, por obvias razones, incapaz de examinar el lugar donde explotó el reactor nuclear de Chernóbil y de hablar con todos los socorristas que murieron en los esfuerzos por cerrarlo y hacerlo seguro, habló con los supervivientes y construyó la historia del horror a través de sus voces traumatizadas.

Capote llegó a Holcomb, acompañado de su amiga de la infancia Harper Lee, para encontrarse con una comunidad sumida en la sospecha mutua. Hasta la detención de los verdaderos asesinos, que eran forasteros venidos de muy lejos en busca de dinero, los habitantes de Holcomb asumieron en su mayoría que el asesino era uno de ellos. Empezaron a mirarse con desconfianza, incluso con miedo. Algunos habitantes de Holcomb se mudaron. El pueblo ya no se sentía seguro.

Los supervivientes de Chernóbil descubrieron que sus compatriotas los trataban con miedo, de forma parecida a como se había tratado en Japón a los supervivientes de las bombas nucleares de Hiroshima y Nagasaki. La gente no quería acercarse a ellos, mucho menos casarse con ellos o tener hijos suyos. Muchos decidieron que el único camino que les quedaba era regresar a sus hogares cerca del reactor, sabiendo a la perfección que los niveles de radiactividad en la región estaban por las nubes, por lo que estarían acortando de manera drástica sus vidas.

Todos tenemos una imagen del mundo, una idea de lo real, dentro de la cual vivimos. Un desastre repentino —la muerte de un ser querido, la pérdida de un trabajo vital, un asesinato, la fusión de un reactor nuclear cercano— rompe esa imagen y tratamos de reconstruirla, en algo parecido o completamente distinto.

Tuve una experiencia así cuando, en agosto de 2022, un hombre me atacó con un cuchillo y casi me mata. He tardado año y medio en asimilar las consecuencias físicas y psicológicas de aquel ataque, y quizá ni siquiera ahora lo haya superado del todo.

SUGERENCIA PARA HOY:

Escribe sobre un acontecimiento que haya cambiado tu mundo o el de alguien cercano, que te haya obligado a reexaminar tus creencias. O hazlo como ficción: imagina una tranquila comunidad suburbana perturbada, una mañana, por el aterrizaje de un platillo volador en la plaza del pueblo. Escribe sobre un acontecimiento que altere la realidad, ya sea real o ficticio, y sobre las consecuencias humanas de dicho acontecimiento.

Galgos

Crow Jonah Norlander

Soy una persona honesta. La mayor parte del tiempo, al menos. La verdad es buena, pero a veces es inconveniente, incómoda o aburrida. Como cuando salgo a pasear a mis galgos y los turistas de camino a la playa me paran para preguntarme: "¿Esos son galgos?".

Si pudiera hacer un chiste, diría: "No, son pugs: estos son sus disfraces de Halloween". A la décima persona que preguntara "¿son amigables?", le sorprendería saber que mis perros padecen un trastorno alucinatorio que los hace percibir las manos que los acarician como conejos deliciosos. "Crunch, Crunch", diría, encogiéndome de hombros con una disculpa poco sincera.

"¿Son corredores retirados?". ¡No! Después de que todos los estados, excepto dos, votaran a favor de ilegalizar las carreras, abrí mi propio mercado negro de apuestas en el condado de aquí al lado, donde contraté matones dispuestos a romper las rodillas de cualquiera que haga demasiadas preguntas.

¿Cómo podría saber que esta admiradora canina en particular era parte de la junta de PETA? ¿Que al día siguiente haría que todo su poder irrumpiera en la puerta de mi casa?

Aunque no encontraron ninguna actividad ilegal en las carreras de perros, emitieron un juicio: doy por sentados a mis perros y menoscabo su capacidad para alegrar los días de los demás. Dado el estado de la autoridad discrecional, la supervisión y la financiación, no sé qué esperar. Pero resulta que creen que merece la pena salvarme. Quieren rehabilitarme. Me asignaron una asistente social para que me observe.

Llegó con un aspecto vagamente Montessori en su vestido hawaiano. ¿Es un emblema de conejito lo que trae cosido en el pecho? ¿Podría ser un uniforme? Ella es tranquila, firme y autoritaria. Termina las frases con un dejo de líder, pero camina como si llevara algo en la maleta. PETA no cree en las armas, ¿verdad? Yo también soy un animal, merezco un trato ético.

Tras acostumbrarme poco a poco a su presencia, vuelvo a las andadas. Me ve espantar a los perros con una palmadita superficial. En un paseo, me detiene: "¿Por qué tan pronto para apartar sus dulces hocicos de algún delicioso aroma?". Puede que esta hipotética médica se pase con la poética, pero tiene un punto. Tiene más que decir. "¿Tienes auténtica prisa? ¿O buscas el poder y el control en las relaciones como forma de compensar una educación precaria a causa de la pobreza, la adicción y el divorcio?".

Wow, está bien, tranquila. Pero de nuevo, no está equivocada. "¿Envidias a estas hermosas criaturas su afecto y dependencia hacia ti? ¿Una dinámica diseñada por ti?". Me hace imaginar mi vida sin perros y, luego, un mundo en el que los jardineros cuidan sus flores y los árboles absorben ávidamente el canto de los pájaros.

El punto es: debería ser un placer compartir las bendiciones.

Ahora no pueden callarme. ¡Todos, miren mis preciosos perros! ¡Sí, son parientes!

Y les encantaría una rascadita atrás de la orejita.

SUGERENCIA PARA HOY:

Recuerda alguna ocasión en la que te hayas resistido a decir la verdad. Piensa cómo habría sido mentir en su lugar. Después, lleva la invención hasta su final lógico o ilógico.

Descubrimiento en la desesperación

Cleyvis Natera

Cuando mi marido y yo decidimos formar una familia, yo llevaba casi una década escribiendo ficción. Mientras cursaba la maestría en escritura creativa, trabajé en una novela que fracasó. De inmediato centré la atención en otro proyecto, un libro que al principio resultó más fácil de escribir, lo que me hizo confiar en que tenía garantizado el éxito en su publicación.

Pero la vida tiene muy pocas garantías. A medida que pasaban los años, el libro se volvía más complicado y difícil de escribir; la historia parecía escaparse de mis manos. Al final, me decepcionó tanto la angustia del rechazo que lo dejé. Había otras formas de tener una vida con sentido, me decía; después de todo, tenía una próspera carrera como ejecutiva en el mundo empresarial, acababa de casarme y quería ser madre. Me lo repetía muchas veces, sobre todo cuando sentía que el libro y sus personajes jugaban con mi imaginación.

No hay forma de describir la manera en que la desesperación puede alterar nuestro sentido de la realidad. Durante unas pruebas rutinarias de embarazo, mi marido y yo descubrimos que nuestro primer hijo nacería con un peligroso trastorno sanguíneo, anemia falciforme. Era una enfermedad aterradora; vi a mi hermana mayor padecerla desde niña. Estaba decidida a hacer todo lo posible para evitar que mi hijo sufriera tanto.

Después de mi hijo, tuvimos la bendición de tener una hija que era compatible con la médula ósea. Pero las bendiciones durante esa época de nuestras vidas son difíciles de calcular. El primer trasplante de médula ósea no consiguió injertarse. Tras muchas conversaciones difíciles, decidimos volver a intentarlo. Pocos días después del segundo trasplante de médula ósea, mientras descansábamos y jugábamos tonterías en una habitación amarillo claro del hospital, a nuestro hijo se le rompió el apéndice. Era una situación desesperada. No tenía inmunidad, así que la operación podía ser mortal, pero la apendicitis también podía acabar con su vida.

Vivimos suspendidos durante tres días mientras los médicos trataban a nuestro hijo con antibióticos. Cada día se extendía ante nosotros de manera interminable y en color sepia. Recuerdo que no dormía. Recuerdo intentar comer y tener la sensación de que todo sabía a cartón o demasiado salado. Recuerdo tener una sed que me abrumaba, que no desaparecía por mucha agua que bebiera.

De forma extraña, me sentía disociada de mi vida y sentía que la mente se desviaba una y otra vez hacia los personajes de mi novela, que llevaba tanto tiempo sin escribir.

Pero de repente comprendí algo inesperado: el miedo a perder a mi hijo puso de manifiesto las pérdidas que habían sufrido mis personajes. También puso de manifiesto un error que había cometido: intentar escribir sobre la gentrificación, la feminidad, el dolor, el desplazamiento del yo, de la comunidad, sin hablar del amor. Era la ruptura que no sabía que necesitaba.

Mi hijo se recuperó de la apendicitis después de esos tres días terribles. Unas semanas después supimos que su segundo trasplante de médula ósea había sido un éxito. Salió libre de la anemia falciforme, listo para reincorporarse al mundo luego de muchos meses de aislamiento, con salud y una curiosidad inagotable que florece a medida que se hace mayor.

El avance que experimenté en ese momento de desesperación inyectó vida a una historia que muy bien podría haber permanecido enterrada. *Neruda on the Park* [Neruda en el parque] nació del momento de desesperación más profundo que he conocido como madre, como artista y como ser humano. Cada vez que sostengo mi libro, brilla con todo el amor y el dolor que he vivido para ganarme el derecho a escribirlo.

SUGERENCIA PARA HOY:

Escribe sobre una ocasión en la que hayas tenido un gran descubrimiento en tu desesperación. ¿Qué aprendiste? ¿Qué hiciste con ese conocimiento?

Sobre las antibendiciones

Kate Bowler

Tenemos días que brillan, días iluminados por fuegos artificiales. Nada es ordinario, porque hemos tropezado con una especie de magia. Una noche que se desenrolla. Un día que parece esperar nuestras decisiones. Nos sentimos bendecidos por ser, durante una fracción de segundo, el centro del universo.

Y luego tenemos días de deshacer. Hay un deshacer que va desmontando todos los planes. Tenemos la sensación sigilosa de que nada puede estar bien ni lo ha estado nunca. El futuro ha desaparecido en un horizonte que nunca podremos alcanzar.

Soy una historiadora que estudia el lenguaje que utilizamos para esos momentos de magia, esa suerte profunda que nos hace preguntarnos si es divina. Es el lenguaje de la bendición. Pero a menudo nuestra cultura confunde ese lenguaje con una especie de certeza a ultranza de que las cosas buenas siempre le ocurren a la gente buena. Así que, en los días de fuegos artificiales, tomamos las redes sociales y nos proclamamos #benditos. Y en los días de tragedia suave o poco suave, ¿qué podemos decir?

El antiguo significado del término *blessing* (bendición) puede ser hermoso e instructivo para nombrar esa extraña mezcla de experiencias horribles y encantadoras en nuestras vidas. Una bendición es una forma de poesía hablada sobre lo divino. Es una forma de expresión increíblemente positiva, pero no es un simple "reencuadre". (No necesitamos decir: "Oh, no importa. ¡La tragedia es genial! Me encanta. ¡Esta es mi nueva práctica mental!"). Podemos usar la bendición como un tipo de acto que el académico Stephen Chapman llama "emplazamiento". Llamar bendición a algo puede permitirnos decir: Esto va aquí, esto va allí. Esto es hermoso. Esto es horrible. Y todo ello puede llamarse verdad.

Empecé a usar ese lenguaje sobre todo los días en que recibía quimioterapia. Hubo momentos de indecible tristeza. Y hubo momentos de sorprendente alegría. Como cuando estoy sentada en la parte baja del sótano de un hospital de Atlanta, un lugar tan completamente carente de luz que empecé a bromear con el enfermero diciendo que alguien tendría que ser un vampiro para trabajar ahí. Y entonces el enfermero, cada miércoles, empieza a darme la razón. Me acaricia la vena antes de sacar la aguja. Hace como que se encoge ante cualquier luz fuera de la puerta. Me pregunta si me sobra sangre para sus propios fines. Y me doy cuenta de que *esto es todo.* Lo bello y lo terrible uno al lado del otro, cada uno poniendo al otro en relieve, es la única manera en que me daría cuenta de la bendición.

SUGERENCIA PARA HOY:

Piensa en algún momento en el que te hayas sentido muy desafortunado. Lo contrario de #bendito (la "antibendición", si quieres), pero entonces te diste cuenta de que había algo bonito, divertido, algo que brillaba. Escribe sobre cómo mantienes la tensión entre lo terrible y la sensación de polvo de hadas.

El centro sagrado

Jasper Young Bear

En mi tradición, la historia de la creación dura cuatro días.

A menudo la gente piensa que es una historia pintoresca, pero no es así. Es una verdad sagrada, y en su centro está el concepto crucial de que tú eres el universo, que todo lo que atravesó el creador lo atravesaste tú también.

La mayoría de la gente lucha contra eso. La mayoría no está preparada para aceptar que es el centro sagrado. Pero es un cambio importante hacia lo que se llama pensamiento del todo a la parte, donde todas las dicotomías del universo se dejan de lado. Donde no hay masculino y femenino, ni blanco y negro, ni división política.

Cuando se utiliza el pensamiento integral, el sentido del yo es mucho más profundo, más expansivo. En nuestras ceremonias sagradas, representamos eso desde que somos bebés, cuando recibimos un nombre indio. En esa ceremonia, nos colocan en el centro del universo y nos hacen girar para mirar en todas direcciones. Cuando nos nombran, somos la luz. Somos el principio. Somos uno con el tiempo y el espacio. Salimos y vibramos con nuestros nombres, atrayendo lo que otros han inculcado, atrayendo lo que ya está dentro de nosotros.

Ahora mismo, la gente se siente atrapada por los sistemas. El sistema político actual. La distribución de la tierra. Las personas sienten que no tienen suficiente. No pueden ver un río ondulante; no pueden ir a recoger las bayas, ciruelas o capulines que crecen silvestres aquí donde vivo; no pueden ir a pescar al lago Sakakawea. En ningún sitio se les explica cómo la naturaleza y la comunidad pueden estar en armonía.

Pero podemos crear un mundo nuevo, debemos crear un mundo nuevo. Todo lo que hace falta es un grano de mostaza de fe. Debemos creer que no estamos separados, no somos John, Amy o Ken. Yo no soy Jasper Young Bear. Yo soy el creador; y creer que soy el creador es la única manera que tengo de hacer este trabajo. Solo así tengo la fuerza para decir: "¿Cómo te atreves a dañar a la Tierra? ¿Cómo te atreves a lastimar a mi pueblo? ¿Cómo se atreven a hacerse daño los unos a los otros?".

Si hay algún momento en que Dios escucha, si hay algún momento para rezar, es ahora.

SUGERENCIA PARA HOY:

Imagina que eres el centro del universo. Imagina que eres el creador. Imagina que tu poder y tus oraciones no tienen límite. Imagina que todas las cosas que se mueven y están en movimiento y todas las cosas estáticas y sentadas se ven afectadas por tu oración. ¿Qué cambiarías? ¿Cuál es tu oración?

Gestos del alma

Behida Dolić

Al año siguiente de la muerte de mi hijo, vi caer mis sueños, uno a uno, como hojas de otoño que dejan sus ramas desnudas y sin color. Fue el año más duro de mi vida, y me obsesioné con las cosas frágiles que perseveran en las condiciones más duras. En mis días más oscuros, empecé a crear pequeñas obras de arte que nadie más que yo vería jamás: pequeños gestos del alma.

Cuando llovía, abría una ventana y colocaba las cortinas blancas en la posición exacta para verlas ondular mientras me acostaba por la noche. Escribía recuerdos alegres en cientos de trocitos de papel y los apilaba formando un arco que, imaginaba, impedía que la pared de mi habitación se cayera sobre mí. Con cordeles y chinchetas, fijaba los contornos de las sombras a la pared antes de que desaparecieran con la luz del atardecer. Pinté con acuarelas en la ventana y luego vi cómo la lluvia las borraba. Puse flores en un lago helado y vi cómo se congelaban bajo el hielo, como una pena atrapada, sin lugar a donde ir.

Eran mis formas de atar todos los trocitos de alma que me quedaban; de recordar lo que se sentía al amar y ser amada, el estar a salvo. Esas obras de arte impermanentes me recordaban tiempos en los que no me sentía sola. Me susurraban al oído: "Todo saldrá bien. Tú también perseverarás".

Esas piezas conceptuales y efímeras pueden tomar infinitas formas. Algunos ejemplos:

- Haz películas de diez segundos. Descarga una aplicación en tu teléfono que imite una cámara antigua de Super 8 mm

o de 16 mm. Luego, agrega una hermosa pieza de música de piano que te llegue al alma.
- Cierra los ojos y deja que tu cuerpo entre en movimiento. En poesía en movimiento.
- Escribe una frase o palabra en la esquina de una página, quizá de tu libro favorito. Dóblala. Escribe una cada día hasta que el libro esté hinchado de esquinas dobladas. Tu alma cuidadosamente colocada en una página que alguien, algún día, dentro de cientos de años, desdoblará y pensará: *¡Dios mío! Ojalá hubiera conocido a esta persona. La habría querido tanto.*

Esos gestos del alma no requieren una inmensa cantidad de energía para completarse. Pero pueden recomponer tu vida, atarte a la felicidad, hacerte sentir libre.

SUGERENCIA PARA HOY:

Haz una obra de arte impermanente. Crea un pequeño gesto del alma, algo libre. Puedes elegir una de las ideas anteriores o inventar la tuya. Luego escribe sobre lo que has creado, cómo te ha hecho sentir, cómo perdurará.

Epílogo
Un final y un principio

A finales de julio de 2024, estaba trabajando en las piezas finales de este libro, dándole vueltas a qué decir en el epílogo. *¿Cómo atar todos los cabos?*, me preguntaba. *¿Cómo envolverlo todo con un elegante lazo?* Pero antes de que pudiera escribirlo, recibí una llamada que me recordó que la vida no funciona así. Era del doctor G, mi oncólogo. Me habían hecho una biopsia rutinaria de médula ósea esa misma semana y sabía lo que me iba a decir antes de que lo mencionara. De inmediato, le pregunté si había vuelto la leucemia. Me respondió: "Ojalá tuviera mejores noticias".

Mi enfermedad es agresiva y sabía que era probable una recaída. Aun así, me sorprendió. Hacía poco más de dos años de mi segundo trasplante y esperaba que pasara más tiempo antes de recibir una llamada así. Además, no me siento enferma. Durante toda la primavera y el verano, trabajé de sol a sol pintando acuarelas para preparar mi primera exposición de arte. A principios de julio, viajé a Europa para visitar a mi familia y asistir a algunos espectáculos en los que actuaba mi marido, Jon, y los largos vuelos y los cambios de huso horario apenas me alteraron. Incluso empecé a levantar pesas cada mañana, con la esperanza de fortalecer mi cuerpo después de todo lo que ha pasado. La verdad es que me siento más fuerte que en años. Pero aquí estoy.

Hace unos días, encontré a la criatura más diminuta recién nacida en medio de mi jardín. Rosado y sin pelo, con apenas unas horas de vida, era el ser más vulnerable que jamás había visto. Al principio pensé que era un ratón, pero al examinarlo más de cerca, me di cuenta de que era una ardilla. Había venido un fontanero a hacer unas obras y me dijo que la tirara a un arbusto y que su madre la encontraría... o no (de cualquier manera, la naturaleza seguiría su curso). Me horrorizaba la idea. Era una vida diminuta y preciosa, ¡al menos tenía que *intentar* salvarla!

Mi hermano Adam estaba de visita y le pedí que me ayudara con Esquire, como empecé a llamar al pequeño animalito. Buscamos en Google "cómo cuidar a una ardilla recién nacida", encontramos un sitio web con una larga lista de cosas que hacer y no hacer, y seguimos las instrucciones. Primero colocamos a Esquire bajo un árbol cercano y pusimos una banda sonora de llamadas de socorro de ardilla que se suponía que atraerían a la madre y la ayudarían a encontrarlo. Pero al anochecer, la madre no había aparecido y la página web desaconsejaba dejarlo fuera, ya que sería vulnerable a los depredadores y al frío nocturno. Así que metimos a Esquire, lo pusimos en una caja de zapatos forrada con una toalla muy suave y lo colocamos sobre una almohadilla térmica.

Durante la noche, me levantaba cada hora para revisarlo. Cada vez que me acercaba a la caja lo hacía con mucho temor, como si mi vida dependiera de que Esquire sobreviviera a la noche. Cuando desperté y vi que aún respiraba y que, además, había empezado a chillar, sentí una tierna esperanza. Adam y yo lo llevamos al santuario de animales local, donde lo han cuidado en compañía de crías de mapache, cervatillos y petirrojos. Cuando esté lo bastante fuerte, lo devolverán a la naturaleza.

Han pasado diez días desde la llamada del doctor G. Dentro de unas horas empiezo un tratamiento intensivo de quimioterapia. He pasado todo el fin de semana intentando prepararme para lo que está por venir (es decir, tratando de controlar todo lo que está a mi alcance). Lavé toda la ropa, organicé los armarios y limpié los baños. Bañé a los tres perros, aspiré las alfombras y, ayer, me puse de rodillas y fregué el suelo de la cocina. Mis seres queridos también han estado ocupados. Jon canceló las fechas de su próxima gira, se puso en contacto con expertos en terapias de vanguardia y llamó a nuestro amigo Jonny Miles, un escritor brillante y cocinero de talento, para preguntarle si podía llevar algunas comidas durante la semana de quimioterapia. Adam se encargó de todas las tareas domésticas que había que hacer: cambiar bombillas, poner pilas nuevas a las alarmas de incendios y regar el jardín.

Pero sé que no importa lo limpia que esté mi casa, cuántos guisos contra el cáncer tenga en la nevera o cuántas criaturas vulnerables rescate, mis circunstancias no cambiarán. Nuestros esfuerzos no cambiarán el hecho de que el camino que tenemos por delante está lleno de incertidumbre, que habrá muchos obstáculos, tanto conocidos como desconocidos.

Así que hoy he hecho una última cosa para prepararme. He elegido un diario nuevo y le rompí el lomo. En la primera página, escribí las siguientes líneas como recordatorio de la alquimia que tan bien conozco:

> *Recurro a la página como recurro a la oración: para suplicar, confesar, comulgar, para recordar que no todo es caos, que no todo está perdido.*
>
> *Recurro a ella como si fuera la libreta de un reportero: para registrar algo que escuché por casualidad, algo que observé, algún pensamiento que no quiero olvidar.*
>
> *Recurro a ella como a una amiga: en busca de compañía, de consejo. Le cuento a mi diario los nudos que tengo y juntos desenredamos los hilos. Murmuro mis sueños y juntos avanzamos hacia ellos.*
>
> *Hago de esta escritura un ritual: para marcar los umbrales, atravesar los valles y las cumbres, honrar el espacio entre el ya no y el todavía no.*
>
> *El diario es oceánico. Es amplio. Es memoria, ensueño, destilación. Me enseña a poner atención, a ver el mundo de nuevo, a reordenar las piezas, a jugar.*
>
> *El diario es tabula rasa y terra incognita. Es espejo de uno mismo (pasado, presente y futuro) y un portal hacia lo desconocido. Es un refugio: un lugar donde esconderse, donde buscar, donde encontrar. Es donde voy para conocerme, para descubrir las vidas no vividas dentro de mí.*
>
> *Aquí me creo a mí. Aquí escribo abriendo mi camino.*

Puede que sea el final de *El libro de la alquimia*, pero como ocurre con la mayoría de los finales, también es un principio. Esta práctica es continua porque la vida es continua. Llevar un diario nos permite navegar por las aguas de la vida, ya sean turbulentas o tranquilas, y aprender a sostener las paradojas (los hechos hermosos y crueles de la vida) con la mano abierta.

Así que deja de buscar razones para no hacerlo. Abre tu diario. Toma una pluma. Vuelve aquí tantas veces como necesites. Sigue adelante.

Sobre la autora

SULEIKA JAOUAD es autora del exitoso libro de memorias *Entre dos reinos*, un bestseller inmediato del *New York Times* que se ha traducido a más de veinte idiomas. Escribió "Life, Interrupted", una columna del *New York Times* que se volvió serie y ganó un Emmy. Sus ensayos y reportajes han aparecido en *The New York Times Magazine*, *The Atlantic*, *The Guardian* y *Vogue*, entre otros. También protagonizó, con su marido, Jon Batiste, el documental nominado al Óscar *American Symphony* [Sinfonía estadounidense], un retrato de dos artistas durante un año de altibajos extremos. Como artista visual, sus acuarelas a gran escala son el centro de varias exposiciones futuras. También es la creadora de *Isolation Journals*, un boletín semanal y una comunidad mundial que aprovecha la creatividad como herramienta para sortear las interrupciones de la vida.

Boletín: theisolationjournals.substack.com
suleikajaouad.com
Instagram: @SuleikaJaouad
facebook.com/suleikajaouad

Colaboradores

Hédi Abdel-Jaouad es profesor emérito de francés y estudios francófonos en el Skidmore College y también mi padre. Editor de *CELAAN*, revista dedicada a la promoción de la literatura y el arte norteafricanos, es autor de numerosos artículos y libros, entre ellos *Browningmania: America's Love for the Brownings* [Browningmanía: el amor de los estadounidenses por los Brownings] y *Limitless Undying Love: The Ballad of John and Yoko and the Brownings* [Amor eterno sin límites: la balada de John y Yoko y los Browning]. (El título provisional de mi próximo libro es *Hédi's Browningmania: How My Father's Obsession with Robert and Elizabeth Barrett Browning Has Ruined Our Family Dinners for the Last Two Decades* [La browningmanía de Hédi: cómo la obsesión de mi padre con Robert y Elizabeth Barrett Browning ha arruinado nuestras cenas familiares durante las últimas dos décadas]). Inspirado por su proyecto de 100 días, escribe unas memorias de su infancia en Túnez, *Until the Sahara Blooms Again*.

Hanif Abdurraqib es poeta, ensayista y crítico cultural de Columbus, Ohio. Entre sus obras de no ficción destacan *They Can't Kill Us Until They Kill Us*, los bestsellers del *New York Times There's Always This Year, Go Ahead in The Rain: Notes to A Tribe Called Quest* y *A Little Devil in America*, el cual fue finalista del National Book Award y ganador del Gordon Burn Prize y la Andrew Carnegie Medal for Excellence in Nonfiction. Es autor de dos poemarios completos, *The Crown Ain't Worth Much* y *A Fortune for Your Disaster*, que ganó el Premio Lenore Marshall en 2020. Hanif también recibió una beca MacArthur.

Azita Ardakani es filántropa y empresaria social. Estudia los principios de la naturaleza como medio para informar a la economía, las organizaciones sociales y el diseño. Fundadora de la agencia de impacto creativo Lovesocial, actualmente busca la relación entre la vida interior y la ecología exterior para responder a los retos de estos tiempos.

Sky Banyes es una artista, escritora e ingeniera física que cree que todos los sentimientos son válidos y valiosos y se esfuerza por descubrir la belleza y la curación a través de las experiencias cotidianas. Es autora e ilustradora de *The Little Book of Silver Linings: Finding Joy in the Toughest Times*. Aunque vive en París, ha reunido a una comunidad mundial en Instagram.

Jon Batiste, mi querido compañero de vida y de creatividad, es un músico de Luisiana ganador de un Óscar, un Emmy, un Globo de Oro y cinco premios Grammy. Obtuvo una licenciatura y una maestría en la Juilliard School, pasó años tocando música en el metro y por las calles de Nueva York con su banda Stay Human, y después fue director de la banda y director musical de *The Late Show with Stephen Colbert* de 2015 a 2022. Ha publicado siete álbumes de estudio, entre ellos *We Are*, que ganó el premio al Álbum del Año en 2022, y *World Music Radio*, que se inspira en su misión de crear comunidad y expandir la cultura a través del poder de la música.

Martha Beck, PhD, es autora de superventas, *coach* y conferencista. Entre sus libros se encuentran los siguientes bestsellers del *New York Times*: *Encuentre su propia estrella polar*, *The Joy Diet*, *El poder de la integridad* y, el más reciente, *Beyond Anxiety: Curiosity, Creativity, and Finding Your Life's Purpose*. Autora de más de ciento cincuenta artículos para revistas, incluidas casi dos décadas de columnas mensuales para *O, The Oprah Magazine*, ha sido calificada por NPR como "la *coach* de vida más conocida de Estados Unidos" y por Oprah Winfrey como "una de las mujeres más inteligentes que conozco".

Barbara Becker es la galardonada autora de *Heartwood: The Art of Living with the End in Mind.* Es madre, buscadora perpetua y, más recientemente, superviviente de un cáncer de mama. Como voluntaria en un lugar de retiro de la ciudad de Nueva York, ha compartido su tiempo con cientos de personas al final de sus vidas y ve a cada una de ellas como una maestra.

Michael Bierut es socio de la oficina neoyorquina de la consultora internacional de diseño Pentagram, fundador del sitio web Design Observer y profesor en la Escuela de Arte y la Escuela de Administración de Yale. Entre sus clientes figuran *The New York Times,* Saks Fifth Avenue y los New York Jets; como voluntario del equipo de comunicación de Hillary Clinton, diseñó el logotipo *H* para su campaña presidencial de 2016. Ha publicado una monografía sobre su trabajo, *How* *to Use Graphic Design to Sell Things, Explain Things, Make Things Look Better, Make People Laugh, Make People Cry and (Every in a While) Change the World*, así como una colección de ensayos, *Now You See It*. Elegido miembro de la Alliance Graphique Internationale y del Salón de la Fama del Art Directors Club, en 2006 recibió la medalla AIGA, máximo galardón de la profesión.

John Binkley fue dramaturgo, activista político y productor, guionista y director de televisión. En 1977, se trasladó de California a Houston, Texas, donde conoció a Sherrie Matthews; se casaron seis meses después. John escribió cuarenta y seis cartas a Sherrie tras su muerte en diciembre de 2022, antes de seguirla al otro lado en octubre de 2023. En el futuro se publicará una recopilación completa de las cartas.

Nadia Bolz-Weber es pastora luterana ordenada y autora de tres superventas del *New York Times*: *Pastrix: The Cranky, Beautiful Faith of a Sinner & Saint, Santos accidentales: Encontrando a Dios en las personas equivocadas* y *Desvergonzada: Una reforma de la sexualidad.* Escribe y habla sobre fracasos personales, recuperación, gracia y fe, y siempre prefiere sentarse en el rincón con los demás bichos raros. Puedes seguir sus últimos escritos en *The Corners* en Substack.

Bianca Bosker es una periodista galardonada y autora de los superventas del *New York Times*: *Ahora me cuadra: Un viaje alucinante entre artistas, coleccionistas y galeristas que me enseñaron a ver el arte* y *El vino: Un viaje irreverente por la subcultura de sommeliers, enólogos y bebedores*, el cual fue elogiado como el *Kitchen Confidential* del vino. Escribe con regularidad para *The Atlantic*, se licenció en la Universidad de Princeton, y actualmente vive en Nueva York.

Jenny Boully es autora de seis libros, entre ellos *Betwixt-and-Between: Essays on the Writing Life, The Book of Beginnings and Endings* y *El cuerpo: Un ensayo.* Estudió en la Universidad Hollins, obtuvo un máster en escritura creativa en la Universidad de Notre Dame y un doctorado en inglés en la City University de Nueva York. Becaria Guggenheim de No Ficción General en 2020, imparte clases en el Bennington College.

Kate Bowler, PhD, es autora de cuatro superventas del *New York Times*, presentadora de pódcasts galardonados y profesora de la Universidad de Duke. Escribió la primera historia del evangelio de la prosperidad estadounidense (la creencia de que Dios quiere darte salud, riqueza y felicidad) antes de que le diagnosticaran un cáncer en estadio IV a los treinta y cinco años. Mientras estaba en tratamiento, escribió dos memorias superventas del *New York Times, No hay mal que por bien no venga y otras mentiras piadosas* y *No Cure for Being Human (and Other Truths I Need to Hear).* Presentadora del pódcast *Everything Happens,* vive en Durham, Carolina del Norte, con su familia y sigue enseñando a los bienhechores en la Duke Divinity School.

Conocí a **Aura Brickler** a través de su marido, Bret Hoekema, fallecido en 2021 tras casi una década de implacable cáncer y complicaciones relacionadas con el tratamiento. Aura, un ser tan humano, tan tierno y tan honesto como se puede ser, se desempeña como trabajadora social en las escuelas públicas de Chicago. Con la ayuda de la medicina moderna, Aura y Bret pudieron dar la bienvenida al mundo a Evie Maeve en 2017. Aura dice que su hija es “un rayo de luz radiante y, sin duda, su mejor logro”.

Arden Brown vive en una granja del centro de Nueva York con su perro, Oban, y su gato, Coco, entre otros animales y humanos, también. Pasa su tiempo libre leyendo y tocando el violín. Escribió el ensayo “Mi profesora, la señora R” sobre su profesora de cuarto de primaria.

Annie Campbell aprendió a contar cuentos en la mesa (la única vez que la vida se detuvo en la familia de un diplomático) y luego pasó cuarenta años enseñando a los niños a apasionarse por sus vidas como escritores y lectores. Vive en Richmond, Virginia, con su marido, Ben. Escribió “He estado comiendo higos” después de escuchar una conversación que organicé para los *Isolation Journals* en la que hablé de ser un niño de la tercera cultura.

Susan Cheever es autora de dieciséis libros y docenas de ensayos. Las historias de su padre, el escritor John Cheever, son el tema de su libro *When All the Men Wore Hats: Susan Cheever on the Stories of John Cheever.* Ganadora de una beca Guggenheim, Susan ha escrito para numerosas revistas y periódicos, entre ellos *The New Yorker, The New York Times* y *Newsday*, donde contribuyó a la obtención del Premio Pulitzer 1997 por noticias de última hora. Cheever ha impartido clases en Yale, el Sarah Lawrence College, la Brown University y el Bennington College, y actualmente es profesora de la New School en su programa MFA. También forma parte del consejo de la Yaddo Corporation y del Author's Guild Council.

Lisa Ann Cockrel es escritora, editora y curadora de eventos. Su obra creativa explora la interacción entre los cuerpos sociales y los cuerpos individuales, con especial atención a los cuerpos gordos. En la actualidad es editora de adquisiciones de Eerdmans y antes fue directora de programas de *Image Journal*, directora del Festival de Fe y Escritura, y directora editorial de Brazos Press. Lisa Ann también posee una maestría en no ficción creativa por los Bennington Writing Seminars.

Stephanie Danler es novelista, autora de memorias y guionista. Es autora del bestseller internacional *Dulceagrio* y de las memorias *Stray*; también es la creadora y productora ejecutiva de la serie *Dulce amargura* en Starz. Reside en Los Ángeles.

Alain de Botton es autor de más de una docena de libros ensayísticos, el último de ellos *A Therapeutic Journey*, que han sido superventas en treinta países. Ha escrito sobre el amor, los viajes, la arquitectura y la literatura, y se le ha descrito como autor de una "filosofía de la vida cotidiana". Alain también fundó y ayuda a dirigir la School of Life, dedicada a una nueva visión de la educación. Nacido en Zúrich, Suiza, ahora vive en Londres.

Rene Denfeld es la galardonada autora bestseller de cuatro novelas, *The Enchanted, La buscadora de niños, The Butterfly Girl* y *Sleeping Giants*. Héroe del año en el *New York Times* y galardonada con el premio Break the Silence, ha sido investigadora jefe de la abogacía pública y ha trabajado en cientos de casos, entre ellos exoneraciones y ayuda a víctimas del tráfico de personas. Vive en Portland, Oregón, donde es la feliz madre de unos niños procedentes de hogares de acogida.

Nell Diamond es fundadora y CEO de Hill House Home, una marca de moda y estilo de vida que aporta belleza y alegría a los rituales cotidianos. Fundada en 2016 como empresa de venta directa al consumidor de ropa de cama y artículos para el hogar, Hill House Home se hizo viral con el lanzamiento en 2019 de su producto de culto favorito, el Nap Dress.® Guiada por los valores de calidad, comodidad e integridad del diseño, Nell ha sido nombrada miembro de la lista *Inc's* de Female Founders 250, la lista de empresas más innovadoras de *Fast Company*, la lista "500" de *Business of Fashion*, la Power List de *Marie Claire*, y más.

Behida Dolić creció en un pequeño pueblo del sur de Bosnia, entre tejedores de *kilim* y fabricantes de muebles, donde el "hecho a mano" era una forma de vida. Huyendo de la guerra, se trasladó a Estados Unidos en 1998 y estudió arte en San Francisco y Florencia, Italia. Desde 2011, es propietaria de Behida Dolić Millinery en Hudson, Nueva York, donde vende sombreros hechos a mano y su propia línea de ropa femenina. Superviviente de cáncer, Behida también pinta, esculpe, baila, escribe y hace arte efímero. En la actualidad trabaja en sus memorias.

MAGGIE DOYNE ha dedicado su vida a educar a los niños y empoderar a las mujeres de Nepal. Es cofundadora y directora general de la Fundación BlinkNow, autora de *Between the Mountain and the Sky* y protagonista de un nuevo documental del mismo nombre. La Fundación BlinkNow ofrece educación y un hogar acogedor y afectuoso a niños en situación de riesgo en Surkhet, Nepal. La fundación también realiza actividades de divulgación comunitaria para reducir la pobreza, empoderar a las mujeres, mejorar la salud y fomentar la sostenibilidad y la justicia social.

LENA DUNHAM ha ganado muchos premios. Autora de la colección de ensayos *No soy ese tipo de chica*, superventas del *New York Times*, también es la creadora de *Girls* una serie de HBO por la que fue nominada a ocho premios Emmy y ganó dos Globos de Oro, incluido el de mejor actriz. Fue la primera mujer en ganar el premio del Sindicato de Directores de América a la mejor dirección de comedia. Lena también es guionista, directora y protagonista de *Los pequeños muebles*, que ganó un Independent Spirit Award al mejor primer guion; desde entonces ha escrito y dirigido las películas *Los caminos del sexo* y *La vida de Catherine*. También es presentadora del pódcast *The C-Word*, que examina las historias de mujeres a las que la historia adora llamar "locas".

MELISSA FEBOS es autora de cuatro libros, entre ellos la colección de ensayos *Nena*, que fue un éxito de ventas en todo el país y ganó el Premio Nacional de Crítica del Círculo de Críticos de Libros; las memorias *Whip Smart* y *Abandon Me*; y un libro de manualidades, *Body Work*. Su quinto libro, *The Dry Season*, se publicará próximamente en Knopf. Recibió la beca de la Fundación Guggenheim en 2022 y una beca de literatura del Fondo Nacional de las Artes en 2022. Es profesora de la Universidad de Iowa y vive en Iowa City con su esposa, la poeta Donika Kelly.

LIANA FINCK se licenció en Cooper Union en 2008 y desde entonces no ha dejado de hacer caricaturas. Recibió la beca Fulbright y ha publicado varios libros, entre ellos *Passing for Human*, una memoria gráfica;

Hágase la luz, una novela gráfica; y *Cuidado, que se rompe,* un libro infantil. Sus caricaturas aparecen con regularidad en *The New Yorker* y en su página de Instagram, que tiene una de mis biografías favoritas. En referencia a las peticiones sobre sus caricaturas, dice: "Puedes tatuarte gratis".

Anne Francey es una artista visual que trabaja pintura, dibujo y cerámica y ha expuesto en Estados Unidos, Suiza y Túnez. Ha recibido varias becas del Consejo de las Artes del Estado de Nueva York para crear murales comunitarios en escuelas y espacios públicos. Fue nombrada becaria Fulbright para 2021 en Túnez, donde dirigió un proyecto de arte participativo llamado *1 001 Briques*. También es mi madre, y mi primera y eterna maestra en temas de curiosidad, experimentación, creatividad y belleza.

Tatiana Gallardo es escritora e ilustradora y su herramienta favorita son los marcadores. Su boletín, *Brazenface*, relata sus aventuras para enfrentarse al miedo, como dejar el alcohol, vestirse de naranja de la cabeza a los pies y, más recientemente, armarse de valor para empezar de nuevo.

Puloma Ghosh es autora de la colección de relatos cortos *Mouth*. Su obra ha aparecido en *One Story, CRAFT, Cake Zine, BoTM's Volume Ø* y otras publicaciones. Puloma ha sido profesora en el Bennington College y ganó una beca del Tin House Writers Workshop. Nació en Calcuta, creció en Massachusetts y ahora vive en Chicago.

Elizabeth Gilbert es autora de diez libros de ficción y no ficción, entre los que destacan sus memorias de 2006, *Comer, rezar, amar.* Su charla TED sobre el genio creativo es una de las veinte charlas TED más vistas de todos los tiempos, y su libro *Libera tu magia* ha ayudado a un número incalculable de lectores, entre los que me incluyo, a elegir una vida de curiosidad en lugar de miedo.

John Green es autor de las novelas superventas del *New York Times* *Bajo la misma estrella* y *Mil veces hasta siempre*, así como de la colección de ensayos *Tu mundo y el mío*. En 2006 recibió el premio Michael L. Printz, en 2009 fue galardonado con el premio Edgar y en dos ocasiones ha sido finalista del premio Book Prize de *Los Angeles Times*. John participa en varios proyectos de video con su hermano Hank, incluyendo vlogbrothers, su canal de YouTube en el que promueven el intelectualismo y tratan de mejorar el mundo, entre otras cosas recaudando millones de dólares para luchar contra la pobreza en los países en desarrollo y plantando miles de árboles; y Crash Course, donde enseñan ciencia y humanidades a más de diez millones de suscriptores.

Marie Howe me abrió las puertas de la poesía. Es autora de cinco poemarios, el más reciente *New and Selected Poems*, así como *What the Living Do* y *Magdalene*. Ha recibido becas del Fondo Nacional de las Artes, la Fundación Guggenheim y la Academia de Poetas Americanos. Fue Poeta Laureada del Estado de Nueva York de 2012 a 2014 y actualmente es Poeta Residente en la Iglesia Catedral de San Juan el Divino. Vive en la ciudad de Nueva York.

Hollynn Huitt es escritora y gestora de la comunidad *Isolation Journals*. Es licenciada en escritura por el Savannah College of Art and Design y tiene una maestría en ficción por el Bennington Writing Seminars. Ha publicado relatos en *Stone Canoe, Hobart,* *pank* y *x-r-a-y*. Vive en una vieja granja en el centro de Nueva York con su familia y muchos animales, sobre los que escribe en su Substack, *far away*.

Pico Iyer es autor de diecisiete libros traducidos a veintitrés idiomas, entre ellos *Abandono, El alma global* y *El arte de la quietud*. Colabora desde hace más de treinta años en más de doscientas cincuenta publicaciones periódicas de todo el mundo, entre ellas *The New York Times, Harper's Magazine* y *The New York Review of Books*. Sus cuatro últimas conferencias para ted han recibido más de once millones de vistas.

Hollye Jacobs, rn, ms, msw, es entrenadora de resiliencia, enfermera, conferencista y autora. Como *coach*, Hollye apoya y empodera a las personas a medida que navegan por los desafíos y transiciones inevitables de la vida con fuerza, confianza y compasión, y comparte estrategias prácticas para ayudar a las personas a encontrar claridad, propósito y un camino a seguir. Diagnosticada con cáncer de mama en 2010, escribe sobre su experiencia en su libro superventas del *New York Times The Silver Lining: A Supportive and Insightful Guide to Breast Cancer.*

Oliver Jeffers es un artista, autor y activista que trabaja en diversos campos y con distintos medios. Creció en Belfast, Irlanda del Norte, donde estudió en la Belfast School of Art de la Universidad de Ulster. Conocido sobre todo por sus libros ilustrados para niños, su obra se ha traducido a cuarenta y nueve idiomas y ha vendido casi catorce millones de ejemplares en todo el mundo. Pintor, escultor y conferencista reconocido de forma internacional. La obra de Oliver, con su belleza sencilla y accesible, anima a la gente de todas las edades a reconsiderar su visión de un mundo que está cambiando radicalmente y, armados de perspectiva y esperanza, a reexaminar su papel en la configuración de las generaciones futuras.

Jedidiah Jenkins es un aventurero profesional, escritor de viajes y defensor del medioambiente que, tras dejar su trabajo a los treinta años, fue en bicicleta de Oregón a la Patagonia. Es autor de tres libros de memorias que han sido éxito de ventas en el *New York Times*: *To Shake the Sleeping Self*, *Like Streams to the Ocean* y, más recientemente, *Mother, Nature*.

Quintin Jones pasó más de la mitad de su vida en el corredor de la muerte, donde pasaba el tiempo leyendo libros, escribiendo cartas a amigos por correspondencia y haciendo mil flexiones al día. En la primavera de 2021, trabajé con un grupo de abogados y defensores en una petición de clemencia para salvar la vida de Quin y, con la ayuda de la comunidad de *Isolation Journals*, difundí ampliamente su historia; una petición de clemencia en change.org recibió casi doscientas mil firmas. Cuando Quin fue ejecutado por el estado de Texas el 19 de mayo de 2021, no hubo testigos de los medios de comunicación, una primicia en la era moderna de la pena de muerte. Las últimas palabras que me dirigió Quin fueron: “Sigue haciendo el buen trabajo”.

Jill Kearney es productora de espectáculos comunitarios, curadora, experiodista y ejecutiva de cine. Tras graduarse en inglés y escritura creativa en Harvard, trabajó en Hollywood como ejecutiva creativa en Zoetrope Studios, actualmente American Zoetrope, fundada por Francis Ford Coppola, y, luego, como editora para la Costa Oeste de la revista *American Film* y *Premiere*. Más tarde produjo eventos literarios, musicales, teatrales y de danza en un antiguo establo lechero del condado de Bucks, Pensilvania, y luego fundó ArtYard, un centro artístico interdisciplinar en Frenchtown, Nueva Jersey, del que actualmente es directora ejecutiva.

Finalista del National Book Award, **Beth Kephart** ha publicado unos cuarenta libros de diversos géneros, desde memorias y ficción hasta álbumes ilustrados y poesía. Es artista del papel y profesora premiada en la Universidad de Pensilvania. Sus ensayos han aparecido en *The New York Times, The Washington Post, Chicago Tribune* y otros medios.

Conocida por sus escritos sobre adicción y recuperación, salud mental y relaciones, **Erin Khar** es autora de las memorias *Strung Out* y de la popular columna de consejos Ask Erin en Substack. Cuando no está escribiendo, probablemente esté viendo *Beverly Hills, 90210*. Vive en la ciudad de Nueva York.

Kimbra es una compositora, música, productora e intérprete aventurera nacida en Nueva Zelanda. Su debut en 2011, *Vows*, fue disco de platino en Australia y Nueva Zelanda; al año siguiente, "Somebody That I Used to Know", a dúo con Gotye, encabezó la lista Hot 100 de *Billboard*, fue la canción más vendida del año en Estados Unidos y le valió dos premios Grammy. Desde entonces, ha realizado giras con artistas como The Roots, David Byrne, Beck, Son Lux y Jacob Collier. Hasta la fecha ha publicado cuatro álbumes más: *The Golden Echo, Primal Heart, A Reckoning* y, más recientemente, *Idols & Vices, Vol. 1.*

Michael Koryta es un autor superventas del *New York Times* cuya obra ha sido traducida a más de veinte idiomas, adaptada al cine en importantes producciones cinematográficas y galardonada con el Book Prize de *Los Angeles Times*. Licenciado por la Universidad de Indiana, trabajó anteriormente como investigador privado y periodista. También escribe novelas bajo el seudónimo de Scott Carson. Vive en Bloomington, Indiana, y Camden, Maine.

Hanif Kureishi es dramaturgo, guionista, cineasta y novelista. Es autor de docenas de obras, entre ellas el guion de *Mi hermosa lavandería*, nominado al Óscar. Su novela *El buda de los suburbios* ganó el Premio Whitbread a la Mejor Primera Novela, y su novela *Intimidad* fue adaptada como película y obtuvo el Oso de Oro en el Festival de Cine de Berlín. Condecorado con el CBE por sus servicios a la literatura y el Chevalier de l'Ordre des Arts des Lettres en Francia, sus obras se han traducido a treinta y seis idiomas. También escribe el boletín *The Kureishi Chronicles*.

Kiese Laymon es profesor de inglés y escritura creativa en la Universidad Rice y autor de tres libros: *Long Division*, que ganó el premio NAACP Image Award for Fiction; *How to Slowly Kill Yourself and Others in America*; y *Heavy: An American Memoir* (un libro que admiro tanto que he leído al menos media docena de veces). Beneficiario de una beca Radcliffe en Harvard, Kiese recibió una beca MacArthur en 2022. Es originario de Jackson, Mississippi.

Mariah Z. Leach es escritora, defensora de los pacientes y madre de tres niños con artritis reumatoide. Tras conocer de primera mano lo difícil y solitario que puede ser afrontar el embarazo y la maternidad con una enfermedad crónica, fundó Mamas Facing Forward, un sitio web y grupo de apoyo para mujeres con enfermedades crónicas que son o quieren ser madres.

Elizabeth Lesser es autora de varios bestsellers, entre ellos: *Que hable Casandra: Cuando las mujeres son las narradoras la historia cambia; Broken Open: How Difficult Times Can Help Us Grow;* y *Marrow: Love, Loss & What Matters Most.* Cofundadora del internacionalmente reconocido Omega Institute, que organiza talleres y conferencias sobre bienestar, espiritualidad, creatividad y cambio social, es una de las Super Soul 100 de Oprah Winfrey, una colección de cientos de líderes que usan su voz y talento para elevar a la humanidad.

Exeditora de revistas y consultora de comunicación, **Jennifer Leventhal** es asesora de cuidadores en el Consejo Asesor de Pacientes y Familiares para la Calidad (PFACQ) del Memorial Sloan Kettering Cancer Center. Vive en Rye, Nueva York, con su marido, Eric, y su *doodle*, Hudson. Es la orgullosa madre de Alex y Danielle, una talentosa pintora que se me presentó en un café de Nueva York mientras estaba en tratamiento contra el cáncer, y que falleció en 2021 a la edad de veintisiete años. El ensayo de Jennifer fue escrito en respuesta a la primera solicitud de *Isolation Journals*, que envié el 1 de abril de 2020.

Sarah Levy es autora de *Drinking Games*, unas memorias en forma de ensayo que exploran el papel que desempeña el alcohol en nuestros años de formación y lo que significa salirse de una cultura completamente inmersa en la bebida. Es licenciada por la Universidad de Brown, y su trabajo ha aparecido en *The New York Times, The Cut, Vogue, Time, Marie Claire, Cosmopolitan, Glamour* y *Bustle*, entre otras. Vive en Los Ángeles con su marido y su hijo.

Ruthie Lindsey es autora de las memorias *There I Am: The Journey from Hopelessness to Healing*. Es conferencista y *coach* afincada en Nashville, ayuda a las personas a encariñarse con sus vidas, almas y cuerpos. Su mensaje es de fuerza y resiliencia y del poder de contar una nueva historia a través del amor propio y la compasión.

Nathan Lowdermilk es surfista y fundador de Native Surf School, en los Outer Banks de Carolina del Norte. Tiene más de una década de experiencia en salvamento oceánico y un profundo conocimiento de las olas, que comparte con sus alumnos de entre cinco y dieciocho años. Nathan también pasa parte del año como guía en Two Brothers Surf Resort, en Popoyo, Nicaragua.

Marie McGrory es una superviviente de cáncer y narradora visual. Es una curiosa innata que trabajó durante años como editora fotográfica en *National Geographic.* Recientemente se ha unido a TED para acelerar las soluciones climáticas. Se siente muy feliz cuando disfruta de la naturaleza o reúne a la gente en celebraciones reflexivas. Y le encantan las jirafas.

Nora McInerny es autora de cinco libros, entre ellos *No Happy Endings* y *Bad Vibes Only,* y la presentadora de *Terrible, Thanks for Asking*, un pódcast que permite a la gente ser sincera sobre las cosas difíciles de la vida. También es una viuda que se ha vuelto a casar y está criando una hermosa familia mixta con su actual marido, que está muy vivo.

Laura McKowen es la autora del superventas *We Are the Luckiest: The Surprising Magic of a Sober Life* y de *Push Off From Here: Nine Essential Truths to Get You Through Sobriety (and Everything Else),* y fundadora del Luckiest Club, una organización mundial de apoyo a la sobriedad. Laura ha sido publicada en *The New York Times,* y su trabajo ha sido presentado en *The Atlantic, The Wall Street Journal, The Today Show*, y más. Vive en las afueras de Boston con su hija y escribe el boletín *Love Story.*

Tamzin Merivale es una artista, escritora y mentora irlandesa afincada actualmente en Europa. Tamzin crea Retratos Energéticos de Signos del Alma personalizados, guiando a sus clientes a través de una experiencia de inmersión para desenterrar su poderoso yo, su incomparable luz y su fuerza. Su misión es crear un espacio para una mayor empatía y comprensión, ya que esas son las verdaderas enemigas de los prejuicios y los juicios.

Jonathan Miles es autor de las novelas *Dear American Airlines* y *Want Not*, ambas recomendadas por el *New York Times*, y *Anatomía de un milagro*. Excolumnista de *The New York Times* y editor habitual de una amplia gama de revistas estadounidenses, recientemente se unió a mi marido, Jon Batiste, en su gira Uneasy Tour, tocando la armónica y el banjo y preparando de vez en cuando una olla de *gumbo* para la banda. Antiguo residente de Oxford, Mississippi, en la actualidad vive en una zona rural de Nueva Jersey.

Nacido en Nueva Jersey, **Marcus G. Miller** empezó a tocar el saxofón a los nueve años y se hizo profesional en la adolescencia. Licenciado en Matemáticas por la Universidad de Harvard, trabajó durante un breve periodo en un fondo de cobertura antes de trasladarse a Nueva York para dedicarse a la música. Ha actuado en la Casa Blanca (durante la presidencia de Obama), en el Madison Square Garden, en Coachella junto a Jon Batiste, y en el Carnegie Hall. Reconocido como Artista de Distinción por el estado de Nueva Jersey y primer Artista Residente en el Departamento de Física de la Universidad de Brown, ahora es director musical de Grace Farms y graba y actúa con su grupo, IWM.

Debbie Millman es diseñadora, educadora, curadora, presentadora del galardonado pódcast *Design Matters* y autora de siete libros sobre diseño y creación de marcas. Debbie cofundó en 2010 el primer programa de posgrado en *branding* de la Escuela de Artes Visuales de Nueva York y es presidenta emérita del Instituto Americano de Artes Gráficas (AIGA), una de las cinco mujeres que han ocupado este cargo en los cien años de historia de la organización. En 2019, el AIGA le concedió el premio a toda una vida de logros.

Fernando Murillo, residente en San Francisco, es un apasionado de los cuidados paliativos. Durante los cinco años que trabajó en la California Medical Facility de la prisión donde estuvo encarcelado, recibió formación para proporcionar cuidados compasivos al final de la vida a pacientes geriátricos y terminales en un entorno penitenciario. En la actualidad, como director del programa Humane Prison Hospice Project, Fernando capacita a cuidadores entre iguales encarcelados para que ofrezcan mejores tratos a enfermos terminales y graves dentro del sistema penitenciario.

Cleyvis Natera es una novelista premiada, escritora de relatos cortos, ensayista y crítica. Es autora de la primera novela *Neruda on the Park*, elegida por los editores del *New York Times*, y galardonada con la Medalla de Plata del International Latino Book Awards al mejor primer libro de ficción. Condecorada con premios y becas del PEN America, el Vermont Studio Center y la Bread Loaf Writers' Conference, entre otros, Natera estudió literatura y escritura creativa en el Skidmore College y posee un máster en ficción por la Universidad de Nueva York. Su segunda novela, *Grand Paloma Resort,* se publicará próximamente en Ballantine Books.

Crow Jonah Norlander vive en Maine con su familia de humanos y sabuesos. Ha publicado ficción, poesía y entrevistas en la revista *BOMB, Los Angeles Review of Books, FENCE* y *New World Writing*. También es coeditor de *HAD*.

Linda Sue Park es autora de numerosos libros para jóvenes lectores, entre ellos el ganador de la Medalla Newbery en 2002 *El aprendiz*, el superventas del *New York Times Una larga travesía hasta el agua* y, más recientemente, *Gracie under the Waves*, una novela para jóvenes lectores sobre una niña a la que le encanta bucear. Fundadora y curadora de Allida Books, un sello de HarperCollins, forma parte de los consejos asesores de We Need Diverse Books y del proyecto museístico Rabbit hOle. También creó el sitio web KiBooka para dar a conocer los libros infantiles creados por la diáspora coreana.

Ann Patchett es autora de nueve novelas, entre ellas *Bel Canto, El corazón de la jungla, Comunidad, La casa holandesa*, finalista del Premio Pulitzer, y *Tom Lake.* Ha escrito cuatro libros de no ficción, entre ellos uno de mis favoritos de todos los tiempos, *Truth & Beauty*, sobre su amistad con la escritora Lucy Grealy. Ha recibido numerosos premios y becas, como la Medalla Nacional de Humanidades, el Premio PEN/Faulkner y la Beca Guggenheim. Es dueña de Parnassus Books en Nashville, Tennessee, donde vive con su marido, Karl VanDevender, y su perro, Nemo.

Ashleigh Bell Pedersen es autora de la novela *The Crocodile Bride* (elegida por los editores del *New York Times*) y de varios libros de no ficción, el último en *Garden & Gun*. Vive en Brooklyn, donde también pinta, actúa y lucha por enseñar a su dulce perro, Ernie, mejores modales con la correa.

La psicoterapeuta y autora de superventas **Esther Perel** es reconocida como una de las voces más perspicaces y originales sobre las relaciones modernas. Habla con fluidez nueve idiomas, dirige una consulta de terapia en Nueva York y trabaja como consultora organizativa para empresas de Fortune 500 de todo el mundo. Es autora de dos superventas del *New York Times*: *El dilema de la pareja: ¿Estamos hechos a prueba de amoríos?* e *Inteligencia erótica: Claves para mantener la pasión en la pareja.* Esther es productora ejecutiva y presentadora del popular pódcast *Where Should We Begin?* y sus célebres charlas TED han recibido más de veinte millones de vistas.

Connie Carpenter-Phinney es empresaria, autora, artista y atleta olímpica en patinaje de velocidad y ciclismo, disciplinas en las que compitió y obtuvo la medalla de oro en ciclismo en los Juegos Olímpicos de 1984. Estudió en la Universidad de Berkeley, donde practicó remo y se graduó en Educación Física con especialización en fisiología del ejercicio. Después, obtuvo un máster en Ciencias del Ejercicio en la Universidad de Colorado-Boulder. También es cofundadora y miembro del consejo de la Fundación Davis Phinney para el Parkinson.

Paulina Pinsky es escritora, educadora y patinadora artística afincada en Los Ángeles. Obtuvo un máster en no ficción creativa en la Universidad de Columbia y estudió comedia improvisada y de *sketches* en el Second City Conservatory de Chicago. Becaria de Ernest y Red Heller en MacDowell en 2021, ha publicado en *Narratively, Columbia Journal* y *HuffPo Women*, entre otros. Es coautora de la guía sobre el consentimiento para adolescentes *It Doesn't Have to Be Awkward* y también escribe el boletín *newly sober.*

Molly Prentiss es autora de *Old Flame* y *Tuesday Nights in 1980,* que fue finalista del premio Center for Fiction First Novel Prize y preseleccionada para el Grand Prix de Littérature Américaine en Francia. Sus obras se han traducido a varios idiomas. Vive en Red Hook, Nueva York, con su marido y sus hijas.

Joanne Proulx es una escritora y fotógrafa cuya primera novela, *Anthem of a Reluctant Prophet,* fue aclamada por la crítica y ganó el Premio Sunburst de Ficción Fantástica de Canadá. Su segunda novela, *We All Love the Beautiful Girls*, fue nombrada uno de los cien mejores libros por *The Globe and Mail* en 2017. Actualmente trabaja en su tercera novela, *There Will Be Swimming.* Graduada del Bennington Writing Seminars, Joanne vive, escribe y enseña en Ottawa, Canadá.

Carmen Radley es escritora y directora editorial de *Isolation Journals.* Licenciada por la Universidad de Texas y por los Bennington Writing Seminars, actualmente está escribiendo unas memorias sobre su ciudad natal, Sour Lake, Texas, una ciudad petrolera que vivió un auge a principios del siglo xx y donde su familia ha trabajado en el sector energético por más de cien años. Vive en Austin.

Adrienne Raphel es autora de *Thinking Inside the Box: Adventures with Crosswords and the Puzzling People Who Can't Live Without Them; What Was It For*, ganador del Rescue Press Black Box Poetry

Prize; y *Our Dark Academia*. Sus ensayos y poemas aparecen en *The New York Times, The New Yorker, The Paris Review, Poetry*, y muchas otras publicaciones. Nacida en Nueva Jersey y criada en Vermont, Adrienne es licenciada por la Universidad de Princeton y posee un máster en poesía por el Iowa Writers' Workshop y un doctorado en inglés por la Universidad de Harvard.

Rebecca Rebouché es pintora, escritora, cineasta y empresaria conocida por sus cuadros a gran escala de árboles genealógicos alegóricos. Originaria de Luisiana, la obra de Rebecca se nutre de la rica historia artística de Nueva Orleans y de los mitos y misterios de los bosques y cursos de agua que rodean la ciudad. Ha aparecido en *The New York Times, Garden & Gun, Anthology Magazine* y *The Great Discontent.*

Jenny Rosenstrach es escritora gastronómica y autora de libros de cocina. Su éxito de ventas en el *New York Times, The Weekday Vegetarians*, trata de un voto que ella y su familia hicieron y que dice así: Comer menos carne, más o menos. Puedes encontrar su trabajo en varias publicaciones estadounidenses, como *Cup of Jo, Real Simple* y *Bon Appétit*, donde fue columnista durante siete años, y en su boletín, *Dinner: A Love Story.*

Raven Roxanne es una pintora abstracta e impresionista. Criada en la costa del Golfo de Florida por una familia de artistas que fomentaron su creatividad desde una edad temprana, estudió pintura en la Universidad de Auburn. Le atraen los temas de la naturaleza, la feminidad, la comunidad y la familia, y utiliza elementos naturales como nidos, flores y pájaros para explorar los matices de estas ideas. Vive en el corazón del distrito histórico de Charleston, Carolina del Sur, con su marido, Thomas; su hijo, English; su hija, Sunday; y su cachorro de rescate, Willie.

Sarah Ruhl es poeta y dramaturga. Entre sus obras figuran *In the Next Room, or The Vibrator Play*, finalista del Premio Pulitzer y nominada al Premio Tony, y *The Clean House*, también finalista del Premio Pulitzer y ganadora del Premio Susan Smith Black Burn. Es autora de las memorias *Smile*, de una colección de poesía, *Love Poems in Quarantine*, y coautora de *Letters from Max*, un retrato profundamente conmovedor de su amistad con el poeta Max Ritvo, a quien conocí en tratamiento y, como Sarah, amaba oceánicamente. Galardonada con una beca MacArthur y el premio Steinberg, actualmente forma parte del profesorado de la Escuela de Arte Dramático de Yale y vive en Brooklyn con su familia.

Salman Rushdie es autor de quince novelas y una colección de relatos. También ha publicado cinco obras de no ficción, entre ellas sus memorias más recientes, *Cuchillo*. Es miembro de la American Academy of Arts and Letters y escritor distinguido residente en la Universidad de Nueva York. Expresidente de PEN America, Rushdie fue nombrado caballero en 2007 por sus servicios a la literatura.

Sharon Salzberg es una pionera de la meditación, profesora de renombre mundial y autora muy querida. Cofundadora de la Insight Meditation Society, ha escrito trece libros, entre ellos el superventas del *New York Times El secreto de la felicidad auténtica,* ahora en su segunda edición, y su obra seminal, *Lovingkindness*. Su popular pódcast, *Metta Hour,* incluye entrevistas con líderes del movimiento *mindfulness* y de otros ámbitos.

George Saunders es autor de doce libros, entre ellos la novela *Lincoln en el Bardo,* que ganó el Premio Booker, y las colecciones de relatos *Pastoralia* y *Tenth of December,* que fue finalista del National Book Award. Ha recibido becas de la Fundación Lannan, la American Academy of Arts and Letters, la Fundación Guggenheim y la Fundación MacArthur. Enseña en el programa de escritura creativa de la Universidad de Siracusa y escribe el boletín *Story Club.*

Rachel Schwartzmann es autora de *Slowing* y creadora de Slow Stories, un proyecto multimedia que explora la vida, el trabajo y la creación de forma más intencional. Sus ensayos y entrevistas han aparecido en *BOMB, Coveteur, Literary Hub* y *TOAST*, entre otras revistas. Un miembro de la comunidad de *Isolation Journals* me escribió para decirme que, en su opinión, el ensayo y la propuesta de Rachel equivalían a una terapia de cuatrocientos dólares.

Dani Shapiro es autora de once libros, el más reciente de los cuales es la novela *Señales en la noche,* nombrada mejor libro de 2022 por NPR, la revista *Time* y *The Washington Post,* y las memorias *Inheritance*, que fueron un superventas instantáneo del *New York Times*. Dani también es presentadora y creadora del exitoso pódcast *Family Secrets* y cofundadora de Sirenland Writters Conference en Positano, Italia.

Aclamada por NPR como "una de las voces de la libertad y la paz más importantes de Estados Unidos", **Mavis Staples** es una artista única en su generación cuyo impacto en la música y la cultura sería difícil de exagerar. Es miembro del Salón la Fama del Blues y del Rock & Roll, ícono de los derechos civiles, ganadora de un Grammy, galardonada con el premio National Arts Awards Lifetime Achievement y homenajeada en el Kennedy Center. Marchó con el doctor Martin Luther King Jr., actuó en la toma de posesión de John F. Kennedy y cantó en la Casa Blanca de Barack Obama. Ha colaborado con todo el mundo, desde Prince y Bob Dylan hasta Arcade Fire y Hozier, ha arrasado en festivales como Newport Folk, Glastonbury y Lollapalooza, y ha aparecido en *Colbert, Austin City Limits* y los Grammy, entre otros.

Gloria Steinem es escritora, conferencista, activista política y organizadora feminista. Lleva décadas viajando por todo el mundo como organizadora y conferencista, y es portavoz habitual en los medios de comunicación sobre cuestiones de igualdad. En especial, está interesada en la resolución no violenta de conflictos, las culturas de los pueblos indígenas y la organización transfronteriza por la paz y la justicia. Vive en la ciudad de Nueva York.

Margo Steines es autora de las memorias *Brutalities.* Tiene un máster en no ficción creativa por la Universidad de Arizona, donde enseña escritura. Su obra ha aparecido en la columna "Modern Love" del *New York Times, The Sun* y otros medios. Nacida en Nueva York, vive en Tucson, Arizona.

Angelique Stevens vive al norte del estado de Nueva York, donde enseña escritura creativa, literatura del genocidio y literaturas raciales. Tiene un máster en no ficción creativa por los Bennington Writing Seminars y otro en literatura por SUNY Brockport. El texto "Pan fantasma" aparecerá en su libro de ensayos, que será publicado próximamente por Simon & Schuster.

Ash Parsons Story es fotógrafa, escritora y madre. Su trabajo ha aparecido en *HuffPost, American Photo Magazine* y *Real Simple Weddings.* Exalumna del programa Thread at Yale 2019 de la Iniciativa de Periodismo de Yale, Ash ha enseñado en talleres y retiros creativos y ha sido cineasta, voluntaria comunitaria y parte vital de colaboraciones creativas en todo el mundo durante los últimos dieciocho años. Al menos una vez a la semana, uso su sugerencia de "solo diez imágenes" y escribo.

Lou Sullivan es dos veces superviviente de un cáncer cerebral pediátrico, bailarín de tap y entusiasta de los sombreros de fieltro. Vive al norte del estado de Nueva York con sus padres, su hermano gemelo, West, y su cachorro rescatado, un caniche estándar negro llamado Óscar

Wilding. Su madre, Alexa Wilding, es escritora, música, superviviente de cáncer de mama y defensora de la causa.

David Sutton es fotógrafo, escritor, constructor, cantante y compositor afincado en Evanston, Illinois. Ha escrito y fotografiado dos libros sobre la construcción de guitarras de caja de puros y tiene un álbum titulado *From Gold to Brown to Blue* (con Friedel Geratsch). Durante los últimos treinta años ha dirigido Sutton Studios, donde fotografía las profundas y significativas relaciones que las personas mantienen con sus mascotas.

Noor Tagouri es una galardonada periodista, productora y conferencista. Ha contado historias aclamadas por la crítica en todos los medios, desde la radio y la prensa escrita hasta documentales y campañas de marca. Fundadora de At Your Service Media, una productora que cuenta historias representativas como forma de servicio, es también la creadora de la serie de investigación y posterior curso *REP: A Story about the Stories We Tell,* que explora los conceptos de representación y objetividad en los medios de comunicación.

Nacida y criada en el sur de California, **Nafissa Thompson-Spires** obtuvo un doctorado en Literatura Inglesa por la Universidad de Vanderbilt y una maestría en escritura creativa por la Universidad de Illinois. Asistió al Callaloo Writers Workshop, al Tin House Workshop y a la Sewanee Writers' Conference como becaria Stanley Elkin. Es autora de la colección de relatos *Heads of the Colored People*, finalista del National Book Award, y actualmente trabaja en su primera novela.

Jia Tolentino es redactora en *The New Yorker,* autora de la colección de ensayos *Falso espejo: Reflexiones sobre el autoengaño,* bestseller del *New York Times,* y guionista. Creció en Texas, se licenció en la Universidad de Virginia y obtuvo un máster en ficción en la Universidad de Michigan. En 2020 recibió el Premio Whiting y el Premio Jeannette Haien Ballard. Su obra también ha aparecido en *The New York Times Magazine* y *Pitchfork*, entre otros lugares.

Natalie Warther se graduó *summa cum laude* por la Northeastern University y obtuvo un máster en poesía en los Bennington Writing Seminars. Su obra más reciente se ha publicado en *Wigleaf, Hobart After Dark* (HAD) y *SmokeLong Quarterly,* y su colección de relatos en proceso explora la extrañeza de la vida doméstica femenina. Natalie vive en Los Ángeles.

Lindy West es copresentadora del pódcast de humor *Text Me Back* y autora del boletín *Butt News* (que se lleva mi voto al mejor título de boletín de la historia). Ha publicado tres libros: *Shit, Actually: The Definitive, 100% Objective Guide to Modern Cinema,* el superventas del *New York Times Shrill: Notes from a Loud Woman*, y la colección de ensayos *The Witches Are Coming*. Su siguiente libro, *Adult Braces*, se publicará próximamente en Hachette. Lindy fue redactora de opinión en *The New York Times,* guionista y productora ejecutiva de *Shrill*, la comedia de Hulu adaptada de sus memorias, y guionista y productora del largometraje independiente *Thin Skin*. Vive en la península olímpica del estado de Washington.

Diana Weymar es artista y activista. Creció en los parajes salvajes del norte de Columbia Británica, estudió escritura creativa en la Universidad de Princeton y trabajó en el cine en la ciudad de Nueva York. Es la creadora y curadora de Interwoven Stories y del proyecto Tiny Pricks, ambos abiertos a la participación del público, y autora del libro *Crafting a Better World*. Su obra ha sido expuesta y publicada en Estados Unidos y Canadá.

Alexa Wilding es escritora, música y madre de gemelos. Tras una década como cantautora (calificada como "la neo-Stevie Nicks" por *The New York Times*), se licenció en Filosofía y Letras por The Writer's Foundry de Brooklyn, Nueva York. Ha publicado artículos en *Departures, Cup of Jo* y *Parents*. Escribe el boletín *Resilience*, en el que comparte su experiencia como madre de su hijo Lou, dos veces enfermo de cáncer, y, en un reciente giro de la trama, como superviviente de un cáncer de mama. Alexa vive en Tivoli, Nueva York, con su familia y está trabajando en sus memorias y, también, en nueva música.

Rhonda Willers es una artista con una práctica artística diversa que incluye cerámica, técnicas mixtas, dibujo, pintura e instalaciones temporales. Es autora del libro *Terra Sigillata: Contemporary Techniques,* presentadora del pódcast *The Artist in Me Is Dead* y expresidenta de la junta directiva del National Council on Education for the Ceramic Arts (NCECA), vive y trabaja en la zona rural de Elk Mound, Wisconsin, con su marido, sus tres hijos y sus gatos.

Natasha Yglesias es una editora y escritora cubanoamericana *queer* afincada en la zona de la bahía de California. Graduada por el Sarah Lawrence College y el Bennington Writing Seminars, y coautora del superventas del *New York Times Raising Antiracist Children: A Prac-*

tical Parenting Guide, con Britt Hawthorne. Sus obras de ficción han aparecido en *Third Point Press*, *Waypoints Magazine* y *Malasaña*, entre otros. También es autora de *La baraja y el manual del tarot anime*. Cuando no está obsesionada con la palabra escrita, la puedes encontrar en su jardín, con su perra Lyra a su lado.

Jasper Young Bear, cuyo nombre indio es Pájaro Carpintero de Cabeza Roja, es miembro de la Nación Mandan, Hidatsa y Arikara. Pertenece al clan Hidatsa Water Buster por parte de padre y a la Arikara Bear Society y Arikara Medicine Lodge por parte de madre. Es el fundador del Running Wolf Wellness Center y de la Cultural Survival School.

Lidia Yuknavitch es la autora superventas de siete libros, entre ellos las novelas *Iluminada*, *El libro de Joan* y *The Small Backs of Children*; las memorias *La cronología del agua*, finalista del premio PEN Center USA de no ficción creativa y ganadora del Oregon Book Award: Reader's Choice; y, más recientemente, las memorias *Reading the Waves*. Es doctora en Literatura por la Universidad de Oregón y fundadora de la serie de talleres Corporeal Writing en Portland. También es muy buena nadadora.

Latonya Yvette es narradora, escritora, creadora de comunidades y administradora de la Mae House. Escribe sobre estilo, familia y cultura en *With Love, L*, y es autora de *Woman of Color*, *The Hair Book* y *Stand in My Window: Meditations on Home and How We Make It.* Vive en Brooklyn con sus dos hijos, River y Oak.

Esta obra se terminó de imprimir
en el mes de septiembre de 2025,
en los talleres de Litográfica Ingramex S.A. de C.V.,
Ciudad de México.